ETIMOLOGIA
DE TERMOS
PSICANALÍTICOS

Z71e   Zimerman, David E.
          Etimologia de termos psicanalíticos / David E. Zimerman. –
        Porto Alegre : Artmed, 2012.
          248 p. ; 23 cm.

          ISBN 978-85-363-2756-3

          1. Psicanálise. 2. Etimologia – Termos psicanalíticos.
        I. Título.

                                            CDU 159.964.2:81'373.6

Catalogação na publicação: Ana Paula M. Magnus – CRB 10/2052

ETIMOLOGIA DE TERMOS PSICANALÍTICOS

David E. Zimerman

Médico psiquiatra. Membro efetivo e psicanalista didata
da Sociedade Psicanalítica de Porto Alegre (SPPA).
Psicoterapeuta de grupo.

artmed

2012

© Artmed Editora Ltda., 2012

Capa
Paola Manica

Preparação de originais
Rafael Padilha Ferreira

Leitura final
Maurício Pacheco Amaro

Coordenadora editorial – Ciências Humanas
Mônica Ballejo Canto

Gerente editorial
Letícia Bispo de Lima

Projeto e editoração
Armazém Digital® Editoração Eletrônica – Roberto Carlos Moreira Vieira

Reservados todos os direitos de publicação à
ARTMED EDITORA LTDA., uma empresa do GRUPO A EDUCAÇÃO S.A.
Av. Jerônimo de Ornelas, 670 – Santana
90040-340 Porto Alegre RS
Fone: (51) 3027-7000 Fax: (51) 3027-7070

É proibida a duplicação ou reprodução deste volume, no todo ou em parte, sob quaisquer formas ou por quaisquer meios (eletrônico, mecânico, gravação, fotocópia, distribuição na Web e outros), sem permissão expressa da Editora.

SÃO PAULO
Av. Embaixador Macedo Soares, 10.735 – Pavilhão 5
Cond. Espace Center – Vila Anastácio
05095-035 São Paulo SP
Fone: (11) 3665-1100 Fax: (11) 3667-1333

SAC 0800 703-3444 – www.grupoa.com.br

IMPRESSO NO BRASIL
PRINTED IN BRAZIL
Impresso sob demanda na Meta Brasil a pedido de Grupo A Educação.

Sumário

Introdução 7
Alguns informes sobre linguística 12
    Conceituação de linguística 13
    Raízes e famílias das palavras 13
    A provável origem da linguagem humana 14
Algumas particularidades sobre etimologia 15
Famílias de línguas e suas origens 17
Algumas "dicas" sobre as raízes gregas 20
Conexões entre a linguística e a psicanálise 23
Termos correntemente usados no contexto da linguística 26
Prefixos, sufixos e preposições 31
Termos psicanalíticos 45
Palavras finais 244
Referências 247

Introdução

Os leitores que me conhecem sabem que, de longa data, eu sou um apaixonado pela linguística em geral, e pela formação etimológica das palavras, em particular. Reconheço que nos primeiros tempos a minha inclinação para estudar a origem e a formação das palavras era motivada unicamente por uma (sadia) curiosidade e como um *hobby*, ou seja, como uma saborosa forma de brincar com as palavras nas horas de lazer.

Entretanto, gradativamente fui descobrindo que, associado ao prazer lúdico, a etimologia tem um alcance muito maior, a começar pelo fato de que nos permite observar, conhecer e reconhecer a evolução histórica das palavras, no que se refere às transformações que acompanham a evolução da humanidade, com as mudanças culturais e, consequentemente, com as mudanças dos significados que emanam dos vocábulos.

Ademais, o estudo da formação das palavras que enunciam complexas conceituações possibilita um melhor entendimento dos autênticos significantes e significados daquilo que pareciam ser meras palavras soltas. Em síntese, cabe a afirmativa de que o domínio e o prazer de conviver mais de perto com a etimologia exigem não mais do que dois pontos fundamentais: uma sadia *curiosidade* e um autêntico *interesse*. Aliás, sem essas duas condições não pode haver ciência, nem progressos, assertiva que vale para todas as demais áreas relativas às descobertas.

Passo a elencar alguns pontos que, creio, cabe enfatizar.

Penso que não é um exagero a afirmativa de que, no fundo, a etimologia não se restringe à história de palavras, mas, sim, ela faz parte da história da humanidade e, seguidamente, até mesmo da história de evolução qualitativa da vida dos indivíduos, em sucessivas gerações.

Nem sempre as palavras-chave que referem o verdadeiro significado de importantes conceituações estão explicitadas em modernos e excelentes dicionários do nosso léxico e tampouco em dicionários etimológicos. Na verdade, creio que as pesquisas etimológicas em dicionários, quase sempre são frustrantes, visto que não passam de uma superficialidade, com colocações óbvias, parciais e fragmentadas. Igualmente enfadonha e desinteressante é a consulta em dicionários etimológicos que fazem um estudo das palavras de uma forma excessivamente erudita, com longos detalhes quase sempre desnecessários para a nossa prática cotidiana. Já os "dicionários etimológicos" dirigidos ao grande público, não obstante possam ser interessantes e de leitura agradável, pecam pelo excesso de criações imaginativas quanto à origem das palavras, muitas vezes, muito longe de um rigor científico.

Outra cautela que o leitor deve manter é que, não raramente, um determinado autor decide dar um palpite pessoal ("às vezes, de um teor ridículo") quanto a uma hipotética formação de uma palavra interessante, com vistas a agradar o público interessado, de modo que é comum que um outro autor "etimologista" copie como se fosse um achado verdadeiro, e pode acontecer que se forme uma corrente, validando aquilo que não passa de uma criação particular. Como decorrência disso, é muito comum que uma palavra tenha uma certa formação e significação em um livro bastante distinta daquela atribuída à mesma palavra em outro livro de um autor diferente.

Essa carência literária de uma etimologia mais séria, com uma dinâmica psíquica e com a evolução dos significados, pode funcionar como um desafio para pesquisarmos a possível origem de determinada palavra, por que e para que a existência dela.

Vou exemplificar com uma experiência particular. Na década de 1980, com o fim de alcançar a condição de Membro Efetivo da Sociedade Psicanalítica de Porto Alegre (SPPA), era (e ainda é) necessário produzir um trabalho psicanalítico original e submetê-lo à Comissão do Instituto de Ensino da SPPA. Uma vez aprovado, o referido trabalho é apresentado, debatido e avaliado por uma Assembleia Geral com todos os participantes da Instituição. O tema que eu escolhi foi *A Resistência e Contrarresistência na Prática Psicanalítica*.

Como faço habitualmente, eu queria sustentar o texto a partir do significado etimológico da palavra "resistência" porque, ao contrário do significado clássico, na época, de que o surgimento da resistência no andamento de uma análise seria prejudicial, pois obstruiria a passagem para o consciente daquilo que estava reprimido no inconsciente, eu pensava que a resistência poderia ter um significado bastante positivo para a compreensão e evolução do tratamento analítico de qualquer paciente. Procurei o vocábulo "resistência" em inúmeros dicionários e vocabulários etimológicos ao meu alcance. Porém, para minha frustração, além do significado corriqueiro, nenhum deles saciou a minha sede de compreender como se formou o vocábulo "resistência" e com qual significado.

Decidi, então, partir para uma pesquisa. O prefixo "re" eu já conhecia e sabia que significava "de novo", "mais uma vez" (como em "*re*fazer", "*re*formar", etc.), porém "sistência" não me dizia nada, até que tive a feliz ideia de procurar em meu dicionário de latim a possibilidade de existir o verbo *sistere*, ou algo análogo, e na página 299 do *Pequeno Dicionário Escolar Latino-Português*, da Editora Globo, de 1960 – 14ª edição –, encontrei a solução para o que eu procurava: *Sistere* significa "continuar a existir". Senti que essa etimologia dava um excelente respaldo à minha tese de que o paciente *re*siste para não sofrer as mesmas humilhações, decepções e sentimentos afins que sofreu num passado remoto; ou seja, a resistência estava a serviço da pulsão de vida. Assim, escrevi no meu texto: "enquanto houver *resistência* do paciente na análise, há vida; o funesto seria um estado de *desistência* (palavra formada pelo prefixo "de", que sugere "privação de", e pelo sufixo "sistência", formando a palavra "desistência", que significa "o sujeito se priva do direito de ser, de existir").

Repare o leitor que uma pequena variação nos étimos que compõem uma mesma palavra produz inúmeros significados distintos. Assim, se na palavra "resistência" trocarmos o prefixo "re" ("mais uma vez", tentando viver com dignidade) pelo prefixo "de", teremos o vocábulo "desistência" (a pessoa, nessa condição, acha que não vale a pena viver e, por isso, mantém um cerrado namoro com a morte). No entanto, se trocarmos os prefixos "re" e "de" por "ex", teremos a palavra "existência", ou seja, o direito de viver para fora ("ex"), a vida real, e não, simplesmente, conseguir sobreviver, sendo que essa conquista – a de, realmente, desejar "SER" – é o maior objetivo de uma análise. Se continuássemos trocando aqueles prefixos por "in" ou por "per", formaríamos os vocábulos "insistência" ou "persistência", e assim por diante.

No referido trabalho que apresentei na SPPA, tracei uma analogia da sadia "resistência analítica" que se processa num tratamento psicanalítico, com a, igualmente sadia, "resistência francesa", capitaneada pelo general De Gaule, no curso da Segunda Guerra Mundial, como tendo sido uma gloriosa luta pela vida contra o terrível inimigo provindo das tropas nazistas. Da mesma forma, acrescentei outra metáfora: a da "resistência" que faz parte de uma lâmpada, cujo filamento se incandesce (dá luz, logo, vida) quando uma corrente elétrica o percorre.

Um outro exemplo pessoal. Recentemente, publiquei o livro *Os Quatro Vínculos: Amor, Ódio, Conhecimento e Reconhecimento*. Na escrita do capítulo referente ao vínculo do amor, tentei encontrar a etimologia dessa palavra tão cantada e decantada em todos os tempos, idiomas e lugares do mundo, e nada encontrei, além de superficialidades. Inspirado em Freud, que sempre enfatizou que as pulsões de amor e o de ódio estão sempre, de alguma forma, fundidas, experimentei partir do étimo latino *mors*, e seu genitivo *mortis* (designa morte), acrescentando o prefixo "a", que significa uma exclusão; isto é, amor seria "mors", acrescido do prefixo "a", de modo que, sem o "a", a palavra morte (*mors*) transforma-se no seu oposto, ou seja, é "a-mors" = "sem a predominância da morte", portanto, como equivalente de "vida". Alguns meses após, encontrei num "sebo" um dicionário etimológico em que consta o verbete "amor" com uma colocação praticamente igual à que aqui expus.

Talvez sejam as referidas falhas antes mencionadas as maiores responsáveis pelo fato de que uma matéria tão complexa, porém deveras interessante e extremamente útil, ainda que não tenha merecido uma acolhida mais entusiástica por parte das editoras e tampouco de autores reconhecidamente capazes, cuja consequência mais marcante resulta num pequeno contingente de leitores realmente interessados em consultas, estudos sérios e bastante proveitosos da ciência etimológica. Neste particular, faço questão de louvar publicamente a sensibilidade da minha editora Artmed, em reconhecer a importância de publicar uma etimologia dirigida principalmente para o respeitável contingente de leitores que pertencem à área "Psi".

Neste livro que o leitor tem em mãos, temeroso de que eu possa cometer os mesmos erros antes assinalados, apesar de todos os cuidados que eu costumo adotar, entendi ser útil fazer uns acréscimos que propiciem ao leitor acompanhar-me mais de perto. Assim, se eu aventar uma hipótese etimológica que não conste na literatura corrente, sinalizarei, em negrito, antes da palavra em foco, as minhas iniciais **dz**, para deixar claro que assumo a responsabilidade por um possível erro de apreciação que eu tenha cometido.

Pela mesma razão, decidi tomar algumas providências, tais como: relacionar uma lista dos principais prefixos, sufixos e preposições, gregos ou latinos, que poderão ajudar no entendimento da formação original das palavras. Outra medida que achei ser útil consiste em expor, embora de forma breve, alguns dos princípios básicos da ciência da linguística, em seus múltiplos aspectos.

Da mesma forma, adiciono algumas palavras que comumente pertencem à área da linguística, com o objetivo de uniformizarmos os significados das referidas palavras, que seguirão mais adiante.

A inclusão de algumas "dicas" práticas talvez propicie uma maior rapidez e eficiência na descoberta da formação das palavras simples ou compostas, pela junção de étimos diferentes, às vezes provindos de raízes de distintos idiomas, como, por exemplo, um prefixo grego com um sufixo latino, produzindo um termo **híbrido** (vide esse último vocábulo no verbete que aparece no vocabulário deste livro).

O presente livro ficará restrito quase unicamente a termos próprios da teoria, da técnica e da psicopatologia da psicanálise. Porém, é necessário esclarecer que não existe uma pretensão de abarcar um léxico ou dicionário completo, tampouco um vocabulário que cubra todas as palavras que, de forma direta ou indireta, tenham alguma ligação com a psicanálise. Deste modo, certamente muitos termos, aqueles não muito correntes, não aparecerão na lista geral dos verbetes. Em contrapartida, constarão outras palavras cuja conotação com a psicanálise não é direta, mas, sim, indireta, como, por exemplo, as palavras **candidato, aluno, seminário**, etc., porque aludem aos candidatos em formação de psicanalista.

Com frequência, muitos verbetes do vocabulário etimológico serão seguidos de uma **Nota** na qual serão feitos alguns comentários de natureza psicanalítica. Este último aspecto constitui-se como o grande diferencial dos demais dicionários e vocabulários etimológicos.

O estilo que escolhi para produzir este livro segue o que adotei nos 11 livros anteriores, ou seja, procuro dar um caráter didático, simplificar sem mediocrizar ou perder a profundidade e o rigor científico. Para tanto, sigo uma máxima de Winston Churchill, célebre primeiro-ministro e comandante da Inglaterra na Segunda Grande Guerra Mundial, a qual li há longas décadas, mas nunca mais a esqueci. A frase dele, à qual me refiro, em relação ao emprego das palavras num determinado escrito, e que sempre estou tentando cumprir, é a seguinte: "Das palavras, as mais simples, das mais simples, a menor".

Ainda em relação ao estilo na composição desse livro, reconheço que falta uma padronização. Alguns verbetes, por exemplo, não passam de poucas linhas, enquanto outros ocupam um largo espaço. Vou tentar explicar o porquê disto: alguns verbetes que aparecem num novo parágrafo sofreram, ao longo das décadas de evolução da psicanálise tantas mudanças de significações, de acréscimos ou de cortes, que merecem algumas reflexões do ponto de vista da psicanálise contemporânea.

Da mesma forma como esclareci antes, o fato de que o negrito **dz** alerta o leitor de que a responsabilidade do entendimento etimológico de certos verbetes, assim como as considerações que compõem as diversas **Notas**, também são de minha responsabilidade.

Confesso que fiquei em dúvida quanto à possibilidade de restringir este livro a, unicamente, selecionar palavras e expressões que mereçam um esclarecimento das suas etimologias ou se faria uma introdução referente aos princípios básicos da linguística, correndo o risco de que inúmeros leitores fiquem entediados com uma ciência que não é de nosso cotidiano, sem uma objetiva aplicação prática. Optei pela segunda possibilidade, partindo do raciocínio de que o leitor, é óbvio, terá a sensatez de tomar a livre opção de ler, sem prejudicar a etimologia das palavras consultadas.

Para concluir esta Introdução, entendo ser útil lembrar que os autores de qualquer livro mais sério são responsáveis pelo que pensam, dizem e escrevem, porém não se responsabilizam pelos inevitáveis e polimorfos significados que cada leitor dá ao contexto do autor.

Alguns informes sobre linguística

Todo ser humano, por sua natureza, é um curioso. Sempre se interessou pelos fenômenos em geral, como os da criação do universo, do homem, da mulher, dos seres vivos, da vida e da morte e, também, da formação das palavras. Essa última se constitui na Etimologia, a qual é conceituada como parte da Linguística, que trata da origem da história evolutiva das palavras.

Muitos me perguntam: "Qual é a etimologia da palavra etimologia?" Ela provém do grego *étymos* (que significa "verdadeiro") + *logos* (radical grego que quer dizer "palavra", mas que também dá lugar a numerosas formações que indicam "estudo" ou "ciência"). Assim, etimologia significa o "verdadeiro sentido de uma determinada palavra", ou um aprofundado estudo sobre a origem e as transformações dos léxicos das inúmeras nações de todo o mundo.

Na verdade, a etimologia de palavras tanto pode ser inventada por "etimologistas" quanto pode proceder de profundos estudos realizados por linguistas, por meio de pesquisas de natureza rigorosamente científica.

Até o século XVIII, a etimologia ainda não tinha fundamento científico confiável. A partir do século XIX, *filólogos* (esta palavra procede dos étimos gregos *philos,* que quer dizer "amigo de", + *logos*) alemães descobriram as relações existentes entre palavras das línguas românicas, dentre elas o latim, de modo que a etimologia começou a adquirir o *status* de ciência.

Assim, por exemplo, foi constatado que palavras latinas sofriam alterações para entrar na língua portuguesa, na língua francesa ou na língua espanhola, com as devidas alterações em cada uma delas. Exemplo: as palavras latinas que se iniciam com "pl", evoluem para "ch" em português e para "ll" em espanhol, como ocorre com o verbo latino **pl**icare, que se transformou em **ch**egar, em português, e em **ll**egar em espanhol.

CONCEITUAÇÃO DE LINGUÍSTICA

A ciência Linguística se refere às pesquisas acerca da estrutura e evolução da linguagem, de modo a descrever os idiomas no que tange à sua história e classificação. Existem diferentes formas de classificação das linguagens. Por exemplo, do ponto de vista *genealógico*, classificaríamos as línguas por suas famílias e raízes. Assim, distinguiríamos a família indo-europeia, semítica, árabe, etc. Do ponto de vista *geográfico*, destacaríamos os continentes Europa, África, Ásia, América, Oceania, com as respectivas particularidades específicas de cada um dos inúmeros países que os compõem.

Em resumo, Linguística é a ciência que trata da linguagem, especialmente da linguagem articulada, escrita ou verbalizada, como um meio de apreciação de ideias, de sentimentos e, sobretudo, a serviço da Comunicação entre indivíduos, grupos, comunidades e nações.

O que, realmente, merece destaque é o fato de que a aquisição da linguagem é considerada como o maior dom das faculdades humanas, visto que ela permite um alto nível de comunicação e, também, se constitui como o maior diferencial do homem em relação ao restante dos seres do reino animal.

RAÍZES E FAMÍLIAS DAS PALAVRAS

Creio que uma metáfora pode ilustrar melhor a função e a natureza da etimologia quando ela é levada a sério. Assim, é útil fazer uma analogia com a *arqueologia* (a "des-coberta" de antigas raízes da civilização moderna), ou uma analogia com a transgeracionalidade das famílias, isto é: o estudo da etimologia das palavras equivale a de uma pesquisa da genealogia de famílias. Destarte, a partir de uma determinada família humana que, ao longo de sucessivas novas gerações, os sobrenomes vão se modificando, porém, mantêm vestígios do passado.

Do mesmo modo, as raízes etimológicas de palavras se ramificam, de forma que nem sempre são claras e visíveis; pelo contrário, inúmeras vezes elas ficam obscuras e com significados bastante diferentes entre si.

É evidente que a Linguística conta com matéria de outras áreas humanas, como a antropologia (em grego, *antropos* + *logos*), que é o estudo científico do homem quanto à sua origem, evolução, caracteres, etc.; a cartografia (coleção de mapas geográficos); bem como a filologia, a geografia, a história, a psicologia, a arte, a sociologia e a arquitetura.

A PROVÁVEL ORIGEM DA LINGUAGEM HUMANA

Pesquisas calculam que o homem primitivo passou a ser denominado *Homo sapiens*, quando, há cerca de 5.000 anos, ele atingiu as condições mínimas necessárias para a capacidade de cognição e os cinco fatores básicos para a obtenção da linguagem verbal. Estes fatores são:

1. maior volume do cérebro;
2. amadurecimento da estrutura do sistema neural;
3. atingimento da condição de bípede, assim podendo manter-se de pé, ereto;
4. certas alterações do aparelho fonador, vocal;
5. ocorrência de um significativo avanço na capacidade cognitiva, no sentido de *conhecer* os fenômenos da natureza, entre tantas outras aquisições de capacidades mentais.

Os referidos cientistas também aventam a hipótese de que parte dessas alterações já existiam no *Homo erectus* há cerca de 500.000 anos e foram os primeiros pré-requisitos para a obtenção da capacidade da fala. A maioria dos linguistas acredita que essa nobre capacidade de falar (que se constitui na maior diferença entre o ser humano e o animal) só tenha surgido há cerca de 100.000 anos. (Cunha, 2010).

As teorias que estudam a "fonologia" (estudo da emissão dos sons da linguagem) afirmam que a linguagem evoluiu a partir de uma sequência de grunhidos, gritos instintivos que exprimem sensações primitivas, como dor, alegria, medo, susto, excitação, ansiedade, etc.

Acredita-se que a fonologia ganhou uma melhor qualidade à medida que no hemisfério esquerdo do cérebro foram se formando regiões especializadas em áreas do córtex cerebral. Estas regiões estabeleceram a comunicação entre as áreas acústica, motora e conceitual do cérebro. Nas comunidades primitivas, as primeiras expressões verbais relacionavam os nomes com os objetos, assim estabelecendo os primórdios da *Semântica*, ou seja, palavras e frases com *significados*.

Algumas particularidades sobre etimologia

A partir do conhecimento de uma raiz é possível derivar inúmeras palavras, formando "famílias", com a vantagem de que, conhecendo as regras da formação dos derivados, os interessados podem substituir o velho hábito de "decorar" aquilo que estudam por uma compreensão do sentido real das palavras-chave que estão perdidas e transfiguradas no decorrer do tempo. Outro aspecto importante referente à etimologia é o de levar em conta que, ao longo de séculos, as palavras evoluíram e ganharam novos significados, além do que se formaram inúmeros dialetos dentro de um mesmo idioma e de diferentes províncias de uma mesma nação.

Pode-se dizer que as línguas do mundo (calculadas num total de 2.800) dividem-se em torno de 12 famílias linguísticas importantes, além de aproximadamente 50 menos importantes. A família das línguas indo-europeias, à qual pertencem o inglês e o português, é uma das mais importantes, sendo que, entre as línguas, a importância é medida pelo número de falantes. Além das línguas faladas na atualidade, existem em torno de 8.000 *dialetos,* conforme assevera "As Líguas do Mundo" (Berlitz, 1988).

Considera-se como "dialeto" uma variante de um idioma que é diferente o bastante da língua-mãe em termos de pronúncia, vocabulário ou idiomatismo para causar alguma dificuldade na compreensão. Com frequência, os dialetos se transformam em idiomas. São exemplos: o francês, o italiano, o espanhol, o português e o romeno modernos, que tiveram início como dialetos regionais do latim dentro do império romano da Antiguidade.

Embora o vocábulo *étimo* em grego signifique *verdadeiro,* isso não afiança que o estudo (*logos*) da origem real das palavras seja sempre verdadeiro, não só porque existem muitas especulações sem um maior rigor científico, mas também pela razão de que a grande importância da etimologia é a de acompanhar a evolução do significado prático das palavras (até o momento vigente na vida e no interesse do leitor). É inevitável que os verdadeiros significados se transformem, sucessivamente, com o correr dos séculos, ou milênios, e muito em função da cultura e dos costumes predominantes em determinada nação, ou em determinada época, de modo que o verdadeiro significado é sempre o da atualidade.

Famílias de línguas e suas origens

Alguns dos principais exemplos de famílias de línguas e suas origens são:

1. **Indo-Europeia (ou Indogermânica)**: consiste numa antiga influência do lado oriental do nosso planeta, como a Índia, juntamente com o lado ocidental (principalmente o povo ariano, que já tinha atingido um apreciável grau de civilização). Do lado oriental destacam-se os antigos idiomas indiano, eslavo, iraniano e armênio. Ainda do lado ocidental, cabe citar os idiomas celta (povo indo-europeu que se estabeleceu entre os povos germânico, helênico e itálico). O ramo itálico do indo-europeu se desmembrou em várias linguagens e, em consequência, existem raízes comuns a idiomas diferentes que sinalizam uma mesma origem indo-europeia.

    Em resumo, chamamos de indo-europeus todos os países e culturas nos quais são faladas as línguas indo-europeias; praticamente todas elas são faladas na Europa, com escassas exceções. Os primitivos indo-europeus viveram há 4.000 anos, provavelmente nas proximidades dos mares Negro e Cáspio. As belicosas tribos germânicas da Antiguidade legaram às línguas modernas muitas palavras, a começar pela própria palavra *guerra*. As tribos indo-europeias – também são denominadas como *arianas*, termo bastante usado na época do nazismo, cujo significado quer dizer *nobre* (que ironia...).

2. **Sânscrito**. De origem unicamente indiana, é uma língua erudita e litúrgica, sendo que muitos hinos sacros foram coligidos (reunidos em coleção) em sânscrito (essa palavra significa *perfeito*). Não resta dúvida que o sânscrito foi a mais antiga língua clássica da Índia, porém, a partir do século VI a.C., este idioma foi substituído por dialetos. Na atualidade, o sânscrito é usado apenas como uma linguagem culta. No entanto,

dentre as línguas mortas, o sânscrito é a que permite maior facilidade para se rastrear as origens de palavras bastante antigas.
3. **Provençal**. Este nome é provindo da cidade de Provença, localizada no sul da França, onde, a partir do século XII, o idioma provençal começou a florescer, especialmente por meio da poesia lírica dos trovadores.
4. **Aramaico**. Antiga língua falada na Palestina, na época de Jesus, que cotidianamente se expressava neste idioma. O aramaico era a língua geral no Oriente Médio na Antiguidade e desapareceu como língua viva; no entanto, ainda sobrevive em algumas pequenas aldeias na região que era a antiga Samaria (atualmente é uma aldeia árabe denominada Sébastie).
5. **Basco**. De todas as línguas ainda utilizadas, o basco, língua insólita, falada ao norte da Espanha e no sudeste da França, pode ser a mais difícil de aprender, já que não mais se relaciona a qualquer outra na Terra, com a exceção de um pequeno bolsão linguístico nas montanhas do Cáucaso. É provável que o basco seja um remanescente de uma língua do tempo das cavernas. (Berlitz, 1988).
6. **Línguas Semitas**. As principais são de origem hebraica e árabe. A origem da palavra *Babel*, que alude ao nome do "Mito da construção da Torre de Babel", pode ser encontrada no aramaico *Babilu*, que significa "Portão de Deus" – o local que os gregos denominavam *Babilônia*, onde se supõe ter sido construída a Torre de Babel original. Em **hebraico**, *bahbel* significa *confusão*, referente à dispersão das equipes de construtores da torre que pretendia atingir o céu, o mais próximo possível de Deus, resultante das intransponíveis barreiras linguísticas. A palavra *Babel* chegou às línguas modernas, como no inglês *babble*, no italiano *babele*, no espanhol *babel* e *balbucio* e no francês *babil*.
7. Quanto ao idioma **árabe**, ele deixou uma forte influência (basta ver o imenso número de palavras do léxico português que começam com o ditongo *al*). As Nações Unidas adotaram cinco línguas oficiais desde seu início: chinês, francês, inglês, russo e espanhol. O árabe foi, posteriormente, acrescentado como língua oficial da ONU. O grupo das línguas semíticas inclui o aramaico, o púnico (fenício), o hebraico e o árabe.

O árabe e o hebraico relacionam-se intimamente por meio do aramaico. Entre várias semelhanças, uma que merece menção especial consiste em que, respectivamente, nos idiomas árabe e hebraico, as saudações normais – *sallam* e *shalom* –, ambas significando *paz*. Também o *idishe* (língua dos judeus, falado fora de Israel; o idioma em Israel é denominado como *ivrit*) e o alemão são quase sempre mutuamente compreensíveis, já que o *ídishe* se originou de um dialeto baseado no alemão medieval (Berlitz, 1988). Os pesquisadores afirmam que o primeiro alfabeto não silábico foi encontrado em Biblos, na Fenícia, 1999 a.C., e é considerado o primeiro alfabeto autêntico. Biblos era um porto do qual se exportava o papiro para o Egito, com a finalidade de ser usado como papel.

8. **Grego (ou Helênico)** O grego, idioma vital para as regiões do Mediterrâneo oriental, pareceu estar, por algum tempo, durante a época de Alexandre, o Grande, em vias de se tornar a língua dominante do mundo. Embora a Grécia tivesse sido mais tarde conquistada por Roma, o grego continuou a ser considerado a língua da cultura e do refinamento, sendo ensinado aos jovens romanos, por seus tutores, então escravos gregos cultos. Desta forma, o grego moderno culto está mais próximo do grego antigo do que das línguas românicas do latim.

Também o idioma grego foi fortemente influenciado pela língua indo-europeia, mais exatamente, o idioma grego descende da língua (o púnico) dos pioneiros fenícios, que habitavam na antiga Ásia. Porém, à medida que as conquistas gregas se expandiam pelo mundo oriental e ocidental, sua influência nos demais idiomas foi adquirindo uma importância de primeira grandeza.

Acontece que a Grécia foi conquistada militarmente pelo poderio romano, cujo idioma era latino, de sorte que o idioma grego influiu consideravelmente sobre o latim, visto que o prestígio e a irradiação da cultura etrusca (antiga Itália) foram suplantados pelo crescente predomínio das ideias e palavras dos gregos, as quais ainda ocupam um largo espaço, por meio de prefixos, sufixos e preposições gregas, na formação das palavras num grande contingente de nações que ainda adotam a linguagem latina.

Algumas "dicas" sobre as raízes gregas

Diferentemente do que caracteriza a origem latina, na língua grega existem artigos e acentos nas palavras. Também no grego não existe uma letra específica para o nosso "H", e a letra "Y" se pronuncia como o "u" francês ou o "ü" alemão, como, por exemplo, a palavra *über* (algo ou alguém que está acima daquilo que está por baixo). Por outro lado, o "ph" é pronunciado como nosso "f" (por exemplo: *pharmácia*). O "ch" é conveniente que pronunciemos como se fosse "k". Também não existe a letra "C" no alfabeto grego, que é substituído por "ch" ou por "k".

O grego clássico também suprimiu a letra "V": por exemplo, a nossa palavra *força* (ou *fuerza*, em espanhol); em latim é *vis*, porém em grego é *is*. Do mesmo modo, a palavra *venter* (*ventre*, em português), no original grego, o "v" foi suprimido e ficou *enteron*, ou seja, *intestino*.

A letra "a" no começo de uma palavra indica o contrário do sentido original. Por exemplo, a palavra *amoral* significa alguém que não tem moral. A letra "a", ou o prefixo "in", têm um significado equivalente; porém, diferente. A-moral significa ausência total de moral, enquanto i-moral tem o significado de transgressão à moral. No entanto, diante de uma palavra que começa com uma vogal, o "a" é substituído pelo prefixo "an". Por exemplo, a palavra *an*emia resulta de *an* (privação de) + *haimas* (palavra grega que significa sangue; o ditongo *ai* adquire a pronúncia de e). Outro exemplo: a palavra *an*ormal, dentre tantas outras mais.

9. **Latino**: Nosso idioma português surgiu do latim que, por sua vez, influenciado pelo grego, floresceu em Lácio (histórica região conhecida como "pátria dos latinos", existente na antiga Itália, ao redor de Roma). As palavras portuguesas que se originaram do latim sofreram numerosas modificações ao longo dos séculos. Com frequência essas palavras começavam a ser utilizadas entre o povo inculto de Roma: o Baixo Latim já em seu início oferecia modificações dialéticas. Nos dias atuais, derivam-se numerosos termos técnicos diretamente do Latim Clássico.

Por essa razão, é comum que duas palavras aparentemente diferentes sejam de uma mesma origem, só que devidamente modificadas, conforme predomine o Baixo Latim ou o Clássico. De Lácio, o idioma latino, paulatinamente, foi se espalhando em todo o império romano. O Latim Vulgar (Baixo Latim ou Latim Popular) refere-se a línguas que eram realmente faladas pelo povo e que, de fato, originou as chamadas línguas românicas ou neolatinas.

Uma "dica" sobre a "família latina": A raiz de uma palavra provinda do latim geralmente se reconhece pelo nominativo, acoplado com o genitivo. Por exemplo: o nominativo *cor* (significa *coração*); quando completado com o genitivo, fica *cordis* (do coração) sendo que daí derivam palavras como *cordial, cordialidade, recordação, concordar* ou *discordar*, etc.

10. **Espanhol (ou castelhano)**. Este idioma surgiu do latim, cujas palavras originais sofreram numerosas modificações ao longo dos séculos e também influenciaram bastante o léxico espanhol e, logo, também o português. Por exemplo, palavras em espanhol que iniciam com *bl* (como *blanco*) quando passam para o português, transformam-se em *br* (*branco*). Também é útil esclarecer que no latim não existem acentos (se surgirem neste livro é mais com o propósito de enfatizar determinada pronúncia; o latim tampouco usa os artigos).

11. **Românica**: Antes de se tornar um gênero literário, a palavra *romance* era a denominação geral das diversas línguas de regiões latinas, como a Gália (atual França) e a Península Ibérica (Espanha e Portugal), que estiveram sob a dominação de Roma. *Romance,* que deriva do adjetivo *romanicus* que, por sua vez, significa *de Roma*, designava as línguas intermediárias entre o latim e qualquer outra língua românica, em oposição à língua culta que era o latim clássico. Todo esse processo resulta das guerras de conquista, em que o idioma dos vencidos absorve o idioma e a cultura do vencedor. Neste caso, a denominação à essa submissão do vencido é chamada de *substrato*. Em outras guerras de conquista, muitas vezes acontecia o *superstrato,* isto é, o subjugador é que absorvia o idioma do subjugado.

Assim, a variedade de costumes que cada nação invasora – mais comumente, a dos bárbaros – levava consigo nos pontos em que se estabelecia provocavam transformações na linguagem. É útil lembrar que a invasão dos bárbaros se refere à invasão em algum território autônomo por parte dos povos sem civilização, incultos, cruéis (conhecidos como *bárbaros* mas que, no entanto, em geral possuíam apreciáveis valores culturais), quando estes tomavam conta dos territórios conquistados. Grande contingente de bárbaros procedia dos povos germanos, principalmente do norte da Europa, mas também do centro, e invadiam áreas do império romano.

Outros destes povos procediam da Ásia Central, especialmente os Hunos e Visigodos, que se dirigiam à França e à Espanha, e também os Vândalos, que invadiam nações da África, enquanto os bárbaros anglo-saxões se estabeleciam na Inglaterra. A palavra *romanço* designa a língua derivada do latim vulgar, que influenciou fortemente o conjunto de povos e de regiões que aceitaram a língua, os costumes, as leis e a cultura de Roma e, assim, compuseram a Romània, enquanto a Barbária designa os povos que não aceitaram a hegemonia linguística de Roma.

Assim, as línguas *românicas* ou *neolatinas* tiveram uma enorme expansão e, ainda hoje, compreendem as línguas nacionais como o português (em Portugal e no Brasil), o espanhol (na Espanha e nações hispano-americanas, desde o México até inúmeros países da América do Sul). Quanto ao idioma francês, além da França, também é falado na Suíça, na Bélgica, no Canadá e em inúmeras ilhas e protetorados. Também o idioma italiano, que além de ser a língua oficial da Itália também é falado em suas antigas colônias, muitas na África. Além dos idiomas oficiais, também se formaram dialetos regionais específicos de certas regiões.

12. **Tupi-Guarani**. Não seria justo deixar de incluir a substancial influência, no português do Brasil, dos idiomas dos indígenas e dos africanos e, em escala menor, dos demais imigrantes. Mais especificamente, as tribos indígenas, a Tupi e a Guarani (comumente escreve-se *tupi-guarani*), nos legaram uma grande quantidade de termos que foram incorporados pelo nosso idioma e ainda são de uso corrente.

> **NOTA:** A referência inicial de que seriam doze as famílias de raízes importantes não deve ser levada ao pé da letra, porque deve-se levar em conta que importantes idiomas, como o francês, o italiano, o espanhol, o português, o romeno moderno, não obstante sejam derivados do latim, também contribuíram com raízes originais, assim como o idioma inglês (desde o primitivo idioma anglo-saxão). Da mesma forma, também existe o assim chamado Grupo Oriental, porém com contribuições menos importantes. Cabe registrar que algumas raízes que eventualmente participam de palavras em nosso idioma procedem de nações orientais primitivas, com idiomas próprios, como o armênio, o báltico, o eslavo, o indiano e o iraniano.

Conexões entre a linguística e a psicanálise

A maioria dos analistas não demonstra um maior interesse pela linguística moderna e, consequentemente, os termos *língua, linguagem* e *discurso* são usados de forma imprecisa e muitas vezes obscura. O célebre linguista Ferdinand de Saussure é considerado o fundador da Linguística moderna. Para este autor, a linguagem é um todo heterogêneo, composto pela *língua* (que é o seu aspecto essencial e coletivo) e pela *fala* (ou *discurso*) que é de uso individual.

Existem inúmeras concordâncias entre os postulados do linguista Saussure e os pioneiros estudos de Freud, tal como já aparecem em seu clássico "Projeto de uma psicologia científica" (1895) e, da mesma forma, Freud também demonstra o seu interesse pela Linguística no seu importante artigo de 1910 *"O significado antitético das palavras primitivas"* (Edição Imago, R.J. Edição 1969, vol X, páginas 141-146), em que ele exemplifica com o antigo vocabulário egípcio em que há uma quantidade de palavras com dois significados, um dos quais é o exato oposto do outro, de modo que só se podia chegar a um conceito por meio da antítese entre duas palavras que se complementam.

Assim, inspirado nesses aspectos do idioma egípcio, Freud exemplificou com o termo latino *altus,* que tanto significa *alto* como *profundo*; da mesma forma, Freud também exemplifica com o étimo latino *sacer,* que significa *sagrado* (e outros vocábulos derivados) e também tem uma significação oposta ao sagrado, ou seja, a significação de *maldito*, além de outros exemplos análogos. Também no idioma inglês, *with* significa *com*, enquanto, provindo de uma mesma raiz, *without* designa *sem*. A mesma formação anitética de palavras também aparece no idioma alemão, como em *widere*, que significa *contra*, tal como o conceito original de *contrarresistência*, enquanto *wiedere* também quer dizer *junto com*, e assim os exemplos poderiam se multiplicar.

Já o psicanalista Lacan, também inspirado em seus mestres Saussure e Freud, dedicou grande parte de sua obra ao estudo da linguística moderna, dando uma grande relevância ao que ele denominou como *estruturalismo da linguagem*, isto é, com este termo ele quis significar as relações entre estruturas linguísticas e a influência do meio ambiental (discursos provindos da família e da sociedade em que o sujeito está inserido). Lacan deu uma importância tão grande à sua concepção de *estruturalismo* que chegou a afirmar que "o ser humano está inserido em um universo da linguagem", de modo que a palavra tem tanto ou mais valor do que a imagem. Assim, Lacan, inspirado em Saussure, enfatizou o postulado de que o signo linguístico une não uma coisa a um nome, mas, sim, uma imagem acústica (que ele veio a denominar *significante*) ou a um conceito (que denominou como *significado*).

Saussure, Freud e Lacan fundamentam seus estudos não tanto nas palavras, mas sim nos fonemas (unidades menores que consistem em uma articulação daquilo que é ouvido e do que é falado). Deste modo, os primeiros fonemas seriam os gritos de dor do bebê, ou a dor de fome e, como afirmava Freud, os primeiros sons emitidos pelo bebê servem para descarregar a tensão, como se fossem válvulas de escape, ainda não discriminados dos objetos. Em resumo, pode-se dizer que os gritos de dor, de fome ou de angústia do recém-nascido são o precursor das palavras emitidas após alguns meses, de modo que a linguagem primitiva não expressa pensamentos e ideias, senão sensações, sentimentos e emoções primitivas.

É fundamental que a mãe compreenda a fala primitiva do bebê; uma mãe experiente e sensível é capaz de diferenciar os vários tipos de choro, como o choro de fome, o das dores provenientes de otite, o das cólicas, da pneumonia, o do início da dentição, dos medos, dos sustos, das fraldas sujas, além de que é imperativo que os pais – principalmente as mães – saibam ler a expressão facial do bebê, o tipo do olhar dele, as possíveis manifestações somáticas, como diarreia, vômitos, etc.

Todas essas manifestações são capazes de atrair a atenção dos cuidados da mãe, no sentido de que ela possa preencher as necessidades vitais – as orgânicas e as emocionais – do seu bebê. No caso em que não haja uma adequada resposta materna (o tom de voz dos pais ao falarem com a criança também tem uma grande importância), os sons dos balbucios do bebê não adquirirão um sentido de comunicação. Na evolução normal, a criança, a partir dos 14 meses de idade, reconhece o significado das palavras. Na hipótese de a mãe, o pai ou os substitutos ignorarem, interpretarem mal ou reagirem de forma inadequada a esses precursores da comunicação por parte da criança, tais falhas dos educadores podem alterar ou retardar o seu desenvolvimento para comunicar-se verbalmente.

Deve ficar claro que estou me referindo a situações mais extremas, porque todos nós, na condição de pais e mães, temos nossas relativas limitações (o importante é não idealizarmos, mas, sim, concordarmos com Winnicott, que está sintetizado na sua célebre frase: uma boa mãe deve ser "suficientemente boa". Voltando aos casos mais extremos, as sucessivas faltas e falhas dos pais na comunicação sadia podem facilitar o uso de outros canais de comunicação mais primitivos, como a expressão da angústia por meio de somatizações (é a *linguagem somática*) ou por meio de uma *linguagem motora* (como a hiperatividade). Bion diria que essa agitação motora se deve ao predomínio dos *elementos beta*, sendo que, na condição de adulto, essa linguagem motora pode se expressar por meio de recurso de *actings* (atuações).

Ainda Bion, em seus notáveis estudos sobre o pensamento dos psicóticos, destacou que nesses pacientes os pensamentos são concretos, há falha da capacidade de simbolização; portanto, incapacidade de produzir abstrações, com os consequentes distúrbios de linguagem.

Termos correntemente usados no contexto da linguística

Para familiarizar o leitor com a terminologia frequentemente utilizada na linguagem corrente, creio ser útil fazer um breve glossário das expressões mais comuns, que seguem:

- **Aforismo**: sentença curta, geralmente de ordem moral, com um mínimo de palavras e o máximo de objetividade. Exemplos: "Deus escreve certo por linhas tortas"; ou "Há males que vêm para bem".
- **Alegoria**: exposição de um pensamento sob forma figurada. Ficção que representa uma coisa para dar ideia de outra. Os carros alegóricos que desfilam no carnaval servem como um bom exemplo. A clássica *Alegoria da Caverna*, do filósofo Platão, parece-me ser outro excelente exemplo.
- **Aliteração**: consiste no fato de que numa determinada palavra, uma letra troca de posição com outra letra da mesma palavra, de modo que essa sofre uma total mudança de significado. Por exemplo, a palavra *poder*, trocando a posição das letras "*e*" e "*r*", transforma-se na palavra *podre* (acredito que muitos leitores diriam que, nesse exemplo, o significado de ambas as palavras, poder e podre, continua sendo o mesmo).
- **Analogia**: esta palavra se forma do grego *aná*, que significa *em partes iguais* + o grego *logos*, que quer dizer *palavra*, *estudo* ou *ciência*, de modo que a palavra *analogia* se refere à comparação de uma coisa com outra, conservando uma certa semelhança entre ambas.
- **Anagrama**: palavra que é formada pela transposição de letras de outra palavra com significação bem diferente. Por exemplo: *Amor* e *Roma*.
- **Cognato**: vem do latim *cognatus* e refere-se a um vocábulo que tem a mesma raiz que outros, porém com significações diferentes. Por exemplo: as palavras *belo*, *beleza* e o verbo *embelezar*, são cognatas. Outro exemplo

que ilustra uma grande possibilidade de uma mesma raiz linguística derivar vários cognatos com significados bem diferentes. Assim, o verbo *pôr* (colocar), precedido com distintos prefixos, pode originar diferentes verbos, como *compor, repor, supor, propor, pressupor, impor, opor, transpor, antepor, depor, interpor*, entre outros mais.

- **Diacronia**: refere-se à transformação de palavras através (= "diás") dos tempos (= *cronos*, em grego).
- **Dialeto**: designa a variedade regional de uma língua, especialmente no que diz respeito à pronúncia. A língua portuguesa falada no Brasil pode ser considerada um dialeto do idioma de Portugal, com a influência do linguajar indígena, entre outros provindos dos mais diversos povos.
- **Epigrafia**: a pesquisa e explicação das inscrições em monumentos, rochas e paredes. Sua etimologia se forma de "epi" = posição superior, sobre, mais "grafia" = inscrição escrita.
- **Epíteto**: indica o uso de uma palavra ou frase que qualifica uma pessoa ou coisa. É equivalente aos termos *cognome, alcunha, apelido*. Por exemplo: Apolo, o *iluminado*; Isabel, a *católica* ou Isabel, a *louca*, etc.
- **Étimo**: procede do grego *étymos*, que significa *verdadeiro* e dá origem à palavra *etimologia*, que, portanto, significa o *verdadeiro sentido da palavra*.
- **Fábula**: narração alegórica (ver **Alegoria**), cujas personagens, em regra, são animais, e que encerra com uma *lição de moral*. Por exemplo: fábula "A raposa e as uvas verdes".
- **Filologia**: estudo da língua por meio de obras literárias, em que o idioma serve como instrumento de cultura e de civilização de um determinado povo.
- **Fonemas e Fonética**: fonema indica a unidade mínima distintiva no sistema sonoro de uma língua. Fonética designa o estudo dos sons da fala, especialmente importante nas formas de comunicação verbal.
- **Folclore**: indica que se volta para a tradição de um povo (*folk*, em alemão), resgatando fatos históricos e culturais.
- **Fonologia**: consiste no estudo da emissão dos sons da linguagem.
- **Gramática**: é a parte que expõe o sistema, a estrutura, a harmonia e as regras das palavras que regem uma língua, escrita ou falada.
- **Hermenêutica**: é uma ciência que estuda a procedência e a interpretação das palavras, muito especialmente as que se referem aos textos sagrados da bíblia e das leis jurídicas.
- **Latinismo**: inserção de étimos latinos em um outro idioma.
- **Léxico e Lexicografia**: léxico é um conjunto de palavras e frases que, com os respectivos significados, contêm o idioma, ou seja, é uma espécie de

dicionário abreviado. A lexicografia consiste no registro e significação das aludidas palavras do léxico.
- **Linguística**: estudo da origem, formação, evolução e significações das palavras que comporão um determinado idioma, para o objetivo principal das modalidades de comunicação, escrita ou falada.
- **Metáfora**: consiste no emprego de uma palavra num sentido figurado. Um exemplo pode esclarecer melhor: se dissermos que tal pessoa é uma *raposa*, não estamos falando do animal raposa, mas sim, estamos sugerindo que ele é um astuto, um espertalhão. A metáfora consegue unir a ideia com a imagem.
- **Numismática**: refere-se às inscrições em moedas, medalhas, documentos antigos, que funcionam como requisitos para levantamentos históricos e para produções artístico-literárias.
- **Onomástica**: estudo e investigação da etimologia dos nomes próprios de pessoas e lugares.
- **Onomatopeia**: palavra que imita o som natural da coisa significada, tanto de ruídos provindos de animais quanto de sons vindos de coisas próprias da natureza. A etimologia desta palavra vem do grego *onomatos = nome + poien = fazer, fabricar*, isto é, conseguir uma harmonia imitativa da natureza, como, por exemplo, as expressões *pororoca, tico-tico, bem-te-vi*, etc.
- **Palavras homógrafas**: indica aquelas palavras que são escritas de uma mesma forma, porém são de prosódia (pronúncia) diferente, e elas podem representar uma cilada na nossa rotineira busca em dicionários. Por exemplo, a palavra *anoxia* (ausência de oxigênio nos tecidos orgânicos) tem um significado totalmente diferente na palavra *anóxia*, a qual tem a etimologia de *a* (privação) + *óxia* (derivado do verbo *nocere*, que significa *prejudicar*); logo, a palavra *anóxia* significa "ausência de prejuízo".
- **Parábola**: narração alegórica, na qual o conjunto de elementos evoca outra realidade de ordem superior. Um bom exemplo é o da *parábola* da raposa e as uvas verdes.
- **Paródia**: refere-se à imitação de uma obra séria, mais comumente de uma peça teatral, porém de forma cômica, burlesca, divertida. A etimologia de *paródia* vem do grego p*arodés* (que passa para o latim com o prefixo *paro* (que significa *ao lado de, semelhante a, fazer igual*) + *odés* (que significa *canto com caráter humorístico*) e essa combinação gera o vocábulo *paródia*.
- **Propedêutica**: alude a um aprendizado introdutório, preliminar (por exemplo, para conhecer a etimologia, é necessário que preliminarmente se estude o latim e o grego).

- **Prosódia**: pronúncia regular das palavras, com a devida acentuação.
- **Retórica**: esse vocábulo vem do grego *rhetorique*, e tem o significado de eloquência oratória; o discurso é prenhe de adornos empolados ou pomposos, porém a característica mais significativa é a de que a forma do discurso é primorosa, enquanto o conteúdo é vazio. Um bom exemplo talvez seja o discurso de um candidato a cargos eletivos, em épocas de campanhas eleitorais.
- **Sintaxe**: estuda a organização e a relação entre as palavras numa frase.
- **Solecismo**: diz respeito a um erro de sintaxe.
- **Semântica**: o foco principal é a *significação* das formas linguísticas.
- **Signo, Significante e Significado**: ver esses verbetes na letra "S", na etimologia das palavras do presente livro.
- **Símbolo**: alude àquilo que, por um princípio de analogia, representa ou substitui outra coisa. (Ver a etimologia desta palavra).
- **Pleonasmo**: alude a uma redundância de termos, de forma a exagerar ênfase que guarda o mesmo significado original. Em certos casos o pleonasmo pode ser vantajoso porque pode conferir à expressão da mesma palavra mais vigor e maior clareza. Por exemplo: *"eu vi (tal coisa) com estes olhos que a terra há de comer"*!
- **Pragmatismo**: doutrina que destaca o fato de que a verdade de uma proposição consiste na objetividade de que ela seja útil e que tenha alguma espécie de êxito e satisfação.
- **Sofisma**: refere-se ao uso de um argumento falso, formulado de propósito para induzir o outro a um erro.
- **Silogismo**: alude ao fato de que de duas proposições (chamadas de *premissas*) se deduz e se tira uma terceira conclusão. Vamos ao clássico exemplo: *todos os homens são mortais; os gregos são homens, portanto, todos os gregos são mortais*".
- **Topônimo**: alude ao nome próprio de um determinado lugar (país, cidade) que costuma se modificar ao longo dos tempos, de acordo com conquistas em guerras, determinadas homenagens a figuras heroicas e coisas afins. (Um bom exemplo é a atual cidade Istambul – capital da Turquia – que primitivamente era denominada como Bizâncio, posteriormente passou a ser chamada de Constantinopla, em homenagem ao grande imperador Constantino.)
- **Tropo**: alude ao fato de que determinada palavra adquire um significado com um sentido figurado. Assim, trata-se de um "tropo" quando a palavra "raposa" habitualmente pode significar o conhecido animal; porém, também costuma ser utilizada em metáforas, como acontece quando

queremos caracterizar uma pessoa que é conhecida como muito astuta, esperta, e costumamos chamá-la de "raposa".
- **Vernáculo**: refere-se à linguagem pura – típica de uma determinada região – sem estrangeirismos. O vernáculo é considerado a maior força viva de uma nação.

Prefixos, sufixos e preposições

Os *prefixos* (étimos que estão no início de determinadas palavras), os *sufixos* (que estão no final de determinados vocábulos) e as *preposições* que, como sabemos, desempenham um importante papel nos idiomas, porque ligam partes das orações, estabelecendo entre elas numerosas e distintas relações, com variadas significações. Juntas, se constituem como as raízes mais importantes das famílias das palavras. Pela importância dessas raízes, creio ser bastante útil pecar por excesso do que por falta, não obstante eu vá me restringir quase que unicamente com as raízes gregas e latinas e que, também, – é óbvio – não existe a menor pretensão de fazer uma total cobertura de todos afixos e preposições que constituem as raízes das palavras.

- **a e an**: ambos vêm do grego e designam *ausência de*. O prefixo "a" é usado antes de consoante (*a*patia, por exemplo), enquanto "an" é usado antes de vogais, como em *an*edonia (ver verbete), *an*óxia (falta de oxigênio), *an*estesia (falta de *estesis*, que, em grego, significa *sensibilidade*).
- **Ab**: significa *sair de*. Exemplo: *ab*erração (*errar* no caminho certo).
- **Ad**: preposição que tem vários significados; tanto quer dizer *em direção a* (exemplo: ad-oração: muitos acreditam que essa palavra se originou do prazer da criança de levar a mão à boca (boca em latim é *"os"*, com o genitivo*"oris"*, logo, ad-oris e, daí, adoração. Outra especulação (**dz**) é a palavra *admiração*, pelo menos em português, vinda de mirar (olhar) em direção (*ad*) à frente. Outro exemplo: *ad*-vogar em direção a algum objetivo se origina de "*ad*-vocare". Um outro significado da preposição "ad" é a de *aproximação*, a qual, de certa forma, engloba as antes mencionadas.
- **Agogós**: em grego quer dizer *condutor, estimulado*, tal como aparece nas palavras *menagogo* (medicamento que estimula a menstruação); *pedagogo* (aquele que orienta as crianças, palavra essa que, em grego, é *paidos*); *demagogo* (aquele que conduz o *povo*, palavra que em grego é *demos*).

- **Alienus**: étimo latino que originou a palavra *alienado* (estar, em parte, alheio aos fatos da realidade).
- **Alter**: prefixo latino que designa "o outro") (ver verbete **alter ego**)
- **Ambi**: do latim (derivado do grego *ambé*), refere-se a algo que está nos dois lados de uma mesma coisa; por exemplo, a palavra *ambidestro* refere-se àquele que consegue utilizar as duas mãos com a mesma facilidade. De forma semelhante, são as palavras **ambivalência** e **ambiguidade**.
- **Amphi**: vem do grego e significa *de ambos lados*, em duas formas da natureza, como em *anfíbio* (que vive na água e no ar); *anfiteatro*, em que as cenas podem ser vistas de ambos os lados.
- **Aná**: do grego, em oposição ao "katá", pode significar *para cima*, como em *anabolismo*; ou indica fazer algo, um a um, como em *anatomia* (*tomos*, em grego, é *cortar*); ou seja, a palavra *anatomia* corresponde a dissecar sistematicamente as partes do corpo, uma a uma. "Aná" também indica *em partes iguais*, tal como comumente aparece nas fórmulas da composição de medicamentos.
- **Ante**: significa *anterioridade no espaço*; por exemplo: quem chegou *ante (s)*; posição em frente; diante de.
- **Anti**: em grego significa *contra*, como, por exemplo, em *antissemita, antidepressivo; contratransferência* (neste caso o prefixo "contra" significa, mais exatamente, o sentido de contraparte e não o de oposição); *antiálgico* (recurso para aliviar a dor que, em grego, é *algós*).
- **Apo**: afixo grego, e também latino, que significa *separado de*; *distanciamento*. Assim, a palavra *apo*teose tanto significa a glorificação da divindade (*théos* que significa *deus*') como sugere uma despedida. Cabe lembrar que originalmente *apoteose* designava o ato final de endeusar o imperador (Caio Julio César foi o primeiro) após a sua morte. Com o mesmo significado de *término*, em português, a palavra *apoteose* costuma designar a última cena de um espetáculo que agradou bastante.
- **Arcké**: em grego significa o *primeiro*, o mais primitivo. Por exemplo: *arcaico* (velho, primitivo), *arqueologia, monarquia* (em grego, *monos* significa *único*, daí *menarca*, a primeira menstruação.
- **Arqui**: prefixo latino, derivado do grego *arcké*, que também tem o significado de *primeiro*, porque quando os gregos descobriram o mar Egeu, com as suas ilhas, denominaram-no de *arquipélago* (conjunto de ilhas), tendo em vista que *pélago* (*pelagus*, no original latino) significa *mar*.
- **Ballo**: étimo grego que significa *lançar*, como em *anáballo* (lançar de baixo para cima) ou, o contrário, *catáballo* (lançar pra baixo).

- **Bios (ge)**: significa *vida*. Por exemplo: *simbiose; biologia*.
- **Bradi**: consiste exatamente no oposto de **taqui**, ou seja, indica uma *lentidão*, como no exemplo de *bradipsiquismo* (nas fases depressivas ou em estados de anemia), de *bradicardia* (frequência cardíaca muito abaixo da normal); *bradipneia* (respiração lenta demais).
- **Caco**: significa *ruim, mau*, como é nas palavras *cacofagia* (comer mal)e *cacofonia* (emitir um som desagradável).
- **Choréa**: étimo grego (*corea*, em latim) cujo significado é o de uma *dança* que se caracteriza por movimentos convulsivos que lembram gestos exagerados. Por isso essa doença neurológica também é conhecida como *doença* (ou *baile*) *de São Vito*. O termo *coreografia* indica a arte das danças.
- **Circum**: étimo latino que designa *ao redor de, em volta de, perto de*, como em *circunlóquio, circuncisão, circunscrever*, etc.
- **Co e Com**: são prefixos que sugerem a noção de *junção*. Por exemplo: *conjunto; cooperação, colaborar* (laborar em conjunto); *conspiração* (esta palavra indica que, juntas, pessoas podem receber o espírito, o "sopro", e ter o mesmo "espírito de grupo", sendo que o vocábulo *espírito* vem do latim *spirare*, vocábulo do qual derivam palavras como *espíritismo, espiritualidade*, etc.).
- **Cor e Cordis**: vindo do latim, o prefixo *cor* e seu genitivo *cordis* designam *coração*. Em português, inúmeras palavras são derivadas desses vocábulos, tais como *cordial, cordialidade, concórdia, discórdia, cordiforme* (que tem forma de coração), *recordação*, etc.
- **Culus**: sufixo que também expressa uma condição diminutiva. Como em *gotícula* ou em *minúsculo*.
- **Cum**: corresponde à preposição **Com**. A palavra *companheiro* deriva de *cum* (com) + *panis* (pão), ou seja, refere-se a um grupo de pessoas que, quando em viagens, restauravam suas forças (daí o surgimento da palavra francesa *restaurante*) sentando-se juntas e repartindo o pão servido.
- **Currere**: verbo latino que designa *correr* e que deriva muitos vocábulos como *concorrer, discorrer, percorrer, recorrer*, etc.
- **De e Des**: significam *separar-se de*, estar fora de, como em *desvio, delirar* (no caso deste verbo, ele procede do significado de estar fora da lira, isto é, do sulco na terra feito pelo arado). O prefixo "des" também indica o *contrário* como em *desafiar* e *desconfiar*. Na psicanálise contemporânea, existem duas palavras com o prefixo "des" que estão muito em voga, pela sua importância na clínica psicanalítica. **Desidentificação (seletiva)** *e* **Dessignificação**. Sugiro a leitura obrigatória destes dois verbetes. O pre-

fixo "de" também indica *movimento de um lugar superior para o inferior, de cima para baixo*, como, por exemplo, a palavra *descendência* estaria num plano inferior ao de "ascendência".

- **Deon**: vindo do grego, significa *dever*. Por exemplo, a palavra *deontologia* refere-se à ética profissional.
- **Di** e **Dis**: étimos gregos que designam *mal* ou *dificuldade*. Por exemplo: *distúrbio*, *disúria* (dificuldade para urinar); *dismorfia* (distorção da imagem corporal); *dispneia* (dificuldade para respirar), etc.
- **Diá**: em grego significa *através de* (espaço, tempo, etc.). Corresponde a *trans* em latim. Exemplos: *diatermia* (calor – *thermos* – que passa através de algo); *diarreia* (fluxo, em grego, *rheo*); *logorreia* (fluxo excessivo – *rheia* – de palavras – *logos* – na fala).
- **Dias**: em grego, muitas vezes, designa *Deus*, como aparece no nome *Demeter* (deusa grega que presidia a agricultura e a arte da fertilização da terra). Os romanos passaram a chamá-la de *Ceres* (daí derivou a palavra *cereal*). Alguns etimologistas afirmam que o nome *Demeter* resulta da união de dois radicais gregos: *dias* = deus (no caso, *Zeus*) + *méter* = *útero*, ou seja, designava *o útero de deus*, uma forma de dizer que a agricultura é uma nítida expressão do "nascimento da vida" (as plantas que nascem, crescem e morrem, porém que também podem ressuscitar e voltar a nascer, até mesmo com pujança) o que não deixa de ser uma certa metáfora em relação ao ser humano.
- **Doceo**: vem do verbo *docere* que, em latim, significa *ensinar*, *informar*, e que dá origem a palavras como *docente*, *doutor*, *doutrina*. O termo latino *doctor* indica *condutor*, *guia*, *líder*, *comandante*, *general*.
- **Dromos**: em grego quer dizer *corrida*. Algumas palavras derivadas são: *autódromo* (local de corrida de carros); *pródromos* (compõe-se de *pró* + *dromos* = sendo o que ocorre antes de os sintomas mais evidentes se manifestarem). Outra palavra que se deriva de *dromos* é *síndrome*, que se forma do grego *syn* (com, junto de) + *dromos*, que designa um conjunto de signos relativos à saúde. Por exemplo, a febre não é uma patologia específica, mas um conjunto de signos (sinais) que alerta para necessidade de verificar qual é o estado clínico que ela está sinalizando.
- **Eidós**: radical grego que indica *forma de* ou *ideia*. Por exemplo: a formação da palavra *caleidoscópio* (brinquedo feito de pedrinhas coloridas num estojo de papelão, que, quando movido num giro, adquirem inúmeras vistas de formas, de diferentes e formosos coloridos) deriva do grego *kalós* (*formoso*) + *eidos* (*formas*) + *scópio* (*vista*). Podemos exemplificar com outra palavra: *xifoide* (que é um apêndice do osso externo). No gre-

go, em palavras compostas, o étimo *eidos* (forma) pode ser modificado para *óides*, de modo que *xiphos* (em grego, *espada*) + *óide* significa que o apêndice xifoide tem a forma de uma espada.
- **Em**: entre outros significados, o étimo grego *em* costuma designar *para dentro de*), como, por exemplo, aparece no vocábulo *empatia*, cujo sentido alude a uma capacidade de o sujeito (principalmente na função de um psicanalista) ter a capacidade de *entrar* (= em) no sofrimento (= *pathos*) do outro.
- **En, ou endon**: do grego, significa *dentro de* e corresponde à *intra* em latim. Exemplos: *endógeno* (pode ser uma depressão que se origina dentro do organismo); *endovenoso* (dentro da veia), etc.
- **Ek**: do grego, corresponde ao *ex* em latim, com o significado de *por fora*, como em *exógeno*, *exterior*, *exoftalmia* (em grego, *ophtalmós*, que significa *olho*).
- **Epi**: do grego, designa *em cima*, *sobre*, no sentido de lugar, como em *epiglote* (*glotta*, em grego, significa *língua*), *epífise* (extremidade superior de um osso longo), *epidemia*, *epígrafe* (titulo ou frase que serve de tema a um assunto de um artigo escrito), *epílogo* (conclusão, fecho de um trabalho escrito).
- **Ergon**: prefixo grego que designa *trabalho*, *ação*. Daí se originam palavras como *ergograma* (registro gráfico do trabalho muscular) ou *ergofobia* (que alude a quem tem horror ao trabalho).
- **Ethos**: significa, em grego, *costumes* e *usos*, tanto do homem como do reino animal. Mais especificamente, refere-se às características das condutas humanas, sendo que, do étimo *éthos* origina-se a palavra *ética*.
- **Eu**: do grego, indica *bem-estar*", como nas palavras *euforia* (*phoros*, em grego, é *portador de bem-estar*), *eugenia* (uma boa genética), *eutanásia* (uma boa morte – *thanatós*, em grego).
- **Ex**: étimo latino quer significa *para fora*, como em *expirar*, *expulsar*, *exterior*, *existência*, etc.
- **Gynos**: vem do grego, e *gyne*, em latim, com o genitivo *gynaikos*. Assim, o vocábulo *ginecomastia* alude às mamas masculinas em forma de mulher (*mastós*, em grego, significa mama) Existem homens que padecem de *ginecofobia* (um terror em relação às mulheres). O étimo grego *kolpos* significa *vagina*, com os derivados *colpite* (= vaginite), *colpocele* (um tipo de hérnia, palavra que vem do grego *kele*), *colpotomia* (incisão com corte no fundo dos sacos vaginais), etc.
- **Genos**: em grego, indica *gênese*, como na palavra *patogenia*. O significado desta palavra é o referente ao surgimento (*genos*) de uma doença, sofrimento (*pathós*). Não confundir *genos* com *gynos*, que alude à genitá-

lia feminina e dá origem ao vocábulo *ginecologia*. O equivalente ao grego *genos*, em latim, é *genus*. Ambos originam o termo *gênesis*, que se refere ao *nascimento* de um fenômeno. *Gênesis* também indica o primeiro livro da Bíblia que trata da criação do mundo. Outra palavra derivada de *genus* é *gênero*.

Também vocábulos como *genital*, ou a expressão *instinto genético*, equivalem a "amor sexual", e o verbo *engendrar* (que significa *dar origem, gerar, produzir*) procedem da mesma raiz *genus*. Para engendrar um ser, necessita-se do sêmen (que, em latim, significa *semente;*, em grego, sêmen se diz *sperma*) e do óvulo (um pequeno ovo). Assim, a palavra *espermatozoide* se compõe dos étimos *sperma* + *zóon* (em grego = animal) + *eidos* (em grego = *forma, aspecto*). Se o esperma não tiver células germinativas, será denominado de *azoóspermia*.

- **Hebe**: alude à juventude. *Hebe* era o nome grego da deusa da juventude, que oferecia diariamente o néctar e a ambrosia aos deuses. Um exemplo de palavra derivada de *Hebe* é a doença psicótica denominada como *hebefrenia*, que também era denominada como *demência precoce*, e que corresponde a uma forma de esquizofrenia. De forma parecida, a palavra *hebiatria*, composta de *hebe* (*jovem*) + *iatria* (*médico*), significa, na atualidade, médico especialista em adolescentes (hebiatra).
- **Hiper**: étimo grego que indica *sobre* num sentido quantitativo, como, por exemplo, nas palavras *hipertrofia* (*trophe*, em grego, é *nutrição*), *hiperatividade* (um dos mais importantes sintomas presentes na doença neuropsicológida do transtorno do déficit de atenção e de hiperatividade (TDAH). Outro exemplo típico é na expressão *hiperglicemia*, um excessivo (*hiper*) nível de açúcar (*glykos*, em grego) + *emia* (que vem do grego *haima* = sangue).
- **Hipó**: em grego significa *debaixo de*. Por exemplo: *hipostasia* (*stasis*, em grego, é estar parado).
- **Homoiós**: do grego, significa *igual*. Exemplos: *homossexualidade*; *homônimo* (que têm o mesmo nome, em grego, *nomos*); *homeopatia* (terapêutica que emprega medicamentos capazes de produzir os mesmos efeitos, ou parecidos, àqueles que quer combater. Isso faz jus ao seu lema, em latim, *Simila similibus curantur*, cujo significado é: "Os fenômenos semelhantes se curam com remédios semelhantes". O contrário de *homeopatia* é *alopatia*, que vem de *allos* (em grego, significa *outro*).
- **Ia**: sufixo que designa nomes de países e cidades (*Rumania, Alexandria*) de profissões, como em *psiquiatria, pediatria*, de certas condições da natureza (*ventania*) ou da saúde (*anemia* = falta – *an* – de sangue. Na verdade,

consiste na falta de glóbulos vermelhos – *hemácias* – e de *hemoglobina*. Em grego, sangue é *haima*, sendo que o ditongo "ai" fica com o som de "e").

- **In**: étimo grego que aparece com grande frequência, tanto como preposição quanto como prefixo. Como *preposição,* tem o sentido primordial de *para* (lugar para onde) e, como *prefixo,* tanto significa uma negatividade (por exemplo, a palavra *insensível* indica que a pessoa não tem uma sadia sensibilidade) quanto também refere-se a uma *interiorização*, como visto na própria palavra *interior*. No entanto, também pode tanto significar *dentro de* (como em *inspirar, internar*) quanto uma ação contrária, uma retirada, como em *infeliz, inverdade,* etc. Podemos *inspirar* o oxigênio do ar, bem como podemos nos *inspirar* no sentido de receber o espírito divino (o sopro da vida), etc.

- **Iatrós**: étimo grego que designa aspectos da medicina, especialmente a pessoa do *médico*. Assim, a conhecida palavra *Iatrogenia* quer dizer que o ato médico pode ser prejudicial ao paciente, tanto pelo erro na medicação (a dose escassa, excessiva ou com sérias contraindicações). Porém, o maior prejuízo que o médico pode causar provém de sua conduta; se ele é competente, não negligente, realmente interessado em seu paciente, sério e dedicado, ou se faz uma espécie de "terror" ou coisas do tipo. A palavra *iatrogenia* se forma a partir de *iatros (médico) + genia* (a gênese de uma doença ou de uma complicação dela).

- **Idiós**: no grego este prefixo significa *próprio*, como, por exemplo, a palavra *idiossincrasia*, composta pelos étimos *idiós + crasia; diós* significa uma maneira própria de cada indivíduo, que o faz reagir de uma forma muito pessoal e peculiar à ação de agentes externos; *crasia* alude a uma mescla dos quatro célebres humores que supunha-se, originarem-se da glândula "timo": o colérico, o sanguíneo, o flegmático e o melancólico. Na atualidade, muitos ainda acreditam que, em grande parte, essa glândula – o timo – é a responsável pelas alterações de humor. Alguns exemplos de palavras derivadas de *idiós* são: **Alexitimia**; *idiotia* (provém do latim inculto ou profano, e indica pessoa privada de inteligência); *ciclotimia,* palavra que designa variações de humor, como acontece nos transtornos bipolares.

- **Inter:** é um desdobramento de **In**, com uma significação mais específica de *entre, no meio de;* uma reciprocidade, como aparece na palavra *interação*.

- **Intro** e **Intra:** também são desdobramentos de **In**, com o significado de *para dentro,* tal como aparece na palavra *introjeção* ou na expressão *intrapessoal*.

- **Isco**: indica diminutivos, como em *rabisco, chuvisco*, etc.
- **Ismós**: sufixo grego que indica *sistema, escola, qualidade característica*, tal como aparece nas palavras *comunismo, islamismo, judaísmo*, etc. Também significa *um estado de*, como, por exemplo: "Fulano está numa clínica devido ao seu estado de *alcoolismo*." Também poderíamos exemplificar com *egoísmo, raquitismo, comunismo, consumismo*.
- **Isos**: em grego, quer dizer *igual*, tal como nas palavras *isotermia, isotônico*.
- **Ite**: do grego, este sufixo, que aparece bastante na medicina, tem o significado de *infecção* ou *inflamação*, como em *amigdalite, nefrite* (*nephron*, em grego, é *rim*), entre inúmeros outros termos médicos.
- **Katá**: vem do grego e significa *para baixo*, como em *catabolismo, catástrofe* (sendo que, no grego, *strephein* significa *virar*).
- **Klonos**: em grego tem o significado de *agitação* e origina a expressão *convulsões clônicas*, isto é, espasmos musculares em que se alternam, em rápida sucessão, rigidez e relaxamento.
- **Koprós**: em grego significa *matéria fecal*; *coprofagia* designa o fato, não raro, de que pacientes psicóticos possam ingerir fezes.
- **Lalo**: em grego significa *eu charlo*. Assim, *eulalia* indica uma boa (*eu*) charla (*conversa*); *ecolalia* refere-se a um eco, isto é, uma repetição de uma palavra ou frase de modo contínuo; *coprolalia* designa um uso insistente de palavras obscenas; *rinolalia* é voz nasal (*rhin*, em grego, é nariz).
- **Mega**: em grego significa *grande*, tal como em *megalomania*, que é a mania de grandeza.
- **Melas**: em grego designa *negro* e, em latim, corresponde a *niger*. O exemplo mais representativo, na psicanálise, é a palavra *melancolia*, que é composta de *melano + colia*, sufixo este que deriva de *chóle*, que se refere à *bile negra*. O sufixo grego *melas* também origina a palavra *melena*, que, na medicina, significa vômito ou fezes enegrecidas, devido a presença de pigmentos sanguíneos.
- **Men**: do grego, alude a algo que se processa mensalmente. Cabe exemplificar com a palavra *menarca*, que se compõe de *men* (= mensal) e *arca*, que provém de *arquia* (= a primeira vez), isto é, menarca é a primeira menstruação da mulher; *Menopausa* indica o oposto da menarca; *amenorreia* indica que o fluxo (rheia) menstrual não mais "aparece" mensalmente.

- **Meta**: étimo que designa algo que vem antes de uma comprovação concreta (como em *metapsicologia*), ou que vem depois (como em *metasifilítico*, que designa um processo que vem depois ou que é uma consequência da sífilis; *meta* também designa *câmbio, mudança de lugar* (como na palavra *metástase*).
- **Metá**: prefixo grego que significa *mudança de lugar*, como é o caso da palavra *metamorfose* (mudança de forma), *metástase* (quando a célula cancerosa muda do lugar original para outras partes do corpo).
- **Mikrós**: em grego indica *pequeno*, como na palavra *microcefalia*, que significa *cabeça pequena*.
- **Morphe**: designa *forma*, como na palavra *morfologia*. Já a palavra *dismorfia*, bastante em voga na atualidade da psiquiatria e da psicanálise, alude a um transtorno (*dys*) da imagem da forma corporal, tal como se evidencia nos quadros clínicos de anorexia nervosa.
- **Morfeus**: étimo latino (que em grego é *morphéus* e em português é *morfeu*) *deus do sonho*, figura mitológica, filho do Sono e da Noite. Daí derivam algumas palavras em português, como: *morfina; morfético* (o mesmo que *leproso*). Em grego, o sono também é conhecido como *oneirós*, por isso denominamos como *oníricas* as fantasias, os delírios ou as alucinações ligados ao sono.
- **Mentu**: é um radical latino que significa ação ou resultado de uma ação, como aparece, na condição de sufixo, em *ferimento, relacionamento, documento* (nesse último vocábulo, vai a prova de um fato que vai servir de prova, se necessário, assim como o derivado "monumento" refere uma ação que guarda e preserva algo. É evidente que a letra "u", no latim, quando passa para o português, fica sendo "o" ("mentu" fica sendo "mento").
- **Monos**: afixo grego que significa *único*, como aparece na palavra *monarquia*, regime em que um único rei (*monarca*) está à frente (*arquia*) de todos.
- **Neuron**: em grego significa *nervo, neurônio*. Este prefixo derivou palavras como *neurose, neurastenia* (*astheneia*, em grego, significa *debilidade*).
- **Ob**: Vem do latim e significa *diante de*. Este prefixo dá origem a inúmeros vocábulos em português, como, por exemplo, o verbo *obcecar*, que provavelmente deriva (**dz**) de *ob* + *caecare* (cegar diante de problemas muito difíceis); *obsessão; obsessividade* (preocupação exagerada diante de uma determinada ideia fixa, **Neurose**).

> **NOTA**. Para certos pacientes que estão *obcecados* com uma ideia fixa – por exemplo, um sentimento de paixão que esteja totalmente fora da lógica, muito distante do que é um verdadeiro amor, porque a sua paixão se processa à custa de muito sofrimento e de humilhações, o analista pode assinalar que a sua paixão é "burra" e "cega", isto é, o paciente está *obcecado*. Talvez fosse melhor dizer "obce*g*ado".

- **Oide**: significa "*sob a forma de*", como na palavra *paranoide*, que lembra algumas características de alguém que, de fato, seja um paranoico.
- **Oligós**: étimo grego que indica *pouco, deficiência, escassez*, como, por exemplo, o vocábulo *oligofrenia* (*oligós* = deficiência + *frenia*, de *frenos* = mente), que significa algum grau de retardo mental.
- **Ollon**: étimo grego que significa *totalidade*; vamos a dois exemplos: o primeiro, uma palavra que está bastante em voga, que é *holístico*, que indica uma *visão holística*, isto é, que abarca todos os ângulos daquilo que está sendo observado, ou uma fotografia que capta a totalidade dos detalhes do que está sendo fotografado; outro exemplo é o vocábulo *holocausto*, que deriva do grego *hollokauston* (vertido para o latim como *holocaustu*, que designa um sacrifício em que a vítima era queimada completamente. Entre os antigos hebreus, também significava o sacrifício, a imolação, em que se queimavam inteiramente todas as vítimas.

> **NOTA**. Também na Segunda Guerra Mundial, relativamente recente, os nazistas cometeram um holocausto porque assassinaram (através da asfixia por um "chuveiro" que expelia um gaz super-tóxico, e vitimava comunistas, homossexuais e, principalmente, milhões de judeus). Outra curiosidade em relação ao étimo *hollos* é que ele participa na formação do nome de um dos deuses mais amados na mitologia grega – refiro-me a Apolo, o deus da luz (porque, segundo os relatos dos mitos, ele não só era belo como irradiava luz). Assim, o nome Apolo deriva do antigo idioma sânscrito e quer dizer *totalidade da luz* (*Ap* é *luz* e *ollon* é *totalidade*, daí *holístico* (Salis, 2003, p.218).

- **Omni e Oni**: étimo latino que significa *a todos, para todos, tudo*. Esse prefixo dá origem a inúmeros vocábulos. Por exemplo: *ônibus* indica que é uma viatura que, pelo tamanho grande, permite um acesso a *todos*; *onipotência* (posso tudo); *onisciência* (sei tudo); *onividência* (tudo vejo e adivinho); etc.
- **Odos**: em grego significa *caminho*, como na palavra *eletrodo* (condutor metálico por onde uma corrente elétrica segue caminhos distintos; entra num sistema ou sai dele).

- **Ontós:** em grego significa *ser humano, indivíduo*, como, por exemplo, aparece na palavra *ontogenia*, isto é, refere-se à gênese (vem do étimo grego *genos*) do homem.
- **Ópsis:** do grego, significa *vista*. Por exemplo: a palavra *sinópsis* (uma síntese com uma visão totalista do texto) se forma a partir de *syn* (conjunto de) + *ópsis* (visão).
- **Ópsia:** sufixo grego que designa *visão, vista*, tal como aparece na palavra *biópsia*, que designa a *vista de um tecido vivo*, ou na palavra *necrópsia*, que se forma de *necro* (*cadáver*, em grego) + ópsia (*vista*), isto é, a *vista de tecidos mortos*.
- **Ósis:** sufixo grego que, geralmente, designa a condição de uma doença, como nas palavras *psicose, neurose, parasitose*, etc.
- **Oso:** indica *cheio de*, como em *invejoso, amoroso*, etc.
- **Pan:** raiz grega que tem o significado de *muitos*, como fica evidenciado em palavras como *Pandora*.
- **Pará:** do grego, indica *paralelamente, ao lado de*, como em *parasita*, e também indica *junto de*, como na palavra *paraninfo*, que se forma de *pará* + *ninphé* (noivo ou noiva). *Pará* ainda pode indicar *falso*, como em *paranoia*, ou seja, consiste num *falso entendimento* (*nous*, em grego, corresponde ao *gnose* em latim, e quer dizer *entendimento*). Da mesma forma, a palavra *parestesia* é uma falsa sensibilidade (*aisthesis*, em grego, quer dizer *sensibilidade* (em grego, o ditongo *ai*, vertido para o português, fica com a pronúncia de *e*.
- **Pathós:** étimo grego que significa *sofrimento, dor, doença*. Podemos exemplificar com as palavras *patologia, empatia, apatia, simpatia, neuropatia*, etc.
- **Per:** contém a ideia primordial de *atravessar, passar por entre* ou *pelo meio de*, conceitos que, aplicados ao tempo, se transmutam em duração e continuidade, de modo que aparecem em palavras como *perdurar, persistência, permanente*, etc. Esse prefixo latino também equivale à preposição *para*, no sentido de *ir para um certo objetivo*, tal como se evidencia no verbo *perdoar*, que se forma de *per-doar* e, repare, com o mesmo significado que o verbo inglês *for-give*.
- **Peri:** em grego significa *ao redor, perímetro*. Em grego, *metron* designa *medida*, como, por exemplo, em *perímetro torácico*.
- **Plege:** vem do grego e tem o significado de *golpe*. Por exemplo, a palavra *apoplegia* (uma abolição brusca das funções cerebrais) se forma de *apó* (= *para baixo*) + *plege* (= *golpe*); a palavra *hemiplegia* se forma de *hemien* (em grego, *a metade*) + *plege*, o que significa que o *golpe* atingiu a metade do corpo. Outro exemplo: a palavra *paraplegia* significa que a doença

(o *golpe*) atingiu os dois lados do corpo, de acordo com a sua etimologia (o prefixo grego *para* significa *paralelamente*, ou seja, os dois lados). O equivalente do étimo grego *plege*, em latim, é *ictus*.

- **Phasis**: do grego, indica *palavra, afirmação*. Daí se derivam muitas palavras em português, como *ênfase* (realce às palavras), *afasia*, (impossibilidade da fala por lesão cerebral), que se forma por *a* (= *supressão*) + *phasis* (= fala).
- **Ph(f)oros**: no grego significa *eu levo*. Por exemplo: a palavra *euforia* designa *eu levo* (= *foros*) *me sentindo bem* (= *eu*). Num extremo oposto, a palavra *caquexia*, oriunda do grego *kakós* (= *para baixo*) + *echo* (*mal*, no grego), significa *mantenho o meu muito mau estado*.
- **Philós**: em grego quer dizer *amigo de*, tal como esse prefixo aparece em palavras como *filosofia*, que resulta, em português, do prefixo *phillós* (= *amigo*) + *sophos* (= *conhecimento*), ou seja, *amante dos conhecimentos*. Também cabe como exemplo a palavra *filarmônica*, que significa *amigo da música, que sustenta a manutenção da orquestra*.
- **Presbi**: esse prefixo vem do grego *presbys*, com o significado de *velho, ancião, idoso*, com o significado equivalente ao do conhecido vocábulo de origem grega *gerontós* (velho), e daí derivam os termos (estudo dos idosos), *gerontólogo*, etc. O prefixo *presbi* é importante porque serve de prefixo a inúmeros termos, como **Presbiforenia**, *presbítero* (sacerdote já muito ancião que tem a liderança e o respeito de todos os participantes da sua comunidade religiosa). Outra palavra derivada, no campo da medicina, é *presbiopsia*, que significa o prejuízo da visão no período de envelhecimento.
- **Polys**: em grego, designa *muitos*, como na palavra *polissemia*, que significa os múltiplos (*poli*) significados (*semos*) de uma mesma palavra. Outros exemplos: *polifagia*, que é comer em exagero (em grego, *phago* é comer); *polidipsia* (*dipsa*, em grego, é sede); *poliúria* (*ouros*, em grego, é urina). Não confundir *polys* com *pólis*, que, em grego, significa *povo, cidade*, como em *Petrópolis* (= cidade de Pedro), e origina palavras como *política, polícia*, etc.
- **Pro**: em grego, indica *ver prosperar, expandir, aumentar, ter êxito em algum objetivo*. Por exemplo, a palavra *proxeneta* (comumente conhecida como *gigolô* ou *cafetão*) compõe-se de *pro* + o grego *xenos*, que designa *hóspede, estrangeiro*. Assim, *proxeneta* é a pessoa que ganha dinheiro servindo de intermediário em casos amorosos, ou seja, é um explorador da prostituição de outrem. Outras palavras que derivam da raiz *pro* que podem ser mencionadas são: *progresso, progredir, processo* (psicanalítico, por exemplo), *programação*, etc.

- **Psyche:** prefixo grego que, no seu sentido original, significa *alma*, de modo que Freud utilizou-o para denominar a ciência da psicanálise porque quis deixar claro que aludia à ciência voltada ao estudo da alma humana.
- **Re:** preposição, de origem grega, bastante utilizada na formação de palavras. Tem, no mínimo, dois significados: um é no sentido de *uma marcha para trás* (tal como é o movimento da marcha a ré num carro; mas a volta para trás também pode ser exemplificada com a bonita palavra **recordação**), enquanto o segundo significado aludido indica *de novo, mais uma vez*, como aparece em palavras como **resistência**.
- **Spe:** prefixo de origem indo-europeia que participa de palavras como **espelho, esperança**, o verbo *espargir* (sementes), *esperma*, etc.
- **Syn** ou **Sym:** em grego significa *com, junto de*, como, por exemplo, nas palavras **simbiose, simpatia, sinopse**.
- **Schizós:** em grego significa *divisão, dissociação*, e dá origem a muitas palavras da área psiquiátrica e psicanalítica, tais como: *esquizoide*; *esquizofrenia*, formada por *esquizos* (= *dissociação*) + *frenos* (= *mente*), isto é, destaca que a mente está dissociada, o que, às vezes, em casos mais graves, resulta num estado caótico; a expressão *posição esquizoparanoide* indica que a mente do sujeito não só está dissociada, como também está usando a defesa de projetar nos outros os seus conflitos, e isso é a maior característica dos estados paranoides ou paranoicos.
- **Sub:** significa *sob, embaixo de*, como em *subterrâneo*, ou no sentido de *subordinação*, às vezes, num estado de *submissão, subalterno*.
- **Super:** significa *sobre, acima de*, e deriva palavras como *superioridade, superlatividade*. Na psicanálise, uma atividade muito importante na formação de um candidato a ser psicanalista é o de fazer *supervisão* com um psicanalista de muito maior experiência. No entanto, é necessário que o prefixo *super* não seja levado ao pé da letra, o que poderia levar ao equívoco de que o "super-visor", tenha uma visão altamente superior à do candidato. Talvez em épocas passadas era assim, mas não na psicanálise contemporânea.
- **Taqui:** designa um *estado de aceleração*, como, por exemplo, em *taquipsiquismo* (muito típico na fase de euforia, ou de "mania", nos transtornos bipolares), ou em *taquicardia* (quando a frequência dos batimentos cardíacos está por demais acelerada). *Taqui* tem um significado oposto ao de *bradi* (por exemplo, *bradicardia* é o oposto de *taquicardia*).
- **Thimós:** em grego, indica a *alma*, o *espírito*, porque os antigos gregos acreditavam que a glândula denominada "timo", em português, seria o

centro da alma. Muitos ainda acreditam que, em grande parte, essa glândula é a responsável pelas alterações de humor.
- **Tomos**: do grego, significa *cortar*, *extirpar*. Por exemplo, *histerectomia* refere-se a uma cirurgia extirpadora, parcial ou total, do útero (*hysteros*, em grego).
- **Tónos**: em grego designa *tensão*. Assim, a epilepsia começa com convulsões tônicas (é um equívoco dizer tônus, pois se trata de uma palavra grega e neste idioma não se usa o sufixo *us*). Tudo faz crer que o grego *tónos* passou para o latim como *tonus*.
- **Tópos**: em grego sinaliza *lugar*, como está na palavra *topografia*. Assim, Freud denominou a sua "teoria topográfica" como uma tentativa de descrever onde estariam localizados o consciente, o pré-consciente e o inconsciente. O étimo *tópos* passou para o latim como *loco*, que dá origem ao verbo *localizar*.
- **Trans**: o significado mais típico é o de *além de*, *para lá de*, *através de* (tempo, espaço e forma). Quando se refere ao espaço, cabe exemplificar com as palavras *transportar* (passagem de um lugar para outro); ou quando se refere ao tempo, cabe exemplificar com o verbo *transcorrer*, sendo que quando a mudança é na forma, o melhor exemplo é o do vocábulo *transformações*, ou seja, formas novas adquiridas ao longo do tempo, do espaço e de processos. O termo *transformação* ganhou uma grande dimensão na psicanálise por meio dos conceitos originais de Bion.
- **Trophe**: em grego quer dizer *alimento*, de modo que *trophe* origina as palavras *distrofia* (perturbação grave da nutrição) ou *atrofia* (insuficiência da nutrição com sérias consequências orgânicas).
- **Us**: é um afixo latino que em português corresponde ao *o*. Entre tantos exemplos, podemos mencionar a palavra latina *manus* que, em português, significa *mão*.

Convém frisar que, neste livro, não houve intenção de esgotar todos os prefixos, sufixos e preposições de origem grega e latina, até por um problema de espaço. Também se impõe reconhecer que, em grande parte, as raízes etimológicas que aqui foram utilizadas são bastante fundamentadas no livro *Etimologia Grega e Latina para o Uso Médico*, de autoria de Juan M. Boettner (1942), editora Ateneo, Buenos Aires.

Termos psicanalíticos

A

Ab: preposição latina que funciona como um prefixo, em português, na composição de palavras que começam com "ab", cujo significado é o de "afastamento". Exemplos: "*ab*jugar" = "livrar (ab) do "jugo "; "*ab*ortar", etc.

Abandono: deriva do verbo francês (língua neolatina) *abandonner*, que significa "deixar só, desamparar". Na terminologia psicanalítica, o abandono surge com alta frequência, tanto por um possível traumático abandono real como por um sentimento pessoal de abandono, causado por uma frustração por não ter conseguido algo, ou alguém, que o sujeito aguardava com uma excessiva expectativa.

Abasia: deriva de *ab* (*sair fora de*) + *basis* (*locomoção* em grego) e significa: incapacidade de realizar a marcha, em consequência de distúrbio de coordenação muscular.

Aborto: vocábulo derivado do verbo *abortare*, que em latim se origina de *ab* (privação) + *ortare* (que, segundo alguns linguistas, se origina de *oriri* , *nascer*), logo, *aborto* significa *não nascer*. Segundo outros, resulta de *ab* (*privação* ou *fora do lugar* + *orthós*, que quer dizer *direito, correto*. Com outras palavras, aborto significa que por razões biológicas, ou provocadas, durante a *gravidez* (essa palavra vem do latim *gravis* = *pesado*), há a expulsão de um ovo, vivo ou morto, antes do 7º mês, sendo que houve algo que não saiu bem, ou que não foi um ato *correto* (= *orthos*).

Ab-reação: esta expressão foi criada por Freud e Breuer, ao estudarem as características da histeria. Consiste numa *descarga verbal*, para fora (*ab*), *de cargas emocionais intoleráveis*, como, por exemplo desejos e fantasias proibidas. A melhor síntese disso é o desabafo de uma paciente histérica que foi tratada por Breuer (em inglês, *talking cute*) (celebrada por Freud com o nome Anna O.) que se referiu à psicanálise como "a cura pela palavra", como a "descarga pela chaminé" (*Chimney sweeping*). Uma sinonímia de *ab-reação* pode ser lida no verbete *catarse*.

Abstinência: vem do latim culto *abstinentia*, que designa uma ação de *abster-se de algo*, principalmente de natureza eclesiástica, como na quaresma, ao referir--se à carne. No campo da psicanálise, Freud deixou um legado de "regras" para serem cumpridas no ato da prática psicanalítica, e uma delas é denominada da *"Regra da Abstinência"*, ou seja, uma série de condutas que tanto o paciente como o analista devem se abster de ficar envolvidos, ou, no caso do profissional, sair de sua posição de psicanalista.

Abstração: vem do verbo *abstrair*, que se origina do latim *abstrahere*, e significa a capacidade de uma pessoa poder *considerar*, isoladamente, *um ou mais elementos de um todo que se encontra unido*, de modo a se afastar, se apartar (*ab*) daquilo que esteja unicamente focado no concreto, em que haverá uma dificuldade de fazer generalizações e abstrações.

Abulia: esta palavra se origina do grego *aboulia*, e significa uma alteração patológica que se caracteriza por *diminuição ou supressão da vontade*. Assim, pacientes abúlicos frequentemente apresentam crises de torpor, inércia, apatia e uma falta quase que total de desejar qualquer coisa. Acredito que estes casos de abulia devam fazer parte dos quadros de **depressão** e de **melancolia**.

Acefalia: este vocábulo se forma de *a* + *kephalé* (em grego, *céfalo* = *cabeça*, como na palavra *cefaleia* = *dor de cabeça*). Deste modo, *cefalia* significa que existe uma ausência (*a*) do líder: o "cabeça" de um grupo (família, instituição ou nação, etc.).

Acessibilidade (no ato analítico): derivado de *acesso* – que é oriundo do latim *accessu*, que, por sua vez, indica ingresso, entrada. Na psicanálise contemporânea, o termo *acessibilidade* ganhou uma grande importância porque designa, mais do que o termo *analisabilidade*, pois o candidato a fazer uma análise evidencia que tem condições e motivação para permitir o *acesso* do analista ao seu mundo inconsciente.

Adicção (ou Adição): Os dicionários que consultei se limitam a dizer que a palavra *adição* provém do latim *addictione* e tem o significado de *acréscimo*, sendo o *adicto* aquele que está tão apegado a algo que acaba ficando dependente. Creio que, do ponto de vista psicanalítico, podemos (**dz**) aventar a hipótese de que o termo *adicto* resulte do prefixo *a* (*privação de*) + *dicto* (*dizer com palavras*), ou seja, designa aquele sujeito que carece da linguagem simbólica, falada, para expressar os seus sentimentos, o que, na situação analítica, se manifesta ora por um mutismo, ora por uma avalanche de palavras vazias – que não se prestam à comunicação – e que podem ser tão destrutivas como o seu provável mutismo.

> **NOTA.** Desta forma o *a-dicto* vai criando um mundo secreto, com a negação dos afetos, tal como ocorre na **alexitimia**. Isso cria um sentimento de que o sujeito viciado é prisioneiro, de forma inevitável, de um destino fatal. Daí resulta uma neurose de impulsividade e o sujeito apela à adicção, frequentemente em relação a drogas, mas não exclusivamente, como uma tentativa de manter a sensação de "estar vivo", enquanto a abstinência gera nele a sensação de não existir, de sorte que se estabelece um círculo vicioso maligno.
>
> As adicções estão sempre ligadas a uma tentativa de o sujeito preencher "vazios existenciais" decorrentes da primitiva *angústia do desamparo* e, para tanto, ele lança mão do uso ilusório de drogas tóxicas e euforizantes, ou bebidas alcoólicas, o que, secundariamente, pode acarretar problemas sociopáticos. No entanto, também existe adicção a alimentos, ao consumismo de roupas, joias, etc., assim como também sob a forma de uma busca compulsória por relações pseudogenitais com pessoas do sexo oposto (ou do mesmo sexo), de modo que parece ser válido referir uma "adicção às perversões", ou considerar a perversão como uma forma de adicção.

Admiração: vem do latim *admiratione*, que, por sua vez, acredito (**dz**), origina-se de *ad* + *mirar*, olhar (*mirare*, em latim) para a frente e para cima (= *ad*) alguém ou alguma coisa, com uma sensação de orgulho e fascinação. Convém acrescentar que é necessário não confundirmos **admiração** com **idealização**; até pode parecer que são iguais, porém a diferença é significativamente grande. Assim, a admiração recíproca num casal é um dos ingredientes mais importantes em um amor realmente sadio, enquanto a idealização tem uma alta possibilidade de se esvaziar à medida que comecem a emergir inevitáveis frustrações e decepções, e a união corre um sério risco de fracassar e, em pouco tempo, terminar em divórcio. Ademais, a admiração é o melhor dentre todos os *modelos de identificação* (por exemplo, dos filhos em relação aos pais).

Adolescência: esta palavra procede dos étimos latinos *ad* (*para a frente*) + o verbo *dolescere*, que significa *crescer*, *desenvolver-se*. A raiz original é o verbo latino *olesco*, que significa *crescer*. Assim, *ad* + *dolescere* = crescer para cima e para a frente.

> **NOTA.** Trata-se de um período de transformações, portanto, de *crise*, especialmente no que se refere à construção de um *sentimento de identidade*. De modo geral, considera-se que a ado-

> lescência abrange três níveis de maturação e desenvolvimento: a **puberdade** – ou pré-adolescência – no período dos 12 aos 14 anos; a *adolescência propriamente dita,* dos 15 aos 17; e a *adolescência tardia,* dos 18 aos 21 anos. Cada uma delas apresenta características próprias que exigem abordagem psicanalítica com técnicas e táticas específicas.

Adultério: as minhas fontes de esclarecimentos *etimológicos* ficam restritas a dizer que a palavra adultério e os derivados *adúltera,* o verbo *adulterar, adulterador,* etc., provêm do latim *adulterium, infidelidade conjugal, prevaricação, união destoante, aberrante.* Particularmente (**dz**) acredito que podemos especular que o vocábulo *adultério* pode ter-se originado dos afixos gregos *ad + ulter* ou *ulterium.* Assim, o prefixo *ad (para, em direção à) + ulterium* (que, na condição de advérbio, significa *o que está do outro lado, o que está mais longe).* (Koeheler, 1960). Destarte, creio que *adultério* significa que, numa relação conjugal, um dos cônjuges vai para (*ad*) um outro lado (*ulterium*) (uma outra cama, ou seja, para um(a) possível amante). Num sentido mais completo, pode-se dizer que o derivado verbo *adulterar* designa uma *falsificação* (adulteração, corrupção), o que equivale a dizer que, num casal, houve, ou está havendo, uma violação da fidelidade conjugal.

Afânise: provém do grego *aphanisis,* com o significado de *fazer desaparecer.* Este termo foi introduzido na psicanálise por Ernest Jones (psicanalista, biógrafo de Freud), com a finalidade de designar pessoas que "aboliram o desejo, ou a perda da capacidade de desejar". Até certa época era um termo bastante usado no jargão psicanalítico.

Afasia: esta palavra significa a perda do poder de expressão pela fala, pela escrita ou pela sinalização, ou ainda a perda da compreensão, por razões de lesão cerebral, sem alteração dos órgãos vocais. A origem etimológica parte do grego *phasis,* que significa *palavra, afirmação,* e que gera derivados como *ênfase* (quando se quer realçar alguma palavra), ou o afixo *a (privação) + fasia* = privação da fala das palavras.

> **NOTA.** Um fato interessante é que, há mais de um século, Freud, quando ainda era somente um neurologista, estudava casos de afasia e, a partir daí, construiu o primeiro esboço do *aparelho mental,* que viria a ser desenvolvido no famoso capítulo VII do seu livro *Interpretação dos Sonhos* (1900).

Afeto: a etimologia desta palavra – do latim *afféctus* (particípio passado do verbo *afficere*) – refere um *estado físico* ou *moral*, uma *disposição de espírito*, um *sentimento*, alude a sentimentos que afetam o psiquismo do sujeito, tanto no sentido de "afeições" (como afeto, amizade, amor, ternura, afeiçoamento), como também dá origem ao vocábulo *afecções*, portanto, no sentido de processo mórbido (*Novo Dicionário Aurélio*, 1986).

> **NOTA**. Segundo Lacan, o que determina a qualidade do afeto são os **significantes** que estão *amarrados* às pulsões reprimidas. Por exemplo, um acidente qualquer sofrido por uma criança pode ter sido reprimido com naturalidade, enquanto um mesmo acidente, em outra criança, pode ter sido reprimido no inconsciente com um significante de que quase morreu, de modo que, em situações semelhantes, embora banais, o afeto desse sujeito será o de angústia de morte iminente.

Afinidade: do latim *affinitate* indica *relação amistosa*, *semelhança* entre duas ou mais espécies, *analogia*; *coincidência de gostos ou de sentimentos*, isto é, existe uma tendência combinatória. Por exemplo: *"Dão-se bem porque têm muita afinidade"*. Creio que *afinidade* tem alguma analogia com o conceito de **empatia**.

Aflição: é um derivado do verbo latino *affligere*, que sigifica causar *aflição*, *angústia*, *agonia*, *tormento*, *tortura* ou uma séria *inquietação* em alguém. Assim, a palavra *aflição*, que vem do latim *afflictionem* também significa um estado psíquico de alguém que entrou num tormento, suplício, enquanto espera a negativa que o alivie, ou uma confirmação possivelmente trágica.

Afrodisíaco: vem do grego *aphrodisiakós* e alude àquilo que *restaura as forças geradoras*; *excitante dos apetites sexuais*. É provável que tenha parentesco *etimológico* com o étimo grego a*phfrodita*, que, por sua vez, procede da deusa da *Afrodite*, deusa grega da beleza e do amor.

> **NOTA**. É interessante acrescentar que *Afrodite*, segundo alguns filólogos, deriva do grego *aphrós* que, significa *espuma*, sendo que, na mitologia grega, a linda deusa Afrodite veio nascida da espuma do mar. Ademais, alguns autores consideram que há uma relação entre Afrodite e o planeta Vênus, tanto que a deusa Afrodite passou a ter, entre os romanos, o nome de Vênus.

Agredir/Agressividade/Agressão: o verbo *agredir*, em português, refere-se à origem latina que *etimologicamente* (**dz**) compõe-se de *"ad"* + *"gradior"*, o que designa um *movimento*; o étimo *gradus* significa *dar um passo*, e daí deriva o verbo *gradior*, um movimento de passos para a *frente* (ad), tal como é possível ver na figura de Lady Gradiva, caminhando.

> **NOTA.** É muito útil estabelecer, na prática clínica analítica, a diferença entre dois termos que são igualmente formados a partir do verbo agredir: *agressividade e agressão*. Assim, *agressão* alude mais diretamente à pulsão sádico-destrutiva, nos termos descritos exaustivamente por Melanie Klein. Já o vocábulo *agressividade* representa um movimento para a frente, como uma herança atávica de nossos chimpanzés antecessores que necessitavam agredir os demais animais predadores e agredir as árvores frutíferas para garantir a sua sobrevivência. Em resumo: na agressão predomina a pulsão de morte, enquanto na agressividade prevalece a pulsão de vida (ver o verbete "pulsões"). A importância de discriminar agressividade (vida) de agressão (morte) reside no fato de que na situação analítica, se o analisando não as discriminar, corre o risco de bloquear seu pleno direito de liberar sua energia agressiva positiva, por temer que ela seja perigosa e, assim, vir a condicionar um revide persecutório igualmente perigoso.

Alcoolismo/Alcoolista: o sufixo *ismo* indica um *estado de*, ou seja, alcoolismo é um composto híbrido do vernáculo árabe e sugere que a pessoa é prisioneira do uso de bebidas alcoólicas; enquanto o sufixo *ista* enfatiza que o sujeito além de usuário permanente, refém das bebidas com álcool, já está num estado de vício, de adicção ao álcool, logo, está doente.

> **NOTA.** O termo mais usado, habitualmente, é o de *alcoólatra*. Etimologicamente falando, este termo está mal empregado: há um equívoco, porque a palavra *alcoólatra* é composta dos étimos árabes *al* + *cohl* + o grego *latra* (logo, é um composto **híbrido**. O étimo *latra* deriva do grego *latreiós* que, por sua vez, significa *admirador* (como em *idolatria*).
> Enfatizo este equívoco porque o uso da palavra *alcoólatra* pode dar a falsa impressão de que o sujeito *adora, gosta* da bebida, quando, na verdade, ele bebe porque está doente e não pela ilusão de que bebe por prazer e pode parar quando quiser, o que também é uma racionalização e uma ilusão.

Alegoria (da Caverna): a palavra *alegoria*, originalmente, procede do grego *allegoria* e significa a situação em que a exposição de um pensamento se expressa por meio de uma forma figurada, ou seja, uma ficção que representa uma coisa para dar uma ideia de outra. Para nós, brasileiros, uma boa ilustração de alegoria é a dos carros alegóricos (esta palavra vem do grego *alegórikos*, passou para o latino como *allegoricu*) que desfilam no carnaval. A alegoria mais conhecida é a do filósofo Platão (conhecida como "Alegoria da Caverna") que tanto é utilizada por filósofos e religiosos, como por psicanalistas, quando querem dar uma dimensão da importância dos vértices de observação e percepção dos fatos e fenômenos que cercam a natureza do homem.

> **NOTA**. Na clássica *Alegoria da Caverna*, de Platão, os homens primitivos estão sentados imóveis na entrada de uma caverna, de costas para a entrada, observando as formas projetadas pelo fogo que arde no fundo da caverna, portanto com a percepção distorcida das sombras, enquanto desconhecem as formas da realidade, decorrentes da luminosidade do sol, que se filtra para dentro da caverna. Esta alegoria situa o mundo sensorial no interior iluminado pelo fogo, com as formas das sombras, e o mundo inteligível fora, à luz real do sol.

Aletargado: refere-se a uma condição em que o sujeito está em algum grau de letargia. A etimologia dessa palavra procede do grego *lethargos* e indica o fato de existir no sujeito um estado intermediário entre o sono e a vigília, de modo que é um estado de sono profundo, hipnótico. Alguns estudiosos acreditam que a etimologia de *letargia* esteja intimamente ligada aos étimos *lethes + argos*. *Lethes*, de acordo com a mitologia grega, é o nome do "rio do esquecimento", sendo que as almas que atravessam esse rio esquecem o passado, perdem a memória da vida que tiveram. O grego *Lethes*, quando passa para o latim, fica *Lethe*. Por sua vez, o étimo grego *Argos* significa *inerte*.

> **NOTA**. No curso de uma análise é bastante frequente – e importante – a possibilidade de que surja uma difícil contratransferência no analista, que consiste no fato de ele entrar num estado de letargia, sob a forma de ser invadido por um sono invencível. Quase todos os analistas mais experimentados já devem ter passado por essa difícil experiência, em que suas pálpebras pesam como chumbo, o tempo não passa, a capacidade de raciocínio fica embotada, etc. O psicanalista argentino Fídias Césio aventa a hipótese de que esse tipo de paciente, que provoca letargia no analista, geralmente é um paciente depressivo em grau forte, cujo interior de seu psiquismo é habitado por *objetos aletargados*, ou seja, objetos que são como que *moribundos*, porquanto costu-

> mam corresponder à introjeção de pessoas significativas já falecidas, cujo luto não foi elaborado e, por isso, não foram sepultadas e se mantêm como se estivessem parcialmente vivos, comandando a vida do sujeito. É justamente a identificação projetiva – no analista – dessa depressão do paciente, com os respectivos objetos *mortos-vivos*, que provoca o aludido estado de letargia no terapeuta durante o ato analítico.

Aletheia: palavra, muito usada no grego antigo, que indica *não esquecer*. Equivale ao prefixo *a* (sem) + *letheia* (em grego, *esquecimento*).

> **NOTA**. Na mitologia grega, *lethe* era o lago em que se afogavam as memórias indesejáveis, de modo que *a-letheia* significa *não esquecer*, o que é muito importante no processo psicanalítico, por parte do paciente, e, eventualmente, do analista. O interessante é que a palavra *aletheia* também significa *a verdade*. Assim, desse ponto de vista, cabe a afirmação de que *aletheia* equivale a um **desvelamento** do objetivo do **conhecimento**.

Alexitimia: esta palavra se refere a uma concepção estabelecida pelas investigações dos norte-americanos Sifneos e Nemiah, em seus estudos sobre doenças psicossomáticas. Conforme sua etimologia, o vocábulo *alexitimia* é composto pelos étimos *a* (privação) + *lex* (leitura) + *thimos* (glândula que fica na altura do pescoço, considerada responsável pelo humor), e alude à dificuldade de os pacientes somatizadores conseguirem "ler" as suas emoções e, por isso, estas se expressam pelo corpo.

> **NOTA**. Na *alexitimia* (fenômeno psíquico que equivale ao *pensamento operatório* da Escola Francesa de Psicossomática), a causa deste transtorno se deve a um substrato neurológico às dificuldades de simbolização das vivências emocionais, a qual resultaria de uma falha das conexões neuronais entre o sistema límbico (responsável pelas emoções) e o córtex cerebral (responsável pela capacidade de síntese das percepções, julgamento e antecipação das ações).

Alfa: designa a primeira letra do alfabeto grego. O célebre psicanalista britânico W. Bion utilizou bastante esta letra grega para sinalizar muitas de suas originais concepções. Assim, ele usa *alfa* para conceituar o que denomina de *elementos alfa*, ou *função alfa*, ambas de grande importância na sua concepção sobre a "teoria do pensar".

Alfabetização (emocional): o vocábulo *alfabeto* vem do latim *alphabetum* que, por sua vez, se forma das duas primeiras letras do abecedário grego, *alfa* e *beta*, recebidas dos semitas as quais, em conjunção, formam *alfabeto*, no português.

> **NOTA**. O importante a destacar é o fato de que, do ponto de vista psicanalítico, o significado do alfabeto vai além do que todos sabemos: o de que o conhecimento de cada letra do alfabeto, em separado, por meio dos pais ou professores, se constitui como a "chave" que permite a alfabetização de toda criança. De modo análogo, o psicanalista Bion concebeu o fenômeno de que aquilo que ele denomina como *elemento beta* só serve para expulsar (ele chama de "evacuar") as antigas sensações e sentimentos penosos por meio de uma hiperatividade motora ou de manifestações somáticas".
> Já os *elementos alfa* referem que a educadora (suponhamos que seja a mãe) transforma estas sensações e sentimentos dolorosos; se ela tiver uma boa "função *alfa*", ela possibilitará que os *elementos beta* que estão no psiquismo do bebê se transformem em elementos *alfa*, matéria prima para adquirir a capacidade de pensar adequadamente. Por isso, a passagem do *beta* para *alfa* recebeu de um discípulo norte-americano de Bion, James Grotstein – que reside e trabalha em Los Ângeles – a denominação de *alfa-betização*, à qual sugiro (**dz**) acrescentar a palavra *emocional*, porque essa passagem é fundamental na formação das capacidades do ego da criança e de seu desenvolvimento psicomotor.

Algofobia: palavra que procede do grego *algós* (*dor*) + *phobos* (designa *medo*, *terror*). Dentre as múltiplas formas de fobias que se caracterizam pelo medo e, principalmente, pela evitação de entrar em contato com o agente fobígeno, a algofobia indica que o sujeito extrapola o seu pavor de sofrer qualquer tipo e intensidade de qualquer dor.

Alienação: deriva do étimo latino *alienu*, que significa *aquilo que não é nosso*, que pertence a alguém. Assim, além do significado psicanalítico, também é empregado no vocabulário popular para indicar alguém que está distante, apartado de si mesmo.

> **NOTA**. O termo *alienação* aparece com frequência na obra de Lacan, designando o fenômeno que consiste em o sujeito sentir-se aprisionado no desejo, no discurso ou no corpo de um "outro". Este fenômeno alude a uma primitiva "etapa do espelho", concepção de Lacan em que a criança tem a imagem de si mesma confundida com a de sua mãe.

Alma: o conceito de *alma* designa uma parte metafísica, incorpórea do ser humano. Essa palavra é a tradução portuguesa do grego *Psyché*. Essa deusa era representada na mitologia grega como uma jovem de grande beleza, que amava **Eros**, o deus do amor. *Alma* também é conhecida como *Anima*, palavra grega que significa *sopro, aragem, brisa, hálito, respiração,* enquanto, *espírito* designa *aquilo que anima, dá alento e vida*. Freud, em alemão, usava a palavra *seele* que, traduzida para o português, quer dizer *alma*.

> **NOTA**. Do nome *psyché* derivam inúmeras palavras, como, por exemplo: *psicologia* (estudo ou tratado sobre a alma do ser humano); *psicanálise*; ou *psiquiatria*, neste caso o significado é o de que o médico (*yatros*, em grego) quem vai cuidar da alma do paciente; assim, o termo psiquiatra designa que o *psyché* (*alma; espírito; mente*) do paciente vai ser cuidado pelo médico (*yatrós*), de sorte que *psiché* + yatrós, = *psiquiatra*, ou *psiquiatria*, em português.

Aloprado: não obstante esta palavra ser mais empregada como uma gíria que significa *inquieto, agitado, amalucado*, ela serve como exemplo de *metátese* (o prefixo grego *meta* significa *mudança de lugar*), ou seja, existe uma troca de posição dos fonemas no interior da palavra. Assim, a palavra original na língua falada em Portugal é *alorpado*, visto que esse vocábulo se origina de *lorpa*, que significa *tolo, tonto,* ou então, *grosseiro, boçal,* de modo que, numa mesma palavra, houve uma troca de duas letras: "lor" (alo*rp*ado) foi trocado por "pr" (alo*pr*ado).

Alter ego: o prefixo *alter* vem do latim e significa o *outro*. A expressão *alter ego* foi cunhada por Freud com o propósito de conceituar muitas das coisas que estão no ego de uma determinada pessoa, as quais podem ser transferidas para uma outra, que passa a funcionar como se fosse um "duplo" da primeira. Assim, durante longas décadas em desuso na literatura psicanalítica, a expressão *alter ego* está voltando a ganhar o reconhecimento pelo fato de caracterizar o fenômeno do *duplo* que, segundo Lacan, é análogo ao seu conceito de *especularidade*. Esses conceitos vêm adquirindo expressiva relevância na teoria e na prática psicanalítica, especialmente para os pacientes com transtorno narcisista.

> **NOTA**. Para exemplificar com maior clareza o conceito de *alter ego*, cabe lembrar um episódio na política brasileira: refiro-me à época em que o presidente do Brasil era Fernando Collor de Mello que, para uso externo, ele aparecia na mídia como salvador dos pobres e humildes, que seria um caçador de corruptos e dos "ma-

> rajás"; enquanto isso o seu tesoureiro, conhecido por P.C. Farias (Paulo César Faria) arcava com todo o ônus de ficar sendo o único responsável pelo verdadeiro festival de roubos, corrupções escandalosas e desvios do dinheiro que, indiretamente, seria do povo. Em suma, enquanto Collor posava de vítima inocente (ele só foi apeado do poder pela prova da "compra" de um carro moderno que ele não conseguiu explicar como o adquiriu). Em consequência, Collor foi submetido a um processo de *impeachment*, mas não pelos seus roubos escancarados, porque ele não deixava provas com o seu nome, coisa que ele fazia usando o seu duplo – P.C. – (acabou assassinado) para fazer as falcatruas e assumí-las.

Altruísmo: esta palavra tem um significado análogo ao conceito de *filantropia*, ou seja, refere-se às pessoas que têm um imenso prazer de, espontaneamente e sem o menor ganho, prestar auxílio a pessoas necessitadas. A palavra *altruísmo* se origina do latim *alter*, cujo genitivo é *alterum*, o qual costuma ser abreviado para *altrum* que, em português, indica o *outro*, isto é, significa "amor para com os outros".

Alucinação: do ponto de vista psiquiátrico, o fenômeno da *alucinação* consiste no fato de que os órgãos dos sentidos (visão, audição, tato, paladar, olfato) ficam alterados, distorcidos, porque sofrem a influência do mundo das fantasias conscientes e, principalmente, inconscientes. Assim, o sujeito pode estar "vendo" fantasmas, animais que vão lhe atacar e coisas afins; pode estar "ouvindo" vozes que lhe dão ordens ou fazem ameaças, etc., e algo equivalente se passa com os demais sentidos. Alucinações podem surgir no curso de **delirium tremens**, que surge em alcoolistas que estejam subitamente privados da bebida alcoólica. No entanto, a maior incidência de alucinações surge em estados psicóticos e, muitas vezes, acompanhadas de ideias delirantes.

Alucinose: o fenômeno da *alucinose*, por sua vez, é uma concepção de Bion, que a descreveu como um estado psíquico presente na "*parte psicótica da personalidade*", que consiste em um tipo de **transformação** resultante de excessivas **identificações projetivas** que distorcem a percepção da realidade.

Assim, impõe-se fazer uma distinção entre *alucinação* e *alucinose*. A primeira é um conceito clássico, tal como ensina a psiquiatria, típica das psicoses mais avançadas, em que o paciente acredita piamente no que ele pensa que existe na realidade, embora tudo demonstre que não passa do imaginário; porém, ele não aceita uma argumentação de natureza lógica. Já a *alucinose*, tal como Bion descreve, é um fenômeno algo parecido com a *alucinação*, porém é diferente porque uma visão, ou audição, ou os demais sentidos, distorcidos da realidade, por parte do paciente, podem reverter, com facilidade, diante de argumentos baseados na lógica.

> **NOTA.** Do ponto de vista da *etimologia*, a maioria os filólogos acreditava que o verbo *alucinar* derivava de *a* (*privação de*) + *lucinare*, do latim *lux* e genitivo *lucis*, isto é, *luz*, logo, com uma percepção distorcida devida a uma falta de luz, de natureza interior. Na atualidade, tanto no vocábulo *alucinação*, como em *alucinose*, o ponto de partida etimológico reside nos étimos gregos *hallos* (= *o outro*) + *gnosis* (= conhecimento). Na prática clínica psicanalítica, a concepção de *alucinose* adquire importância se o analista estiver atento para as fugazes e pouco perceptíveis alucinoses, como pode ser a impressão que algum paciente tenha durante a sessão, de julgar que ouve ruídos (de um gravador imaginário, por exemplo), odores (fumaça de um incêndio imaginário), etc., e que podem permitir um acesso a importantes regiões do inconsciente.

Aluno: procede do étimo latino *alumnus,* que significa *aquele que é alimentado*, *amamentado*, *menino*, *criança de peito*, *discípulo*, o que é nutrido intelectual e espiritualmente. O termo latino *alumnus*, parece ser derivado de *alere* que, entre outras coisas, significa *desenvolver*, *nutrir*, *alimentar*, *criar* e *fortalecer*.

Ambição: é uma palavra derivada do latim *ambitio*, que significa o ato de andar ao *redor*, *irrequieto*, *buscar com ardor*. Conforme a intensidade e o objetivo primacial dessa ambição, ela tanto pode ser considerada positiva, no sentido de o sujeito querer crescer e vencer na vida de forma adequada, quanto negativa (p. ex.: uma ambição movida por intensa inveja, desmedida, maníaca).

Ambivalência: o prefixo *ambi* se origina do grego *ambé* e daí passou para o latim como *ambo*, de onde passou para o português como *ambos*, ou seja, já indicando que existem dois sentimentos, às vezes opostos ou contraditórios entre si; porém, ambos se processam sistematicamente e, às vezes, simultaneamente. Assim, o vocábulo *ambivalência* se forma de *ambi* (*ambos*) + *valência* (vem do latim *valens, valentis, valência*, e significa *força* e *ambivalência*). Um derivado do étimo *valens* é a palavra *valente*, que designa aquele que vale, que tem força. Desta forma, a palavra *ambivalência* aparece frequentemente nos textos e processos psicanalíticos e psiquiátricos expressando uma condição do psiquismo pela qual o sujeito tem, concomitantemente, sentimentos, ideias ou condutas (neste caso, alguns autores preferem o termo *ambitendência*) opostas em relação a uma mesma pessoa ou situação, como é o caso, por exemplo, de uma simultaneidade de amor e ódio, aproximação e afastamento, afirmação e negação.

Ambiguidade: este termo procede do latim *ambiguitate* e designa um estado mental de *ambíguo*, ou seja, o sujeito não consegue ter uma plena discriminação entre ele e o outro, fato que decorre desde a primeira infância quando a criança formou núcleos fusionais, aglutinados com a mãe primitiva, e esses núcleos continuam persistindo na condição de adulto. Por estar prejudicada a sua função de discriminar, de discernir, ele não tem posições definidas. Assim, para usar uma linguagem popular, creio que se pode dizer que o sujeito ambíguo, simultaneamente "acende uma vela a deus e outra ao diabo", e para ele as coisas acontecem de uma forma traduzida na frase pitoresca de que, para o ambíguo, diante de uma necessidade de se posicionar, ele exclama para si mesmo: *"nem que sim, nem que não, antes até muito pelo contrário".* Dessa forma, passa o seu estado de dúvida e de confusão a todos os circunstantes.

> **NOTA.** Muitos confundem o conceito de *ambiguidade* com o de *ambivalência*. No entanto, só o que eles têm de comum é o prefixo *ambi*, que denota uma duplicidade de sentimentos ou de posições que igualmente decorrem de um jogo de dissociações, sendo que a ambiguidade tem raízes muito mais primitivas, de natureza de uma fusão narcisista, em comparação com a natureza da ambivalência.

Ambulatório: vem do verbo latino *ambulare*, do qual deriva o vocábulo *ambulatório*, com o significado de que o paciente caminha (*deambula*) até onde o seu médico atende, de modo que não se trata de um paciente que está internado num hospital, deitado ou inclinado numa cama.

Amizade/Amigo: *amigo* procede do latino *amicus*; o prefixo *am* parece ser a abreviatura de *amor*, enquanto *icus* é o sufixo que compõe a palavra. Já o termo *amizade* procede do latim *amicitatem*, que alude ao vínculo que une pessoas com a predominância de sentimentos de empatia e de ternura.

Amnésia: *mnésis* é um étimo grego que significa *memória*, logo, a palavra derivada – *amnésia* –, composta de *a* (*supressão de*) + *mnésis* (*memória*) = *falta* parcial ou total, transitória ou permanente *da memória*. Uma outra palavra derivada de *mnésis* é **anamnese**, vocábulo que é utilizado principalmente na área da medicina, incluídas a psiquiatria e a psicanálise. Assim, essa palavra designa uma coleta de dados do paciente, por parte do terapeuta, referentes ao passado e à evolução da enfermidade orgânica, psíquica ou psicossomática, com as respectivas memórias e emoções, que objetivam reativar a memória e organizar o raciocínio e a conduta clínica do terapeuta.

Amor: os dicionários especializados referem que a raiz etimológica desta palavra se origina do latim *amorem* e não se aprofundam nas prováveis raízes mais primitivas. (**dz**) Creio que é válido levantarmos a hipótese de que o vocábulo *amor* possa ter origem na composição do prefixo *a* (*sem*) + *mors*, com o genitivo *mortis* (significa *morte*; daí se derivariam palavras como *mortandade*, câmara *mortuária*, *moribundo*, *morgue*.

> **NOTA**. Assim, se esta hipótese de o vocábulo *amor* etimologicamente confirma que ela significa *sem a pulsão de morte*, podemos depreender que a pulsão de vida predominou, ou seja, Eros foi mais forte do que Tânatos. O importante a assinalar é que na prática psicanalítica a qualidade do amor sempre está ligada a algum tipo de arranjo entre as pulsões de vida (amorosas) e as pulsões de morte (agressivo-destrutivas), de modo que costumam resultar as diversas fomas de o sujeito amar e ser amado. Assim, na situação analítica não basta o(a) paciente dizer que "ama o(a) fulano(a)"; é necessário que o terapeuta discrimine, junto com o paciente, se o que ele considera *amor* é de natureza sadia ou patológica (por exemplo, o *amor sádico-masoquista* ou o **amor platônico**.

Anáclise: o étimo grego *anaclisis* significa *deitar-se sobre*; *apoiar-se*. No idioma português, no meio psicanalítico, é traduzido por *apoio* ou por *ancoragem*. No original alemão, *anáclise* é *anlehnung*, e em francês é *etayage* enquanto em espanhol aparece como *apuntalamiento*. Particularmente, prefiro o termo *ancoragem* (**dz**), que lembra uma âncora que garante uma ligação fixa e forte, do que *apoio*, palavra que logo faz pensar em "terapia de apoio".

> **NOTA**. Freud concebeu a noção de *anáclise*, sendo que esse termo aparece pela primeira vez em 1915, quando Freud afirma que as pulsões sexuais só conseguem atingir a condição de independentes se estiverem apoiadas nas pulsões de autoconservação, baseadas nas funções orgânicas. Ele ilustra isso com a situação do lactante mamando no seio materno; num primeiro tempo, com fome, ele satisfaz sua necessidade, enquanto num segundo momento da mamada ele se satisfaz com um prazer erotizado que sente no contato com o seio da mãe (o que se repete em outras zonas

> erógenas). Na atualidade, a expressão *anáclise*, ou seus derivados como *anaclítica* (*depressão*) ou *anaclítica* (*escolha do objeto*) alude mais diretamente a uma ânsia de apego à mãe, ou, no adulto, a uma forte ânsia por uma figura que preencha um vazio de maternagem, caso contrário, pode cair num estado de *depressão anaclítica*.

Anagógica (Interpretação): o vocábulo *anagógica* provém do verbo grego *anágos*, que significa *elevar para o alto*, de modo que é fácil evidenciar que essa expressão pertence à linguagem teológica, religiosa. No entanto, aplicada à psicanálise, a palavra *anagógica*, embora pouco utilizada pelos analistas, designa um importante e contemporâneo modo de interpretação, que, indo muito além das interpretações clássicas, se eleva do sentido literal, sensorial e simbólico (sonhos, sentidos, etc.) para o sentido espiritual universal, como muitas vezes Bion enfatizava.

Analidade: este termo, de uso muito frequente na literatura e na teoria psicanalítica, foi criado por Abraham e adotado por seu mestre, Freud, para designar todos os fenômenos psíquicos que estão ligados à fase anal da evolução da criança, no período dos 2 aos 4 anos, ou seja, entre a fase oral e a fase fálica. Etimologicamente, a denominação de *anal* refere-se àquilo que é relativo ou pertencente ao *ânus*.

> **NOTA**. É necessário esclarecer que, não obstante a larga vigência dos termos *fase anal* ou *analidade*, o psiquismo da criança não se limita unicamente ao que se refere ao ânus, à evacuação ou à retenção das fezes. A *fase anal* também abarca as funções urinárias, o início da linguagem, a função motora, o início da marcha, o surgimento dos dentes (às vezes utilizados para morder agressivamente). Esta também é a fase da teimosia (muitas vezes, com um significado positivo) e de uma excessiva autossuficiência, o que demanda uma cautelosa ação de colocação de limites por parte dos educadores.

Análise/Psicanálise: a etimologia do vocábulo *análise* deriva dos étimos gregos *aná* (*divisão em partes*) + *lysis* (significa *decomposição, dissolução*). Assim, o termo *psicanálise* especifica que é uma forma de reconhecer as distintas partes que compõem a totalidade do psiquismo, principalmente no que se refere aos fenômenos e conteúdos que estejam no inconsciente ou que procedam dele.

> **NOTA.** Na criação deste termo, certamente Freud inspirou-se na química em voga na época, como comprova este trecho de um escrito dele: "apontamos para o doente, nos seus sintomas, os motivos pulsionais, até então ignorados, como o químico separa a substância fundamental, o elemento químico do sal, em composição com outros elementos, se tornará irreconhecível". Em 1922 (em "Dois verbetes de enciclopédia"), Freud definiu que a psicanálise se apoia no seguinte tripé:
> 1. é um procedimento de *investigação*;
> 2. constitui-se como *tratamento* baseado na investigação do inconsciente;
> 3. forma-se de uma série de concepções psicológicas adquiridas por esse meio e que se somam às outras para originar uma nova *disciplina científica*.

Analogia: este vocábulo tem especial importância na Linguística, principalmente porque propicia uma espécie de verdadeiro milagre de proliferação semântica, visto que de uma palavra é possível fazer dezenas de outras *análogas*. A palavra *analogia* se forma a partir dos étimos gregos *aná* (este étimo permite duas concepções: uma é a de dividir a totalidade de alguma coisa em partes relativamente iguais, enquanto a outra significa *para cima*, tal como aparece em anabolismo + *logos* (significa *palavra*, ou *estudo de*). Neste caso, o significado de *analogia* adquire uma dimensão algo religiosa, espiritual no sentido de "elevar-se a deus".

Anamnese: esse vocábulo é bastante utilizado na medicina, quando, numa primeira entrevista, o médico quer conhecer fatos marcantes do passado, e da atual idade dos pacientes, em relação a aspectos físicos, emocionais, traumáticos, etc. Conforme a etimologia da palavra, que se forma do prefixo grego *an* (*exclusão de*), + *amnésis* (*esquecimento*), o objetivo da anamnese é auxiliar o paciente a recorrer à sua faculdade de recordar atos e fatos que ocorreram antes da enfermidade. Também os psiquiatras e psicanalistas utilizam o recurso da anamnese, porém com características diferentes da generalidade dos médicos. Os analistas não fazem suas perguntas ao paciente numa sequência linear; antes, vão seguindo o discurso do paciente, valorizando determinados pontos, principalmente quando o paciente toca em seus primitivos vínculos com pais e irmãos, em possíveis traumas (abandonos, abusos, perdas muito significativas, etc.).

Anarquia: procede de *an* + *arkhen*, e designa o fato de que uma determinada nação, estado ou cidade está *sem* (*an*) governo; existe falta de uma autoridade (esta última palavra, em grego é *arkhen*), que significa *autoridade* ou *magistrado*.

Anedonia: esta palavra significa *falta de prazer, em tudo*, e procede do étimo grego *hedoné*, que, em português, quer dizer *prazer*. Fica evidente que anedonia vem de *a* (*privação de*) + *hedoné* (*prazer*).

Angústia/Ansiedade/Ansiolítico: não obstante o fato comum de que os termos *angústia* e *ansiedade* sejam tomados como sinônimos, cabe estabelecer certa distinção entre eles. Assim, é provável que a etimologia de *ansiedade* (**dz**) provenha de uma emoção, um afeto profundo, que nem sempre se manifesta clinicamente, como que se referindo a um estado de *anseio*, de *ânsia*, palavras que, por sua vez, derivam do étimo latino *anxia*. Já o vocábulo *angústia* indica a condição de sempre existir uma sintomatologia de angústia livre medo de morrer, de enlouquecer, taquicardia, dispneia suspirosa, etc. *Etimologicamente*, o termo *angústia* deriva do grego *angor*, que passou para o latim como *angustus*, que significa *estreitamento*, e dessa mesma raiz derivam outras palavras muito utilizadas, como *angina pectoris* (estreitamento de artéria coronária, que provoca uma isquemia do miocárdio e se manifesta com uma forte dor no peito) ou *angustura* (passagem estreita entre montanhas).

Animismo: a *etimologia* deste vocábulo se forma do latim *animi* (equivalente à *alma*) + *ismo*. Essa expressão é típica da filosofia antiga e se refere a uma doutrina segundo a qual uma só alma é o princípio da vida, do pensamento e de todas as coisas vivas e inertes do universo.

Anorexia (nervosa): essa expressão indica um *transtorno alimentar* que incide principalmente em mulheres bastante jovens e com frequência vem acompanhada de amenorreia (suspensão da menstruação). A anorexia nervosa está ganhando crescente importância pela quantidade de pessoas que estão sofrendo desta doença que tanto pode ser leve, sem sintomas gritantes perceptíveis, quanto pode adquirir uma extrema gravidade, com sério risco de perder a vida. A *etimologia* de *anorexia* se forma dos étimos *an* (*ausência ou diminuição*) + *orex*, com o genitivo de *orexis* (*apetite*).

Anorgasmia: a *etimologia* deste termo procede de *an* (*ausência* ou *diminuição*) + *órgão*, que em grego quer dizer: "uma excitação sexual ao máximo; num arder de paixão". O vocábulo, muito justamente, vem substituindo a clássica expressão de frigidez que era correntemente utilizada com um significado depreciativo.

Ansiolítico: designa o medicamento (psicofármaco), cujo nome, etimologicamente, deriva do grego *lysis*, que significa "destruição, decomposição". Este é o objetivo do ansiolítico, isto é, o de fazer a destruição da angústia (ânsia + lysis = ansiolítico).

Antianalisando: sabemos que o prefixo grego *anti* designa *oposição, ação contrária*, posição de *contra* e significados equivalentes, o que pode dar uma equivocada impressão de que haja algo contra o paciente que está em análise (o *analisando*) ou algo parecido. Na verdade, essa expressão, criada pela importante psicanalista Joyce Mac Dougall, na França, tem o propósito de caracterizar determinados pacientes que, por razões inconscientes, lutam para que a análise não consiga fazer transformações no lado doente do psiquismo.

> **NOTA**. Esta psicanalista descreve os pacientes *antianalisandos* com características típicas: dão a impressão inicial de serem casos "bons", aceitam bem o protocolo analítico e não abandonam o analista. Porém, com o passar do tempo da análise, no geral linear e fria, revela-se que não se produziu mudança significativa. Tais pacientes formalmente colaboram com o analista, falam de coisas e pessoas, mas não estabelecem as relações e ligações entre elas, pois lhes falta o senso de curiosidade e de indagação. Dão a impressão de que perderam o contato consigo mesmos. Diz Mac Dougall: "*Apegam-se à análise como um náufrago à uma boia, sem esperança de alcançar terra firme e mantêm-se fiéis ao provérbio espanhol 'antes morrer do que mudar'.*"

Antítese: esse vocábulo tem duas significações: uma, a mais conhecida, refere-se a um dos pés do clássico tripé da *tese, antítese* e *síntese*, que compõem o processo da **dialética**. O segundo significado alude a uma antítese entre palavras que podem, com uma pequena alteração de alguma letra, mudar completamente o sentido original.

> **NOTA**. Freud – que também era um apaixonado pelo estudo das palavras – publicou um bonito trabalho, inspirado num estudo que fez no "Apêndice de significações antitéticas Egípcias, Indo--germânicas e Árabes". No artigo, Freud traz dezenas de exemplos deveras interessantes. Vou reproduzir alguns exemplos trazidos por Freud: a palavra latina *sacer* tanto adquiriu o significado de sagrado, quanto de maldito. O étimo latino *altus* pode significar *alto*, ou *profundo*. Outro exemplo: o vocábulo inglês *power* significa *poder, poderoso*, enquanto um derivado da mesma raiz – *poverty*, significa *pobreza, indigência*. Podemos usar o mesmo exemplo em português: assim, oriundo do verbo *potere* = *ser capaz de, poder*, com uma pequena aliteração (trocar o lugar das letras) fica sendo *podre*. Muitos acham que ambas as palavras dão no mesmo). Cabe nos questionarmos: é uma mera casualidade? Ou é a sabedoria que vem do inconsciente, mostrando que duas faces, antípodas, de uma mesma coisa, assim como são as pulsões

> amorosas (de vida) e as agressivas (de morte) estão sempre juntas? Já o significado filosófico e psicanalítico de *antítese* pode ser procurado no verbete *dialética*.

Antropologia: trata-se de um ramo das ciências humanas; mais exatamente, a antropologia, de acordo com a etimologia dessa palavra, que se origina do grego *anthrós = ser humano + logos = estudo, tratado*, logo, o significado de antropologia é o *estudo científico do homem*, da sua origem, do seu desenvolvimento, sua evolução, suas características, costumes, hábitos, etc.

> **NOTA.** É útil destacar que na atualidade a psicanálise vem reciprocamente se aproximando das demais ciências, como a medicina, a psiquiatria, as neurociências, a filosofia, a religião, a mitologia, a física moderna, a história universal e, sem dúvida, também a antropologia.

Apatia: esta palavra designa um estado emocional em que o sujeito perde a sua vivacidade e recai num estado emocional de desinteresse e de indolência. Esses sintomas estão de acordo com a *etimologia* da palavra *apatia*, que deriva do grego *apátheia*, e passou para o latim como *apathia*, para o português como *apatia*, que é um derivado dos étimos *a (ausência* ou *redução) + pathós (*em grego, *dor, sofrimento, sensibilidade)*. Este termo era muito utilizado pela filosofia antiga, especialmente no cepticismo e no estoicismo, com a significação de "um estado em que a alma se torna insensível à dor e a qualquer sofrimento".

Apego: J. Bowlby, psicanalista britânico, estudou por mais de 40 anos o que ele descreveu como um *vínculo afetivo primário* do bebê com a mãe, que se processa por meio do fenômeno do *apego* (*attachement*, no original inglês).

> **NOTA.** Bowlby comprovou que as crianças precocemente privadas dos cuidados maternos reagem passando por três fases que são denominadas:
> 1. *protesto* (o bebê chora, esperneia e volta-se para qualquer ruído ou som que possa indicar a mãe ausente);
> 2. *desesperança* evidencia que a criança cansou de *esperar*, que sente tudo como perda, e essa fase é análoga ao sofrimento com *apatia* do adulto;
> 3. *retraimento* (indica o desapego emocional que corresponde à indiferença e à desvalia da depressão adulta, com o sério risco de se entrar num estado psíquico de *desistência*.

Apoderamento: este vocábulo designa uma característica de pessoas, geralmente por demais obsessivas e/ou excessivamente narcisistas, que costumam agir com um objetivo de "apoderar-se" ou "assenhorar-se" do outro – a ponto de, às vezes, funcionar na base do *amo* (o que tem o poder) e do *escravo* (o outro que está submetido). Assim, etimologicamente, *apoderamento* é uma forma de apoderar-se, isto é, ter o **poder**, a ponto de que, às vezes, em terapias de casal, é comum perceber que, em inúmeras ocasiões, um dos cônjuges se acha no direito de tentar se apoderar dos desejos do outro.

Apolo: ver a **Nota** que acompanha o verbete **Apologia**.

Apologia: esta palavra de origem grega procede de *Apolo*, deus do oráculo de Delfos, isto é, para os gregos ele seria capaz de lhes dizer coisas sobre seus destinos. Apolo falava por meio de sua sacerdotisa Pítia (também conhecida como Pitonisa), que ficava sentada numa cadeirinha, colocada sobre uma fenda aberta na terra. O vocábulo *apologia* designa um *discurso* cujo objetivo é o de fazer uma *defesa* ou *louvor* de alguém.

> **NOTA.** Os livros de mitologia nos ensinam que Apolo é sempre considerado nas mitologias grega, romana e etrusca como o deus da luz, da beleza, da verdade e da profecia, além do arco e flecha, da medicina, da cura, da música, da poesia e das artes. Apolo é sempre representado nos desenhos e estátuas como um jovem, quase sempre nu, com o fim de simbolizar a pureza, a perfeição, a harmonia, a moderação, a ordem e a razão.
>   Assim, Apolo tem um enorme contraste (na verdade, se complementam) com a figura mitológica de Dionísio – deus do êxtase e da desordem, sempre exultante e vibrante (daí se origina a expressão "festas dionisíacas"). Apolo é filho de Zeus com Leto (deusa cujo nome quer dizer "aquela que liberta"), e é irmão gêmeo da deusa Artêmis, que, em grego e em latim, passou a ser Diana, deusa da natureza e da caça. Alguns autores levantam a hipótese de que o nome *Apolo* se formou a partir do prefixo *Ap* (em grego = *luz*) + *olo* (= *totalidade*), numa forma de louvar as tantas e plenas virtudes do deus Apolo. A tradição também conta que, quando Apolo chegou ao local escolhido por seu pai Zeus para fundar o Oráculo de Delfos, nele habitava uma terrível serpente chamada *Python* que tudo enegrecia (por isso, a palavra *piche*, que deriva desse nome.) Travou-se uma terrível batalha entre Apolo e a serpente, que durou quatro dias, quando, finalmente, Apolo, com uma flechada certeira, saiu vencedor. Na versão popular de Homero, Apolo era de uma beleza estonteante e comandava um séquito de efebos (o que equivale, hoje, a adolescentes, jovens e belos, ou belas), que com ele aprendiam música, poesia e todas as demais formas consagradas ao nobre, ao bom e ao belo).

Arrogância: este vocábulo significa a qualidade de um sujeito que é portador de uma *altivez, soberba, prepotência, insolência*, atrevimento e considera-se o "dono das verdades". A palavra em foco vem do latim *arrogantia* que, por sua vez, é bastante provável (**dz**) que se tenha formado do prefixo grego *ab* (*fora do caminho*) + o verbo *rogar, pedir*, de modo que a palavra que resulta, *ab* + *rogare* = *abrogare* (ou *arrogare*) refere o sujeito que pede, ou roga, de uma forma inadequada, porque predomina a sua prepotência. O verbo latino *arrogare* (significa *apropriar-se de*), enquanto o derivado "*arrogo*",virtualmente, é o mesmo que o significado habitual de "arrogância".

> **NOTA.** O psicanalista Bion deu muita ênfase à presença da arrogância no psiquismo do sujeito e considerava-a como parte integrante na assim denominada por ele "*parte psicótica da personalidade*". Este autor também fazia questão de estabelecer diferença entre *orgulho*, que é um sentimento natural e sadio, e *arrogância*, caso em que há predominância da ideia de onipotência, onisciência e prepotência.

Arquétipos: a *etimologia* do vocábulo *arquétipo* se origina do grego *arché*, que significa o *primeiro*, a *origem*, o *princípio*. Quem introduziu este termo na psicanálise foi Jung, que afirmava o fato de que todo indivíduo carrega uma herança dentro de si. Hoje, baseados na moderna neurociência, diríamos uma "memória implícita" de valores, aspirações e metas, que representam um atavismo, que é o fato do reaparecimento em determinado descendente de traços de caráter não presentes em ascendentes imediatos, mas, sim, nos remotos. Provindo de nossos ancestrais que aparentemente estão ocultos mas que, de alguma forma, se manifestam no plano da espiritualidade.

Ascese: provindo do grego *askésis*, este vocábulo significa "*um exercício espiritual*" que filósofos e teólogos consideravam exercícios práticos que levavam à contemplação do belo, do bem e do que é verdadeiro, além de que o referido exercício levaria à efetiva realização da virtude: a meditação religiosa. Incluí este vocábulo porque, embora não seja rigorosamente da área psicanalítica, os psicanalistas contemporâneos mostram interesse em conhecer os *mitos, os ritos* e a *mística*, isto é, o lado misterioso do psiquismo humano.

Astenia: correntemente, significa *debilidade, fraqueza, falta de energia, irritabilidade* sem causa aparente, sintomas que, me parece, lembram bastante uma pessoa que esteja estressada por algum problema mais preocupante. A *eti-*

mologia da palavra *astenia* se forma do étimo grego *a* (= *privação de*) + *sthenos* (= força).

Autismo: essa expressão era muito utilizada para descrever um dos sintomas mais típicos de certos quadros clínicos de **esquizofrenia**. *Etimologicamente*, o termo *autismo* indica que existe uma grave desatenção ao mundo exterior por parte de certas crianças que ficam voltadas unicamente para si mesmas (do latim, *autio + ismo*), o que se expressa por um desligamento do mundo da realidade, de modo a transmitir a impressão de que elas olham não *para* as pessoas, mas sim *através* delas.

> **NOTA.** É necessário distinguir entre os dois tipos de autismo: o primeiro é conhecido como *doença de Leo Kanner* (é o nome do psiquiatra que a descreveu pela primeira vez, reconhecendo-a como uma doença orgânica em função de uma falha genética em alguns cromossomos). No segundo tipo de autismo, o secundário, ou *psicógeno*, o ensimesmamento decorre de importantes falhas no desenvolvimento emocional primitivo, tal como está descrito no verbete **apego**. Neste caso (a segunda hipótese), o prognóstico da doença é bem mais animador, caso seja providenciado a tempo um tratamento psicoterápico adequado. Uma expressão derivada de *autismo* é o que é denominado pela expressão de F. Tustin: *barreira* ou *cápsula autista* que funciona como uma espécie de *escudo protetor* contra os traumas exteriores, principalmente os provindos dos pais, do passado.

Autonomia: provém da raiz grega *autonomia* que é formada dos étimos *auto* (*a própria pessoa*) + *nomia* (significa *o nome*), fato que adquire importância num processo de tratamento psicanalítico, tanto porque empresta ao sujeito um sentimento de identidade autêntico, como porque o paciente conseguiu uma faculdade de se governar a si próprio, com um nome (*nomia*) que é específico dele e, assim, emancipando-se e tendo um sentimento de liberdade decorrente de uma espécie de "libertação" do jugo dos opressores que estão habitando o seu mundo interior.

Autoridade/autoritarismo: vem do latim *auctorictate*, que designa o direito, ou poder, de se fazer obedecer, de dar ordens, de tomar decisões, de agir, etc. É fundamental que não confundamos o conceito de *autoridade* no bom sentido de uma liderança que consegue dar necessários limites, tanto para os filhos, em situações da família, quanto em funções administrativas para seus subordinados, em empresas, órgãos públicos, etc.

> **NOTA.** Enquanto isso, o termo *autoritarismo*, que cabe tanto para governos autoritários, ditadores, déspotas esclarecidos, que mandam porque não sabem *co-mandar* (basta o prefixo *co*, que designa um estado de "estarem juntos", para evidenciar que se trata de um líder que é democrático, escuta e respeita as ideias, posições e necessidades dos seus subordinados). Enquanto, no "autoritarismo", prevalece um poder quase que absoluto, sem **empatia** com os necessitados (quando muito, o discurso não passa de uma demagogia), e, de longe, prevalece o "abuso do poder", onde medra o surgimento de corrupções de toda ordem. Numa família, de tipo "aquartelada" (ou seja, lembra um quartel militar) o predomínio de um autoritarismo paga o alto preço de sérios prejuízos, principalmente nos filhos menores.

B

Babel: decidi incluir a palavra *Babel* neste vocabulário pela razão de que, não obstante ela não esteja diretamente ligada à psicanálise, trata-se de um mito, e, aí sim, os psicanalistas estão demonstrando um crescente interesse em fazer uma conexão da psicanálise com a mitologia, de modo a compreender através de um viés psicanalítico, o significado oculto de determinados mitos de épocas primitivas. O psicanalista e autor Bion, dedicou boa parte de sua obra valorizando certos mitos, como o de Édipo, o do Éden (paraíso), o da morte de Palinuro, o dos funerais do rei de UR e, também, o da Torre de Babel, enquanto outros autores se dedicaram ao mito de Narciso e outros mais. Em relação ao mito de Babel, Bion assinala que a curiosidade ligada à arrogância de chegar perto do céu, da morada de Deus e conhecer a intimidade dele, foi punida por Deus com destruição da capacidade de comunicação, por meio de uma confusão de línguas).

> **NOTA.** O topônimo hebraico *bahbel* queria dizer *confusão*. Daí originou-se o nome de *Babilônia* (atual Iraque), porque era uma planície fértil e grande, situada no curso inferior dos rios Tigre e Eufrates, sem planejamento, logo, confusa. Esta lenda relativa à Torre de Babel ocupa um significativo espaço na Bíblia (no livro do Gênesis), onde se narra que os filhos dos homens da cidade começaram a erguer, em Babel, uma torre cuja altura deveria chegar até o céu. Deus, indignado, na versão bíblica exclamou: "*desçamos e confundamos ali sua língua, de modo que não se entendam um com o outro*".

Bacanal: este vocábulo, segundo os dicionários, significa *festa licenciosa* com a participação de várias pessoas numa prolongada orgia sem limites (em português também é conhecida como "suruba"), o que permite supor que era uma forma de **perversão** coletiva. A *etimologia* desta palavra deriva do latim *bacchanale*, que se referia à festa em honra a Baco, rei do vinho em Roma.

> **NOTA.** O que Baco representou em Roma, Dionísio representava na Grécia. Dionísio foi o último deus a chegar ao Olimpo, onde virou deus do sexo e do vinho. Daí o conhecido nome de *festas dionisíacas*.

Beladona: trata-se de uma planta ornamental, originária da Europa e da Ásia, dotada de folhas grandes com bagas globosas, cujo alcaloide é provido de *atropina*, razão porque também é utilizada na medicina, não só pelo seu efeito diurético (ajuda a micção) e aforético (provoca sudorese, ou seja, a eliminação do suor). Também é bastante usada pelos oftalmologistas para facilitar o seu costumeiro exame do "fundo do olho", é necessário dilatar as pupilas do paciente e, para tanto, a atropina da beladona é muito adequada.

> **NOTA.** Selecionei a palavra *beladona* para participar deste vocabulário, restrito a termos direta ou indiretamente ligados à psicanálise, de certa forma para homenagear Freud, que, em sua época pioneira de criar a teoria e prática da psicanálise, reparou que muitas mulheres (principalmente as mais jovens, quase sempre *histéricas* que constituíam a totalidade de sua clínica psicanalítica de então), quando frequentavam os bailes majestosos daquela era, para ficarem mais lindas, pingavam gotas de beladona nos olhos, e a atropina presente dilatava fortemente as pupilas, o que emprestava uma beleza especial para os seus rostos. Porém, a dilatação da pupila provocada pela substância também tornava a visão obnubilada, sendo que daí decorre a origem etimológica de *beladona*. Assim, as moças ficavam *belas mulheres* (ou seja, no idioma italiano, dizia-se que cada uma delas ficava uma *bella dona*), porém, com o prejuízo da visão, tropeçavam, machucavam-se e coisas afins. **(dz)** Podemos utilizar essa historieta para fazer uma metáfora: *"Um narcisismo excessivo pode cegar (e, também, emburrecer) essa pessoa por demais narcisista, fazendo-a tropeçar e se machucar ao longo da vida."*

Benefício: essa palavra é um derivado do latim *beneficium*, que, por sua vez, deriva dos étimos *bene* (*bem*) + *facere* (= *fazer*), isto é, *benefício* significa algo que aconteceu de positivo porque *foi bem feito*.

> **NOTA 1.** Na terminologia psicanalítica, em relação aos resultados conseguidos com os pacientes, cabe fazer uma distinção entre *resultados analíticos* (quando a análise consegue produzir resultados de verdadeiras transformações, a ponto de modificar as estruturas internas do paciente, que perduram, às vezes, por toda a vida de forma estável). Já a expressão *benefícios terapêuticos* designa que o resultado do tratamento trouxe muitos benefícios, como o esbatimento de sintomas (como angústia, pânico, certas fobias), um melhor ajuste familiar, social e profissional, melhor controle do paciente sobre si próprio; porém está mais vulnerável à recidiva de sintomas quando o psiquismo sofre um estresse bastante forte.
>
> **NOTA 2.** Creio ser útil acrescentar que o vocábulo *benefício*, na psiquiatria e na psicanálise, se desdobra em duas modalidades: o benefício *primário*, assim denominado porque, por meio do uso de apropriados mecanismos de defesa, o ego enfrenta melhor a angústia procedente de ameaçadoras pulsões instintivas ou de um rígido e cruel superego. O segundo tipo de benefício é chamado de *secundário*, cujo significado alude a que o benefício originalmente *primário* passa a ser utilizado pelo sujeito como uma forma de extrair vantagens (fugir de situações difíceis, conseguir cuidados especiais que gratificam a dependência, etc.), sendo que o benefício *secundário* é mais típico em pacientes de estrutura histérica.

Bizantino (estilo de discussão): trata-se de um estilo de comunicação entre duas (como na situação analítica) ou mais pessoas, em que a conversação fica estéril, isto é, o assunto é fútil, frívolo, sem resultado prático e eficiente, e que costuma ser chamada de *discussão bizantina*. Os teólogos dessa cidade eram célebres por se envolverem em discussões infindáveis sobre assuntos absolutamente inúteis e inférteis. (Quem de nós não conhece reuniões deste gênero?) Quanto à *etimologia* desta palavra, *bizantino* vem de *Bizâncio*, que se tornou a capital do império romano oriental; posteriormente mudou o nome para Constantinopla (em homenagem ao imperador Constantino) e, atualmente essa cidade é denominada como Istambul, a linda capital da Turquia.

Bode expiatório: todos os leitores que já tenham tido experiência com a coordenação de "Grupos" hão de concordar que uma das grandes características da dinâmica grupal consiste na distribuição de papéis diferentes (líder, porta-voz, sabotador), e dentre outros mais tipos de papéis a serem executados, um dos mais frequentes é o de *bode expiatório*. Como o nome sugere, acontece que o grupo, por motivação inconsciente, elege um determinado participante para ser o depositário de toda maldade (muito comumente isso acontece em famílias, em cujo caso, quando elegem um deles como sendo o "único doente" da família, os terapeutas de família ligados à "corrente sistêmica", denominam-no de "paciente identificado".

> **NOTA.** A eleição de um *bode expiatório* não se manifesta unicamente em grupos terapêuticos, mas também em equipes esportivas, em minorias raciais, religiosas, políticas, etc. Existe, pois, certa perseguição que tanto visa forçar a expulsão do "bode" como também mantê-lo no grupo, porém dando-lhe o papel de "bobo da corte". Alguns autores consideram que a *etimologia* dessa palavra se originou de um ritual judaico no *Iom Kipur* (dia do perdão, ou de expiação, em hebraico). Neste dia, todos os pecados da humanidade eram transferidos e concentrados em dois bodes: um seria sacrificado, carregando com sua morte todos os pecados e males, enquanto o outro estaria destinado a acalmar o "demônio" e, para tanto, seria atirado do alto de um precipício. Nas escolas, a busca por certos colegas que os demais utilizam como *bode expiatório* está muito frequente na atualidade, embora agora essa ação nefasta e humilhatória tenha ganhado outro nome, mais pomposo: o *bullying*.

Bonito(a): é o diminutivo de *bom*. Na antiguidade clássica, os principais filósofos gregos, como Platão, exaltavam a beleza, a verdade, o bom e o belo, atributos que eram concebidos como virtudes que tinham muita coisa em comum. Assim, a beleza interior da alma de uma pessoa seria visível em seus olhos, como pode ser exemplicado pela clássica e permanente frase: *"os olhos são o espelho da alma"*. Na atualidade, a noção de beleza perdeu algo de seu encanto, e é frequente que personagens de filmes, muitas vezes com atores belíssimos, desempenhem um papel de bandido cruel, valendo-se de um mau uso de sua beleza e sedução, o que, de certa maneira, está espelhando alguma séria mudança no mundo atual.

***Borderline*:** o uso deste vocábulo na terminologia psicanalítica designa uma psicopatologia clínica, a qual também é designada pela expressão *paciente fronteiriço*. A etimologia de *borderline* procede do inglês, em que *border* significa *fronteira, borda* + *line* (que designa *linha limítrofe*), ou seja, *paciente fronteiriço* (entre a neurose e a psicose).

> **NOTA.** Até há pouco tempo, essa denominação designava o estado do psiquismo de um paciente que, clinicamente, estivesse na fronteira entre a neurose e a psicose. Embora haja evidências clínicas que confirmem essa afirmativa, a tendência contemporânea prefere considerar que o estado *borderline* é uma psicopatologia que tem uma estrutura própria, com características específicas e peculiares, como são as seguintes: *excessivas identificações projeti-*

> *vas*, com *prejuízo da percepção* da realidade e do juízo crítico; *dispersão* do sentimento de identidade; permanente *sensação de vazio*, de *ansiedade difusa*, e daquilo que Bion denominava como *parte psicótica da personalidade*; além de *actings frequentes*, muitas vezes sob a forma de *sexualidade perversa, sadomasoquista* e, ademais, a *contratransferência* costuma ser muito difícil para o psicanalista.

Borromeu (nó): os leitores que conhecem a obra de Lacan sabem que a expressão *Nó Borromeu* foi por ele introduzida na psicanálise em 1972, com o objetivo de designar, por meio de uma imagem pictórica, o entrelaçamento de três registros que Lacan sempre enfatizou ao longo de sua obra: o do *real*, o do *imaginário* e o registro do *simbólico*.

> **NOTA**. Para tanto, Lacan utilizou o modelo que consiste em três anéis livres, embora ligados, mas não encadeados (lembra os anéis que divulgam as Olimpíadas). O nó estabelece o vínculo entre essas três dimensões, de sorte que o corte de um liberta os outros dois. É interessante a origem *etimológica* do termo *borromeu* ou *borromeneano*: ela remete à ilustre *família Borromeu* residente em Milão, cujas armas compunham-se de três anéis em forma de trevo, simbolizando uma "tríplice aliança". Se um dos anéis fosse retirado, os outros dois ficariam soltos, e cada um remetia ao poder de um dos três ramos da família.

Bulimia: a *etimologia* desta palavra se origina do grego *boulimia*, que é composta dos étimos *bous* (significa boi) + *limós* (fome), isto é, o significado de *bulimia* é o de *fome de boi*. É importante consignar que o vocábulo *bulimia* indica o quadro clínico de um transtorno alimentar que acomete principalmente moças jovens, com as seguintes características: episódios recorrentes de *voracidade* – comumente chamada de *ataque*, em que uma grande quantidade de alimentos calóricos é consumida. Essa ingestão voraz é seguida de uma *purga*, feita por meio de um *vômito* autoprovocado. Seguidamente a bulimia é concomitante com a **anorexia nervosa** e, às vezes, elas se alternam.

Bullying: essa expressão deriva do inglês *bully*, que significa que em um determinado grupo – especialmente em alunos de uma mesma sala de aula de uma mesma escola, geralmente os mais fortes e altos, com conduta de liderança – elegem algum ou alguns dos colegas, muito comumente os mais tímidos e frágeis, para utilizá-los como uma espécie de **bode expiatório**, de sorte a maltratá-los e humilhá-los. Isso está de acordo com o vocábulo *bully*, que significa usar a superioridade física, intelectual ou de liderança para intimidar o outro, tomado como vítima. Assim, é muito provável que a expressão *bullying* provenha do inglês *bull*, que significa *touro* (aqui, no sentido de "machão"), tal como se sentem, ou melhor, imaginam ser (como recurso inconsciente de negar a sua fragilidade), aqueles "valentões" que praticam o *bullying*, indiferentes às nefastas consequências que provocam.

> **NOTA.** Recordo-me de uma moça que sofreu violento trauma emocional, com profundo golpe na autoestima, que durou muito tempo, porque o *grupo* (ou *bando*, ou *gangue*?) que praticava *bullying* difundia pela internet calúnias e injúrias com o objetivo de fazer sérias intrigas com suas colegas e amigas – tudo isso porque ela não queria se submeter às leis ditadas pelos "valentões" que a atacavam de forma cruel. Também recordo de rapazes que eram atacados com a colocação de apelidos como "maricas", "boneca", "bichinha", etc., tudo isso sem o menor fundamento real (em grande parte provocado pela inveja das vítimas, que eram os estudiosos). Também é útil esclarecer que este movimento não se limita ao nosso meio; pelo contrário, está disseminado pelo mundo todo, causando medo e preocupações em pais e professores (que também estão sendo vítimas, às vezes com agressões físicas). Um dado alarmante feito por pesquisadores da área da educação com pais e autoridades governamentais em muitos países atesta a impressionante cifra de que 40% dos alunos têm sido vítimas de alguma modalidade de *bullying*, com variáveis graus de intensidade.

Buraco negro: essa expressão foi retirada da moderna física cósmica, na qual *buraco* (*hole*, em inglês) *negro* refere-se a uma espécie de autofagia (*auto* designa *si mesmo* + *fagos, fagia*, designa *comer*). De fato, no fenômeno do *buraco negro* existe uma reabsorção da luminosidade das estrelas, que ficam escuras e opacas, embora conservando uma energia potencial. A importante psicanalista Francis Tustin utilizou este fenômeno da física cósmica para fazer uma metáfora com os pacientes (desde crianças) que sofrem de um **autismo** psicogênico, como uma forma de proteção contra a possibilidade de voltar aos sofrimentos que procederam de graves falhas dos pais, receosos de que o mundo real exterior vá lhes impingir os mesmos traumas do passado e, por isso, criam, como defesa do mundo, uma *cápsula autista*.

C

Cacofagia: é uma perversão do apetite que leva o doente a comer coisas repugnantes. Essa palavra vem do grego *kakos*, que significa *mau* + o grego *phagein*, que significa *comer* (fezes, por exemplo).

Caleidoscópio: é um aparelho que consiste em um tubo, geralmente de papelão, com pedrinhas de diversas cores em seu interior e com as paredes revestidas de espelhos, de modo que, quando fazemos um giro no aparelho, as pedrinhas se arranjam e produzem variadas combinações de lindas e diferentes imagens. Daí surgiu o nome *caleidoscópio* que, *etimologicamente*, forma-se dos étimos gregos *kalós* (quer dizer, *belo*) + *eidos* (= *forma, imagem*) + *skopein* (= *ver, olhar*).

> **NOTA.** Achei por bem incluir a palavra *caleidoscópio* nesse vocabulário porque pode servir como metáfora para o processo psicanalítico que, em grande parte, não deixa de ser uma combinação de "espelhos" que se refletem, à medida que as "pedrinhas" que estão no interior do paciente e do analista começam a produzir novas formas (Bion diria que os "elementos da psicanálise" vão sofrendo "transformações" e novos vértices de observação e de avaliação, tanto de fatos e memórias que procedem de dentro do inconsciente como também dos fatos exteriores, reais).

Candidato: vocábulo que expressa o fato de alguém que esteja aspirando conseguir alcançar algum objetivo que lhe é muito importante, como na política, na busca de um cobiçado emprego, de alguma honraria, de *status* social ou coisas equivalentes. No presente livro, o que nos importa é o candidato a fazer a sua formação psicanalítica, com o objetivo de conseguir atingir a condição de psicanalista, membro associado ou efetivo de alguma Sociedade Psicanalítica filiada à IPA (Associação Psicanalítica Internacional, com sede em Londres), após ter preenchido os requisitos mínimos necessários (que não são poucos e exigem muitos anos de profunda dedicação). A etimologia de *candidato* deriva do latim *candidus, cândidatus*, que também dá origem à palavras como *cândido, candi-*

dez, sendo que todas elas se referem ao significado de *alvo, imaculado, puro, ingênuo, inocente*, vestido de branco. Essa palavra ganhou notoriedade, a partir da Grécia antiga, para designar aqueles que vestiam uma toga branca, para poder aproximar-se do povo e solicitar-lhe cargos.

> **NOTA.** Antigamente o termo *candidato* designava pessoa revestida com uma toga branca (*branco* vem de *candidus*, cor que simbolizava pureza, inocência, paz), pretendente a cargo eletivo e que assim se apresentava ao povo no campo de Marte, em Roma e, no início do cristianismo, os *catecúmenos* (*discípulos, aprendizes*, que se iniciavam no conhecimento religioso). Da raiz *candidus* também se originaram outros vocábulos, como *candente* (*ardente, que queima*), *candideza* (*inocência*) e *cândido* (*branco, alvo, puro*), que vem de *candere*, que designa *queimar, arder*, porque o fogo, então, era considerado um elemento purificador.

Caótico (estado): refere que o sujeito está num *estado de caos*, isto é, num estado de *grande confusão*, em *desordem*. Do ponto de vista psicanalítico, o *estado caótico* designa que o paciente está com o seu psiquismo desorganizado, às vezes, em condições psicóticas. *Etimologicamente* a expressão *caótico* indica um estado de *caos*, vocábulo que deriva do grego *cháos*, que passa para o latim como *chaos*. Nas mitologias e cosmogonias pré-filosóficas, designa *vazio obscuro* e *ilimitado* que precede e propicia a geração do mundo *(cosmos)*.

> **NOTA.** É bastante conhecida a expressão "*do caos, nasce o cosmo*", frase que sintetiza a função, o objetivo de um tratamento psicanalítico, auxiliando o paciente a transformar o seu caos psíquico, todo desorganizado, num estado de *cosmo*, com uma organização mental que lhe abra as portas da realidade com harmonia interior e com criatividade para fazer expansões na sua vida.

Caráter: vem do grego *charassein* e *charakter*, palavra que significa "aquilo que fica impresso na mente". Este termo permite duas observações iniciais:
1. a influência do meio ambiente circundante da criança, promovendo impressões psíquicas;
2. o termo denota que os aspectos gravados no indivíduo ficam indeléveis e com um núcleo básico não modificado.

> **NOTA.** Freud fez uma bela metáfora utilizando a imagem do cristal que, quando atirado ao chão, pode partir-se, *"mas não em pedaços ao acaso, mas, sim, ele se desfaz seguindo linhas de clivagem, em fragmentos cujos limites, embora fossem invisíveis, estavam predeterminados pela estrutura do cristal."* Como resultante dessas marcas que ficaram impressas, com os respectivos mecanismos de defesa que as acompanharam, podemos ter diferentes tipos de caráter, como o obsessivo, o paranoide, o fóbico, o histérico, o ansioso, o deprimido, o perverso, o narcisista, etc. Não obstante seja um pleonasmo, creio que podemos afirmar que o *caráter* de uma pessoa é o retrato das suas *características* mais marcantes.

Castidade: vocábulo que tem uma relação muito estreita com o latino *castus*, que significa *puro, imaculado, casto, inocente, pio, santo*. Derivados de *castus*, surgem os étimos latinos *cástitas, castitátis*, origem do vocábulo português *castidade*, que designa a qualidade de *casto*, ou seja, a abstinência total dos prazeres sensuais, os votos de castidade.

> **NOTA.** O importante a assinalar é a quantidade de palavras na psicanálise que derivam das mencionadas raízes latinas, como *incesto* (ato não puro, isto é, *in*, que indica *não + castus = impuro*). Outro derivado relevante é o vocábulo *castigo*, do qual se origina *castus + agere* (que quer dizer *fazer*) = repreender ou censurar para tornar casto, castigar para corrigir e purificar alguém que cometeu algo impuro (não casto). A palavra *castigo* surgiu com grande presença na literatura, no sentido de castigar aquele que em seus escritos tivesse um estilo inadequado, sendo que castigar o estilo seria torná-lo puro, castiço. No processo psicanalítico é muito frequente que o analista precise trabalhar com os *autocastigos* do próprio paciente que, em consequência de culpas acumuladas, sente-se impuro, imerecedor de ser feliz e, por distintas maneiras se flagela, se pune, numa tentativa ineficiente (masoquista) de "pagar os seus pecados" e, assim, purificar-se.

Castrar/Castração: o verbo *castrar* vem do latim *castrare* (o qual, por sua vez derivou do indo-europeu *kas* (daí também vem *fracasso*), *ou kes* (cujos significados são *cortar* ou *destruir* os órgãos reprodutores; *capar*; no sentido figurado equivale a *anular, esvaziar, denegrir* a personalidade do outro. A raiz original de *castrar* é *castrum*, que tem relação com o sânscrito *casthram*, cuja significação é *faca, instrumento cortante*.

> **NOTA**. Da perspectiva psicanalítica, foi Freud quem estabeleceu o conceito de *castração*, partindo do princípio de que um menino de pouca idade não consegue conceber qualquer ser humano sem pênis (porque ele o possui), sendo que a visão da mãe ou da irmã, desprovidas desse órgão, gera imediatamente a fantasia de que, de fato, existe uma castração, a qual, ele imagina, ter sido cometida pelo pai. É no seu historial clínico do "Menino Hans" (1900) que Freud fundamenta com mais profundidade essa sua concepção sobre *"angústia, ou complexo, de castração"*. Para evitar mal-entendidos, Freud enfatizou dois aspectos:
>
> 1. A angústia de castração também é extensiva às meninas.
> 2. Pelo fato de que muitos autores propunham que a angústia de castração remontava a fases prévias, como seria a da perda do seio, ou das fezes, Freud afirmava que *"só se deveria falar de complexo de castração a partir do momento em que esta representação de uma perda estiver relacionada com a fantasia de castração do genital"*.

Catarse: a *etimologia* desta palavra se origina do grego *kátharsis*, que significa, no português cotidiano, *purificação*, *limpeza*, *evacuação*, natural ou provocada, por qualquer via. A palavra grega *katharsis* foi popularizada pelo filósofo Aristóteles que, em sua obra "A Poética" (1449, Madrid) introduziu essa palavra. No campo da psicanálise, a conceituação de *catarse* tem um outro sentido. Leitor veja o verbete **ab-reação**, porque ambos são praticamente sinônimos.

> **NOTA**. Freud valorizou de forma muito enfática o seu lema de que *"tudo que estiver no inconsciente, no consciente deve ficar"*. Com outras palavras: tudo que estiver reprimido no inconsciente do paciente deve passar por uma desrepressão e aparecer no consciente. Para tanto, Freud destacava a importância de que o paciente neurótico, principalmente os histéricos sofriam de *"reminiscências"* (lembranças). Particularmente (**dz**) creio que o termo mais adequado para propor a memória de traumas que estão reprimidos não seria *reminiscência* ou *lembrança*, mas, sim, o vocábulo *recordação*. Conforme a própria *etimologia* nos explicita, a palavra *recordação* se forma a partir dos étimos *re (novamente)* + *cordação* (que se origina do étimo latino *cor, cordis*, ou seja *coração*, ou melhor, *aquilo que vem do coração*). Portanto, a *ab-reação*, ou *catarse*, vai muito além de um mero desabafo, como a maioria dos dicionários assinala, e nos designa que as memórias que estão sendo revividas e verbalizadas estão impregnadas de sentimentos e de significados, o que permite que o psicanalista possa fazer novas *ressignificações* dos significados distorcidos e patogênicos que o paciente pode ter impressos em sua mente desde a infância.

Catatonia: termo bastante empregado na psiquiatria, que designa uma forma de **esquizofrenia**, que se manifesta por um estado em que o(a) paciente está desligado(a) da realidade. Suas manifestações são de duas ordens:

1. pode ser uma forma catatônica em que o paciente está autista, não fala, não interage com o ambiente, sua musculatura está flácida e o paciente fica inerte, às vezes por um tempo demasiado longo;
2. a segunda forma de catatonia, bem oposta à anterior, expressa-se através da musculatura, por meio de uma agitação psicomotora, às vezes de forma tão intensa que pode levar o paciente a quebrar tudo que está à sua frente e, inclusive, representar um perigo para quem esteja ao seu redor. Como o leitor percebe, ambas as formas se manifestam principalmente pelo tônus muscular. Isto está de acordo com a *etimologia* da palavra *catatonia*, que deriva do grego *katá* (significa *estado de regressão* ou *de cima para baixo*) + *tonos* (pode ser o tônus muscular).

Catástrofe/Catastrófica (mudança): a *etimologia* da palavra *catástrofe* se origina dos étimos gregos *katá* (*abaixo de*) + *strophein* (*revolta, subversão, evento, calamidade*). Na psicanálise, Bion empregava bastante a expressão *mudança catastrófica* com o significado de que uma verdadeira mudança psicanalítica no paciente, no curso de uma análise, costuma provocar, em certo período da mudança, um intenso sofrimento neste (também, de certa forma, no analista) sob a forma de um estado confusional ou de ansiedade depressiva, com uma alternância com acusações paranoides contra o analista, somatizações e coisas similares.

> **NOTA 1**. É importante realçar que, apesar de uma fase de sofrimento e preocupação, a expressão *catastrófica* não deve ser tomada como uma piora do paciente. Pelo contrário, na grande maioria das vezes, o sofrimento é decorrente de uma melhora dele no sentido de que as primeiras mudanças importantes (por exemplo, a mudança, a passagem de um estado mental habitual de uma *"posição esquizoparanoide"* para uma *"posição depressiva"*. Isso designa o fato de que está acontecendo a, antes, mencionada mudança importante, como prenúncio da proximidade de um significativo crescimento psíquico.
>
> **NOTA 2**. Nesta linha de reflexão, é muito interessante registrar que, em inglês antigo, *catastrophy* significava uma evolução, uma mudança de um estado a outro, tal como sugere a palavra *estrofe*, que o coro do antigo teatro grego cantava como uma forma de anunciar a passagem da representação teatral para um novo cenário. O emprego do vocábulo *passagem* indica uma espécie de

> *ponte* que facilita a mudança de um estado para outro, de sorte que adquire o mesmo significado que o da *Páscoa* cristã, (ou o do *Pessach* judeu, onde houve a passagem pela abertura que Deus fez nas águas do Mar Vermelho. Tanto numa fé, como na outra, os termos aludem a uma ressurreição.

Catéxis: em seus estudos sobre as características das *pulsões*, Freud enfatizou o fato de que certa quantidade de energia psíquica fica ligada a objetos externos, investindo-os. Para descrever este *investimento*, ele empregou a expressão original em alemão *Bezetzung-Energie*, traduzida para o inglês como *Cathexis*, e para o português como *catéxis* ou *caquexia*. É necessário acrescentar que *Bezetzen*, no original alemão, significa *ocupar, guarnecer*.

> **NOTA**. Freud fazia uma comparação de *bezetzen* com uma força militar de ocupação, que pode ser deslocada para uma ou outra posição, segundo as necessidades. Na vigência da teoria *econômica* da psicanálise, Freud atribuiu uma grande importância à quantidade de catéxis investida nos objetos.

Cinismo: vocábulo muito em voga, que significa uma característica de pessoas que assumem a condição de fazerem uma radical e ativa oposição aos valores e costumes vigentes numa determinada cultura, sob a racionalização de que é incompatível conciliar as leis e convenções morais e culturais, com as exigências de uma vida que fique em harmonia da natureza. Assim, os dicionários definem *cinismo* com palavras como: *impudência* (falta de pudor), *desfaçatez, descaramento. Etimologicamente, cinismo* deriva do grego *kinismós* (= cão, em grego), que passa para o latim como *cynismus*, e tem duas significações: uma refere que a raiz original está diretamente ligada a cães, e gerou palavras como *cinófilo* (quem gosta de cachorros) ou *cinófobo* (que tem medo de cães), etc; o segundo significado de *cinismo* se trata de uma doutrina filosófica que designa o modo de vida dos *cínicos*, partidários da "escola cínica", fundada na Grécia antiga pelos filósofos Antístenes e Diógenes, aproximadamente nos anos 400 a.C. Os próprios seguidores dessa escola filosófica, os cínicos, chamavam a si mesmos de cães, porque, como esses animais, praticavam atos sórdidos e indecentes na frente de qualquer pessoa, sem culpa, remorso ou, tampouco, vergonha.

Circunspecto: esta palavra designa uma pessoa que observa atentamente fatos ou pessoas desde os mais diversos ângulos de observação (em termos analíticos, muito provavelmente diríamos que se trata de *personalidades obsessivas, em excesso*. Este vocábulo deriva dos étimos latinos *circum* (em latim, significa *ao redor, em volta de*) + *specto* (*observar, olhar, mirar, assistir* algum espetáculo) = *circunspecto*. Do ponto de vista da *etimologia*, o importante a destacar é que a raiz original do latino *specto* provém de *spek*, que é uma importante raiz da língua indo-europeia, que dá derivados de inúmeras outras palavras, como: *espelho, espectro, espécime, aspecto, espectador, telespectador* (*tele* é longe), *retrospecto* (*retro* é *para trás*), *espetáculo, circunspecto*, **respeito** e, sobretudo, origina os verbos latinos: *specere* (no latim arcaico) e *spectare* (no latim culto). Esses dois últimos verbos têm em comum o fato de que ambos significam *ver, assistir, olhar com muita atenção, observar*.

Ciúme: trata-se de um sentimento bastante conhecido por todo leitor, porque já o sentiu ou observou em pessoas conhecidas, queridas, que sofrem uma enormidade de dor psíquica, em alguns momentos da vida. Na prática psicanalítica, este sentimento aparece de formas ou intensidades diferentes, porém com uma grande frequência, quase que inerente à condição humana. A *etimologia* desta palavra está diretamente ligada aos étimos latinos *zelus* e *cyo*, que significam, respectivamente: *zelo excessivo* e *ser olhado com exclusividade*, principalmente na rivalidade amorosa.

> **NOTA.** Este sentimento está intimamente ligado ao da **inveja**, porém compreende uma relação de, pelo menos, mais duas outras pessoas envolvidas, de modo que se forma um triangulo afetivo, no qual, pelo menos um deles está se sentindo excluído e perdedor e, daí, tanta dor. O sujeito com ciúme sente que o amor que ele julga que lhe é devido foi roubado ou está em perigo de sê-lo, pelo seu rival, tal como está descrito por Freud em relação ao ciúme do primitivo triângulo edípico. O ciumento teme perder o que julga pertencer-lhe (um aspecto típico da possessividade do ciumento), enquanto a pessoa invejosa sofre ao perceber que o outro tem aquilo que ela também quer possuir e, de preferência, quer com exclusividade para si, sendo-lhe penosa a sensação de que outra pessoa possui o que ela não consegue obter. No caso em que o ciúme é resultante de um excesso de identificações projetivas, ele pode adquirir características delirantes.

Clínica: deriva do grego *klinós*, cujo significado indica uma *inclinação*, ou seja, o paciente não se trata ambulatorialmente, mas sim está numa posição deitada ou inclinada numa cama da enfermaria.

Clinoterapia: na época pioneira de Freud, esta palavra era bastante utilizada por indicar um método terapêutico para pacientes com transtornos mentais, na base de fazê-los repousar, deitados ou inclinados na cama. A *etimologia* se forma do grego *kline* (= *leito*; *cama*) + *therapeia* (= *cura*). Do étimo *klinos* também deriva o verbo *inclinar*.

Clônico: refere o surgimento de espasmos musculares que aparecem de forma independente da vontade do sujeito, de uma forma algo desorganizada (nisso, se diferencia de espasmos musculares *tônicos*, que são mais localizados e uniformes). A *etimologia* de *clônico* radica no étimo grego *klonós*, que significa *agitação* (como na doença de São Vito, por exemplo). Ver o verbete **Coreia**.

Co (prefixo): estou dando um destaque a este prefixo (que às vezes aparece como *com* ou *con*, pela razão que, vindo do latim *cum*, tem o significado geral de *junto de*, logo, tem uma grande quantidade de palavras derivadas que têm uma grande relevância na psicanálise, especialmente a contemporânea, a qual, sobretudo, trabalha com vínculos, ou seja, com ligações expressadas com vocábulos que começam com o prefixo *co*.

> **NOTA 1**. Unicamente para exemplificar, cabe mencionar algumas das palavras que comparecem com grande frequência na linguagem psicanalítica. Assim, são os vocábulos que seguem: *coautor* (partilha junto com demais autores); *coadjudar* (auxiliar, ajudar a outrem); *coadunar* (juntar, incorporar, reunir para a formação de um todo); *conjurar* (um grupo de pessoas se ligam, por juramento, para *tramar, conspirar, maquinar* algum ato destrutivo contra uma autoridade ou um governo constituído); *coalusão* (aliança de nações, partidos políticos, na base de "a união faz a força"); *cognato* (vocábulos diferentes que têm em comum a origem de uma mesma raiz); *colaborar* (origina-se de *co + laborar*, ou seja, trabalhar junto); *cooperar* (operar juntos numa mesma tarefa); *coligar* (ligar, unir, juntar); *colusão* ajuste secreto e fraudulento); *comandar* (alguém que manda, trocando ideias e ações junto com outros, portanto é bastante diferente do significado de mandar, ou *mandante*, no sentido de um único mandão autoritário); *comemorar* (um conjunto de pessoas que se reúnem e as conversas primam pela evocação de *memórias* comuns a todos); *comissão* (a escolha de várias pessoas, com a missão de decidir sobre determinados assuntos, nos quais eles são considerados peritos; *competição* (vem de *com* + o verbo latino *petere*, cujo significado é o de *pedir* algo de seu desejo, daí a palavra jurídica *petição*).
> **NOTA 2**. Assim, quando duas ou mais pessoas disputam a conquista de um mesmo desejo, estabelece-se uma *competição*); *con-*

> *cordar* (vem de "con" (junto) + cordar (do latim "cor", "cordis" = coração.; "*conluio* (combinação entre duas ou mais pessoas com a tarefa comum de lesar a uma outra); *cônjuge* (cada uma das duas pessoas que estão unidas pelo casamento); *considerar* (pensar, sob a forma de meditar, ponderar. Tem sua origem na Antiguidade quando tinha a significação de 'consultar os astros ("siderus', em latim); *corromper* (um pacto entre duas ou mais pessoas que combinam alguma forma de "romper" com a ética, ou lei vigente. O prefixo "co" indica que há uma aliança, a qual (**dz**), para que haja uma corrupção é necessária uma aliança que junte o corruptor com o corrompido. Em síntese, cabe afirmar que, sem exagero, o prefixo "co", ou "com" é, sem dúvida, o mais importante de toda relação humana.

Cobiça: palavra derivada do latim *cupiditia*, significa uma *ambição desmedida*, um desejo com avidez exagerada, uma volúpia pelo poder. Do ponto de vista psicanalítico, cabe percebermos que o sentimento de cobiça lembra dois aspectos: um é o fato de que a cobiça está sempre presente nos transtornos narcisistas da personalidade; o segundo aspecto é que a cobiça excessiva nos aproxima bastante da assertiva de Lacan que emprega bastante o termo *demanda*, com o importante significado de um desejo que é **insaciável** (ver o verbete **Demanda**).

Cocaína: no antigo idioma quishua (falado pelos índios do antigo Peru que deram a descendência para os Incas), existia a palavra *kuka*, um *arbusto*, cujas folhas e cascas estão repletas de alcaloides, sendo que o principal deles é a *cocaína* cristalina e incolor. Nos primeiros tempos, a cocaína era usada como uma espécie de estimulante. Na atualidade, a cocaína é considerada uma droga que indica uma alta possibilidade de levar algum sujeito (os jovens são as maiores vítimas) à condição de *cocainômano*, ou seja, cair numa grave drogadição. Além disso, existem quadrilhas especializadas no comércio irregular da cocaína, praticamente consumida na maior parte do mundo, com guerras abertas entre os traficantes e um alarmante prejuízo nas condições mentais de um grande contingente de viciados.

Codependência (da droga): trata-se de uma forma de comorbidade, porém fica mais restrita à codependência relativa ao consumo de drogas, com os respectivos problemas orgânicos, psíquicos e também familiares. De acordo com a etimologia do termo codependência, fica evidente que o dependente de droga é também dependente de ajuda de familiares e estes, muitas vezes, ficam dependentes do próprio usuário doente.

> **NOTA.** A codependencia das drogas consiste no fato de que uma pessoa da família – geralmente a mãe do dependente – adota um comportamento vinculado à conduta do usuário de droga e procura incessantemente controlá-lo. São pessoas que dedicam suas vidas quase que exclusivamente ao filho drogado, com sacrifícios pessoais, de modo que se sentem "mártires", como se aquele pesado "fardo" fosse um "carma", isto é, um desígnio de Deus. A codependência foi constatada inicialmente com familiares de pacientes alcoolistas, e verificou-se que quando o paciente dependente de álcool estava melhorando, havia um movimento da família no sentido de sabotar a sua recuperação. Era difícil, senão impossível, para o familiar, viver sem aquela rotineira e massacrante *via crucis*. Muitas vezes a codependência das drogas envolve a família inteira, os colegas e os amigos.

Cogitação: a etimologia deste vocábulo procede do verbo latino *cogitare* (e seus múltiplos derivados latinos, como *cogitatio, cogitatum, cogito, cognatus*, entre outros mais). Porém, todos têm em comum o fato de que sempre aludem à alguma forma de utilização do *pensamento*. O significado mais utilizado para o vocábulo *cogitação* refere-se ao pensamento meditativo, que alude ao fato de que "tem peso" (daí o sinônimo *sopesar* ou o conhecido verbo *ponderar*, que é derivado do latim *pondus*, que também significa *peso*. Na psicanálise, o autor que mais estudou e utilizou a palavra *cogitação*, sem dúvida, foi Bion, que chegou a publicar (pós mortem) seu livro *"Cogitations"*, em 1990.

Coito: este vocábulo, que designa o *ato sexual, cópula*, deriva do latim *coitus*, o qual, por sua vez, se origina dos étimos latinos *itus* (= ida) + *cum* (= com), logo, significando *ir juntos*.

Coitado: não obstante eu não acredite muito na fidelidade do que já li em alguns lugares, a palavra *coitado* seria um derivado de *coito*, com a argumentação de que seria próprio de uma pessoa que transmite aos demais uma sensação de ser um infeliz que só apanha da vida, para quem nada dá certo, e isto estaria refletindo o seu mundo interno, que deve estar impregnado com um sentimento de *castração*, ou seja, uma forte sensação de que esteja impotente diante da vida e, com facilidade, se dá como *derrotado* e com uma modalidade de **desistência** diante do viver. Pelo contrário, acredito muito mais na versão de que a palavra *coitado* seja um derivado do verbo *coitar* (vem do latim *coctare*), o qual se baseia no termo *coita*, que, segundo os dicionários, significa *encharcar-se de mágoas, aflições, suplícios* e *pesares*.

Cólera: vem do grego *choléra*, e passou para o latim como *cholera*, que designa um estado mental de *ódio, furor*, provindo de um impulso violento contra o que nos ofende, injustiça e humilha. Em latim, a palavra *cholera* quer dizer *bílis*, partindo da antiga crença de que a ira atacava o fígado, o que explica a expressão bastante comum *inimigo figadal*.

> **NOTA**. No entanto, a palavra *cólera* também indica uma doença chamada, em latim, de *cholera morbus* (trata-se de uma doença infecciosa aguda, provocada por uma bactéria contagiosa que pode manifestar-se sob a forma de uma epidemia, com as características clínicas de diarreia abundante, prostração e câimbras musculares). A ligação da palavra *cólera* com a *bílis* (vem da visícula biliar) se deve ao fato de que, no estudo dos *quatro* **humores**, proposto pelo grande Hipócrates, considerado o pai da medicina, um dos quatro humores era o *colérico*), provindo da bílis que, em grego e também em latim, a ira era denominada como "*chole*".

Colusão: derivado do latim *collusione*, a palavra *colusão* tem o significado de uma espécie de *acumpliciamento*, um ajuste secreto e fraudulento entre duas ou mais partes, com prejuízo para terceiros.

> **NOTA**. Em termos psicanalíticos, a *colusão* que se processa eventualmente entre paciente e analista é mais conhecida com o vocábulo *conluio*, o qual refere que a cumplicidade entre ambos do par analítico se processa em um nível inconsciente; no caso de a cumplicidade operar num nível consciente, acredito que a denominação mais adequada deva ser *pacto corrupto*. Creio (**dz**) ser bastante provável que tanto o vocábulo *colusão*, como o *conluio* se formam a partir do prefixo *co* ou *con* (ambos significam *juntos*) + o latino *ludu*, *ludis* (que, por sua vez, procede do grego *Lydos*, visto que se refere aos jogos que faziam na Lydia – território da Ásia Menor –, e que, desde a Grécia, passaram depois aos costumes romanos, com o significado de *divertimento, brincadeira, gracejo, jogos*. O étimo *ludus* também dá origem às palavras *ludíbrio* e, muito provavelmente, às palavras *ilusão*, *conluio* e *co-lusão*.

Comensal: Bion, ao conceber sua proposição da relação **Continente-Conteúdo** destacou uma das formas dessa relação e a denominou de *comensal*, palavra cujo significado está de acordo com a sua etimologia, porquanto ela se forma a partir dos étimos latinos *cum* (*com, junto*) + *mensa* (*mesa*) = *co-mensal*, o que dá uma clara ideia de pessoas reunidas em torno de uma mesa. Na nossa vida corrente, o termo *comensal* – do latim *comensale* –, tem o significado mais específico de *cada um daqueles que comem juntos, na mesa dos anfitriões*.

Comorbidade: esse vocábulo – que está muito em voga na medicina em geral e na psiquiatria em particular – forma-se dos étimos *co* (prefixo que vem do latim *cum*) com o significado de *com, junto de*, mais o sufixo *morbidade* (que procede do latim *morbus, morbi*), que tem o significado de *doença, enfermidade*. Assim, *comorbidade* significa que uma ou mais doenças podem estar se influenciando e se complementando reciprocamente. Tanto pode ocorrer na medicina **psicossomática** como isoladamente em doenças orgânicas ou psiquiátricas ou, ainda, entre ambas.

> **NOTA**. Assim, a título de exemplo, é útil mencionar o fato comum de que uma pessoa em estado depressivo, nem sempre claramente manifesto, tenha somado ao seu estado algum tipo de adição (mais comumente o alcoolismo), provavelmente numa atitude de procurar preencher os "vazios" típicos de pessoas que tiveram sérias carências na infância, amargando sérias faltas e falhas por parte dos pais no passado ou por causas genéticas. Assim, forma-se um círculo vicioso na comorbidade, ou seja, o piso depressivo induz à adição e, por sua vez, à droga; o uso da droga gera culpas que aprofundam a depressão, a qual, por sua vez, reduz a capacidade imunológica, com a consequência de que os germens oportunistas facilitam o surgimento de doenças orgânicas, e assim por diante.

Compaixão: habitualmente, entendemos o sentido desta palavra com um significado pejorativo, isto é, o de que temos *pena, dó, piedade* de alguém que está necessitado. Já o vocábulo *compaixão*, que se forma do latim *cum* (*com*, junto) + paixão = *compaixão*, permite perceber que a pessoa necessitada sentirá que não está solitária e abandonada, que muito antes de ser vista como alguém que merece um sentimento de piedade, como uma esmola, é vista com respeito por alguém que conversa com ela, que quer saber como pode ajudar sem deixar de ter um **reconhecimento** pelas possíveis capacidades e virtudes que preserve a autoestima e a dignidade daquele que está necessitado.

> **NOTA**. O melhor exemplo que me ocorre é o da Paixão de Cristo, que, na cruz, sofreu a sua "paixão" pela humanidade, enquanto, ao mesmo tempo, na imagem que as igrejas cristãs atestam dele, Jesus exerceu (e continua exercendo) o sublime papel de "compaixão" por todos os necessitados, pobres, miseráveis, desamparados, doentes, crianças carentes, e todos que sofrem qualquer tipo de padecimento.

Companhia: a significação desta palavra indica aquela pessoa com quem se está, se vive ou se convive. Por outro lado, essa palavra também alude a uma reunião de pessoas para um fim comum. Partindo dessa segunda conceituação, chegamos mais perto da etimologia de *companhia*. Digo isso porque a palavra *companheiro* (**dz**) resulta da combinação de dois étimos latinos: *cum* (= com, junto) + *panis* (= pão) = *cum-panis* = *companheiro*, em português. Na história antiga, era bastante frequente que uma *tropa*, isto é, um conjunto de muitas pessoas agrupadas, parassem de cavalgar para descansar e restaurar as forças num boteco qualquer na estrada, comendo o pão servido que era compartilhado por todos. Daí saiu a palavra *companheiro*, indicando que o pão os unia.

Compelir: este verbo significa *obrigar*, *coagir* e *etimologicamente*, ele procede dos étimos latinos *cum* (em português é a preposição *com*) + o verbo latino com-*pellere* que, por sua vez, o sufixo latino *pello* dá origem à *pulsus* (em português é *choque*, *embate* e *pulsão*). Assim, *compelir* significa uma impulsividade para bater, desalojar o inimigo, coagir com alguma violência.

Complexo: a *etimologia* deste vocábulo se origina do latim *complexu*. Ao contrário do fato de que a cultura popular dá uma conotação negativa ao termo *complexo*, na psicanálise ele tem a significação de um conjunto de aspectos (emoções, impulsos, sentimentos de amor, ódio, culpas, ideias, etc.) que abrangem ou encerram diversificadas partes ou elementos que compõem (às vezes de forma algo confusa) um determinado "todo" com significado próprio. Assim, nessa ótica, o significado corrente do vocábulo *complexo* designa um conjunto de sentimentos provindos do *Id* (no inconsciente), de *representações* localizadas no *Ego* e de mandamentos emanados do *Superego*, com relações objetais internalizadas, predominantemente inconscientes, que formam uma constelação estruturada, com uma determinada configuração afetiva. Cabe exemplificar com algumas expressões criadas por diferentes autores, acerca de vários tipos de "complexos".

> **NOTA**. Freud concebeu e divulgou inicialmente o conhecido *Complexo de Édipo*, o qual, mais tarde, foi reestudado com outras premissas por M. Klein e Lacan. Posteriormente Freud introduziu o *Complexo de Castração*. Já o psicanalista Jung divulgou o que ele denominou como **Complexos de Electra**; Complexos de *superioridade* e de *inferioridade*. Por minha conta (**dz**) venho propondo e trabalhando com o que denomino de **Complexo de Imerecimento**.

Compreender/Entender: os termos *compreender* e *entender* não são sinônimos. Enquanto o verbo *entender* tem o significado de uma *compreensão intelectuali-*

zada, o verbo *compreender* (**dz**) pode ser entendido de acordo com uma possível formação dos étimos *com* (do latim *cum*) + *preender*, verbo que dá uma clara ideia de junção, de preensão (ou seja, ato de pegar com força, agarrar), logo, estar com a outra pessoa, o que se constitui numa condição mínima necessária dos pais diante dos filhos, dos educadores em relação aos alunos, dos médicos e de seus pacientes, e do analista que, acima de tudo, necessita *com-preender* o seu paciente (**dz**).

Compulsão: concebidos e divulgados por Freud, os vocábulos *compulsão* e *compulsivo*, que derivam do verbo latino *compellere* (*com* + *pellere* [= *pulsão*]), indicam que o sujeito está sendo compelido a fazer coisas que o constrangem. Já o termo *impulso*, e o seu cognato *impulsividade*, têm um significado algo diferente: mais exatamente eles designam uma ação súbita, de surgimento ocasional, quase que irrefreável, acompanhado de um forte estado emocional.

> **NOTA.** Cunhada por Freud, a expressão *compulsão à repetição* revigorou o seu emprego na teoria e técnica psicanalíticas, com o significado de que antigos **traumas** estão impressos na mente, com uma forte tendência a serem compelidos e revividos, na fase adulta, em novos cenários, com outros "atores", porém com os mesmos enredos e personagens que moram no "teatro do psiquismo interior".

Conceito: vem do verbo latino *concipere*, cujo particípio passado é *conceptum*, sendo que essa palavra, no português, passa a ser *conceito* porque, no latim, o *p* vira *i* e o sufixo *um* vira *o*, formando *conceito*, que refere aquilo que é *concebido* (conforme o original *concipere*).

Concordar/Cordialidade: esses dois vocábulos são cognatos, ou seja, significam conceitos diferentes, porém derivam de uma mesma raiz latina: *cor, cordis* (= *coração, do coração*). Portanto, *concordar* designa que duas ou mais pessoas têm uma mesma opinião porque estão num sentimento comum que "vem do coração"; da mesma forma, *cordialidade* designa que existe um clima amistoso, empático, em que duas ou mais pessoas estão numa harmonia sadia que provém "do coração" (no sentido figurado, é claro).

Concupiscência: esta palavra, derivada do latim *concupiscentia*, designa um *desejo imenso de bens ou gozos materiais*, assim como também refere um *apetite sexual desordenado*, tal como a **cobiça**, sendo que ambos são cognatos, originando-se de uma mesma raiz indo-europeia, da qual também se origina a palavra *cupido*, o "menino-amor".

Condolência: refere um sentimento de quem se condói; testemunho de *pesar pela dor alheia*; equivale a *pêsames*. Assim, o vocábulo *condolente* refere-se àquele que está prestando a sua condolência para quem está de luto pela *perda*, enquanto "*dolente*" significa aquele que sente a dor. A *etimologia* de *condolência* se forma de *com* (estar junto) + *dolência* (de quem está sofrendo a dor).

Confiança/Confiabilidade: o prefixo *con* (= junto de) + *fiança* compõe a palavra *confiança*, com o significado de *confiança recíproca* (*con*) baseada numa mútua fidelidade (palavra que em latim é *fidelitatis*), que, por sua vez, tem origem no étimo latino *fides, fidelis*, que designa *fé*, uma linda palavra que engloba virtudes como *ser verdadeiro, autêntico, ter convicção, firmeza e integridade*. Dessa forma, cabe dizer que *fiel, fidelidade, fiança, confiança* e *confiabilidade* são cognatos, isto é, palavras que se originam de uma mesma raiz que, neste caso, designa *fé*, enquanto o oposto disto é *dis-fidare*, que leva a um significado de *desconfiança*, sentimento que pode levar a um outro cognato, ou seja, a um *desafio*, com suas inevitáveis consequências.

> **NOTA.** Na psicanálise, a palavra *confiança*, seguidamente aparece na expressão *confiança básica*, cunhada por um psicanalista norte-americano – E. Erikson – que deu um notável destaque à conceituação dessa sua expressão, porque ela expressa a importância de o bebê desenvolver, desde o início de seu desenvolvimento psíquico, confiança total nos pais, principalmente na mãe, de modo a se poder incorporar e organizar no psiquismo precoce do bebê, por meio da formação de *núcleos básicos de confiança*, elementos que são imprescindíveis na boa formação, no caráter e na conduta que vão se manifestar no futuro adulto.

Conflito: nos dicionários correntes essa palavra designa *briga, rolo, luta, discussão*. A etimologia desse vocábulo procede dos étimos latinos *cum* (= com) + *flictus* (em latim, significa *choque, embate*) (Alencar, 1944). É possível (**dz**) que haja algum parentesco com o verbo latino *affligere* (que vem do verbo latino *fligere*, o qual, segundo Alencar, designa *arremassar, despedaçar, afligir*), além de que, serve de raíz de onde derivam palavras como *aflito, aflição, afligir*, com o significado de *tortura, angústia, agonia, suplício*) de modo que, nessa hipótese, o termo *conflito* também poderia estar indicando autotortura e autosuplício por distintas razões inconscientes. O importante é enfatizar que existem muitos tipos de conflitos que geram os aludidos sentimentos bélicos. Assim, os tipos de conflitos podem ser de natureza narcisista, numa luta pelo poder, uma volúpia pelo prestígio, pela riqueza (muito frequente em sérios conflitos entre familiares, em situações de partilha de heranças) e coisas afins, como uma inveja excessiva, etc. Os conflitos mais correntes no cotidiano referem a interesses pessoais, valores ideológicos, num sentido coletivo, que podem levar a revoluções e guerras.

> **NOTA.** No entanto, do ponto de vista psicanalítico, os conflitos mais significativos são aqueles que partem do interior do psiquismo do sujeito, como pode ser, por exemplo, um conflito entre as pulsões do id (que, muitas vezes, leva a uma *impulsividade*) num conflito com o seu "superego", que critica e proíbe aquelas pulsões instintivas que sejam de caráter proibitivo. Outros exemplos importantes, que estão valorizados na análise contemporânea, partem do princípio de que o psiquismo de cada um de nós não é um bloco unívoco, pelo contrário, o ser humano é composto de diversas "partes" distintas. Assim, pode estebelecer-se um forte conflito, segundo Bion, entre a nossa *parte psicótica da personalidade* e a *parte não psicótica*; ou, com outras palavras, da parte sadia contra a parte doente, presentes, em graus diferentes, em todo ser humano. Outro exemplo frequente consiste num conflito entre a parte "criança" (quando então é mais movida pelo *princípio do prazer*), contra a parte "adulta" (mais regida pelo *princípio da realidade.*

Confusão: existem muitas modalidades de um estado de confusão psíquica, desde as que indicam um estado patológico, até as que são um possível sinal de algo bastante positivo. Assim, o estado confusional doentio pode manifestar-se em condições psicóticas, como em esquizofrenias em que pode existir um forte prejuízo na capacidade de pensar; ou em estados de pessoas senis, ou com doença neurológica avançada como no *Alzheimer*, numa ateroesclerose, ou, também, numa relação vincular tão simbiótica que um se confunde com o outro do par simbiótico e pode gerar, desde a infância, uma confusão do tipo "quem sou eu?". Neste caso, creio (**dz**) que a *etimologia* da palavra *confusão* pode formar-se a partir de um estado mental em que haja um vínculo simbiótico (mãe-filho; marido-esposa, etc.) tão intenso que se *fundem* entre si (*con + fusão*).

> **NOTA.** Um provável sinal de confusão positiva acontece, por exemplo, no decurso de um tratamento psicanalítico bem-sucedido, em que o surgimento de uma confusão no paciente (**dz**) esteja expressando a transição de um estado mental para um outro mais desenvolvido. Por exemplo: de uma **posição esquizoparanoide** para uma **posição depressiva**; ou de um estado de **falso** *self* para a de um **verdadeiro** *self.*

Congresso: essa palavra significa *reunião, ajuntamento de pessoas* voltadas para uma mesma finalidade, como, por exemplo, um congresso ou uma assembleia que reúne psicanalistas, etc. O vocábulo *congresso* deriva do latim *congressus* que, por sua vez, é o particípio passado de *congredi*, que alude ao fato de reunir-se em grupo. Uma outra significação de *congresso*, às vezes utilizada, é a que tem o significado de *cópula carnal, coito*.

Conhecimento: em termos psicanalíticos, o vocábulo *conhecimento* foi estudado por muitos autores, porém Bion foi o que mais se aprofundou ao propor a sua classificação dos diferentes tipos de vínculos, além do *Vínculo do Amor*, este tipo de vínculo foi basicamente inspirado na teoria libidinal de Freud e na teoria das pulsões de *vida* (ou *amor*); no *Vínculo do Ódio*, sobretudo inspirado em M. Klein e seus estudos sobre as pulsões sádico-destrutivas, Bion completou com a sua proposição do *Vínculo do Conhecimento* com o qual ele estudou o importante problema das verdades, das mentiras, das distorções, das negações e de outras falsificações das verdade. A palavra *conhecimento*, pela *etimologia*, deriva do latim *cognoscere* (*desejo de conhecer, saber*) e outros cognatos derivados, como, *agnóstico* (aquele que não sabe, que não quer conhecer); *ignóbil* (obscuro, desconhecido e desprezível) e tantos outros. O mais relevante é o fato de que todas as palavras que foram acima mencionadas têm em comum a raiz grega *gnó*.

> **NOTA.** Creio ser útil trancrever um resumo muito interessante do trabalho de La Puente (1992, p. 341), no qual ele assinala que os significados da palavra *conhecimento* estão contidos em sua etimologia derivada do verbo latino *cognoscere*, o qual, por sua vez, é composto por três étimos: *co* (*junto*) + *g*, raiz do verbo grego *gignomai* (*gerar*) e *noscere* (*gerar, vir a ser, nascer*), pois ele dá origem a *ge* (*terra*), a *gei* (*genética*) e a *gig* (*ter relações sexuais*). Deste último significado se depreende que a Bíblia utiliza o eufemismo "fulano" conheceu "beltrana", para se referir às relações sexuais. Da mesma forma, o verbo francês *connaitre*, de *naitre* (*nascer*), enfatiza o significado gerador de *gignomai, gerar*. Assim, o termo *gnosis* é um "entendimento gerado". O contrário de *conhecimento* é *alucinose* (termo de Bion), que vem de *hallos* (significa *outro, falso, não real*) + *gnose*; ou seja, uma percepção distorcida.

Cônjuge: vem do latim *conjugere* (significa *unir*), como é o caso dos cônjuges, isto é, pessoas que estão unidas pelo casamento. Um aspecto interessante é que essa união do casal tanto pode ser muito positiva, bem-sucedida, quanto também pode assumir uma feição não muito bem-sucedida. Para confirmar a última frase, podemos apelar para a *etimologia*; assim, em relação a um casal em que os cônjuges estão juntos, cabe dizer que eles estão *conjugados*, porém a presença do termo *jugo* (conforme o dicionário *Aurélio, jugo* significa *canga; junta de bois; submissão; domínio moral*), de modo a transparecer que inúmeras vezes os cônjuges estão juntos num "jugo", logo, num vínculo muito complicado, com um mandando e o outro obedecendo, ou o inverso.

Conjurar: designa o fato de que pessoas se ligam, por juramento, com a finalidade de conspirar, tramar, maquinar contra alguém, alguma coisa ou algum governo.

Consciente: ao formular a sua *teoria topográfica* (esta última palavra é derivada do étimo grego *topos*, que significa *lugar*), Freud descreveu o aparelho psíquico como composto por três sistemas:

1. o *Consciente* (Cs), o qual exerce funções do ego, como percepção, pensamento, conhecimento, juízo crítico, atividade motora, capacidade de discriminação, etc.;
2. *Pré-consciente* (Pcs), como o nome sugere, o prefixo *pré* significa antes de, próximo de, ou seja é uma instância psíquica que em uma imaginária linha vertical na mente está um pouco acima do inconsciente e um pouco abaixo do consciente;
3. já a *etimologia* de *Inconsciente* (Ics) utiliza o prefixo *in*, com o significado de *não*, isto é, não consciente.

> **NOTA.** A origem da *etimologia* do vocábulo *consciente* está no verbo grego *scire* (alguns outros autores preferem a grafia de *sciere*), que significa *saber, conhecer, compreender*. Assim, *cum* (*companhia*) + *sciere* (*saber, conhecer*) provavelmente adquire a significação de *conhecimento* compartilhado com demais pessoas. Na prática psicanalítica contemporânea, indo além do paradigma estabelecido por Freud de *"tornar consciente aquilo que for inconsciente"*, amplia-se essa afirmativa com a noção introduzida por Bion de que o mais importante é a maneira de como "*consciente e o inconsciente do paciente comunicam-se entre si*".

Consenso: este vocábulo, oriundo do verbo latino *sentire* (*sentir, perceber pelos sentidos* ou pela inteligência) + o prefixo *cum* (*junto*), adquire o significado de uma conformidade de sentimentos compartilhados por muitas pessoas que entram em acordo, ou consentimento, muitas vezes, com unanimidade.

Considerar: este verbo deriva do latim *sidus, sideris* (que significa *astro, estrela, constelação*), de modo que o verbo *considerar*, em português, significa *observar* *os astros, olhar com atenção, pensar, meditar, sopesar*. O derivado *consideração* refere-se a alguma pessoa que tem a capacidade de saber considerar, ou seja, de meditar sobre outrem, escutando o que este outro tem para lhe dizer, ponderando os prós e os contras, levando-o a sério e coisas assim.

> **NOTA**. Do viés psicanalítico, o psicanalista D. Winnicott introduziu o termo inglês *concern* que, traduzido para o português, tanto significa *consideração* quanto *preocupação*. O objetivo de Winnicott era o de destacar que os sentimentos positivos do bebê em relação à mãe não necessariamente eram ligados aos sentimentos de culpa devidos às pulsões sádico-destrutivas (como M. Klein postulava).

Construir: (**dz**) este verbo, de significação altamente positiva, deriva dos étimos latinos *cum = junto de + struere = produzir, inventar, criar, compor, levantar, erguer, edificar*. Dessa mesma raiz derivam inúmeros vocábulos de uso corrente, como **destruir, estrutura, construtor, reconstruir, construção, destrutivo, instruir**.

> **NOTA**. Na psicanálise, o verbo *construir* e seus derivados diretos representam um significado muito especial porque sintetizam a essência de um tratamento psicanalítico, no sentido de que paciente e o seu psicanalista, juntos, estão "construindo" e reconstruindo uma nova personalidade, muitas vezes à custa de "destruir" coisas que, oriundas do passado remoto, possam estar bloqueando, inibindo, sabotando, criando um (**dz**) *complexo de imerecimento*, e impedindo que o paciente possa libertar suas reais *potencialidades* que estão pedindo passagem para se transformarem em verdadeiras *capacidades* e, então, ajudá-lo a crescer e sentir-se mais harmônico consigo mesmo e com a vida. Assim, do ponto de vista psicanalítico, o verbo *construir* está conectado com a *pulsão de vida*, enquanto o cognato oposto, *destruir*, formado do prefixo *des* (*tirar fora*) + *structor* (*aquele que edifica*), significa aquilo que M. Klein denominava de *pulsão sádico-destrutiva*, que fica a serviço da *pulsão de morte*.

Continente/Conteúdo: a palavra *continente* procede do verbo latino *continere*, que significa *conter*. Quem introduziu este termo na psicanálise foi Bion, com o nome original em inglês, *container*, com o intuito de concebermos que um dos principais papéis dos pais (especialmente o da mãe) é o de "conter" as necessidades orgânicas ou emocionais, as angústias e os medos do bebê e, de forma análoga, o psicanalista conseguir conter o "conteúdo" das identificações projetivas que os pacientes podem colocar dentro dele, para depois poder devolver para o paciente, em doses mitigadas, devidamente desintoxicadas.

> **NOTA.** Ao descrever os **vínculos** humanos, Bion nomeia três modalidades:
> 1. *Parasitário* (termo tirado da biologia, a qual designa a condição em que somente um dos dois vinculados se beneficia, enquanto o outro fica exaurido).
> 2. *Comensal*.
> 3. *Simbiótico*, (termo também emprestado da biologia), que indica que o vínculo interpessoal é harmônico, com recíproca troca de benefícios, tal como mostra a etimologia de *simbiose*, que deriva do grego *symbiosis*, que resulta dos étimos gregos *sym* (*em comum*) + *bios* (vida), isto é, associação entre duas plantas, uma planta e um animal ou entre dois seres humanos, em que todos se beneficiam mutuamente, sem prejuízo para ninguém.
>
> **NOTA.** A diferença entre os conceitos de *holding* de Winnicott, e o de *continente*, de Bion, é que este último tem uma função mais ampla do que a de *holding*, que somente designa (de acordo com o verbo inglês *to hold*) *sustentar* física e emocionalmente. Já a expressão *continente* deve sempre ser entendida no contexto de um vínculo continente-conteúdo; por exemplo: qual é o *conteúdo* de necessidades, desejos, angústias, etc., que a criança projeta dentro da mãe e de como essa (o *continente*) acolhe, responde, reage e devolve para seu filho.

Contra: na literatura psicanalítica, esse vocábulo comparece com grande frequência como prefixo de inúmeras expressões, ora com o significado de *oposição* (como, por exemplo, em *contrafobia*, situação em que o fóbico assume atitudes que desafiam diretamente as suas fobias), ora significando uma *contrapartida*, como *contratransferência*, por exemplo, que consiste em sensações e sentimentos que o paciente desperta no seu terapeuta). Além das palavras mencionadas, seguem algumas outras, derivadas de *contra* que são muito utilizadas na psicanálise: *contra-acting* (ou *contra-atuação*); *contracatéxis* (ou *contrainvestimento pulsional*), *contra-ego* (**dz**) designa uma condição na qual o próprio ego sabota e impede o crescimento do restante da personalidade do sujeito; *contraidentificação projetiva*; *contrarresistência*; etc.

> **NOTA.** A primeira vez que Freud usou o termo que se referia ao que ele considerava uma "atitude de "resistência" do pacien-

te *contra* a psicanálise, ele empregou o termo *widerstand*, sendo que, no idioma alemão, *wider* significa *contra*, como uma oposição ativa. Isso ocorreu em 1893, ao se referir à sua paciente Elisabeth Von R. Baseados em Freud, a *resistência* na análise era considerada exclusivamente como um obstáculo à análise, correspondendo sua força de resistência à quantidade de energia com que as ideias tinham sido reprimidas e expulsas de suas associações. Na atualidade, os "contras" analíticos podem estar expressando movimentos bastante sadios.

Contrato: na condição do início de um vínculo analítico entre paciente e psicanalista, é indispensável que haja algumas combinações (horários, honorários, plano de férias, dias e horários das sessões e alguns outros detalhes práticos) com a finalidade de favorecer o andamento do tratamento psicanalítico. Essas combinações funcionam como uma espécie de "contrato" e, comumente, é assim denominada junto ao paciente. Creio (**dz**) que é possível ousar a hipótese de que o vocábulo *contrato* possa resultar da *etimologia* de *con* (*junto de*) + *trato* = *contrato*, ou seja, um prenúncio de como ambos do par analítico irão tratar-se mutuamente ao longo da análise.

Controvérsia: este vocábulo deriva do verbo *controverter* (*controvertere*, em latim), cujo significado é *pôr objeção, dúvida, disputar, rebater, discutir*.

NOTA. O termo *controvérsia* participa deste livro pelo fato de que, no histórico da psicanálise, houve um importante episódio que costuma ser denominado como *Controvérsias na Sociedade Psicanalítica Britânica*. Vamos aos fatos: no período de 1943 a 1944, tornaram-se mais agudas as divergências entre as concepções teórico-técnicas de M. Klein e Anna Freud (filha de Freud) acerca da análise com crianças. A primeira postulava que o uso de brinquedos deveria permitir o acesso do analista ao inconsciente da criança e que, tal como na análise de adultos, se deveria trabalhar com as ansiedades decorrentes das primitivas fantasias inconscientes. Anna Freud também utilizava brinquedos e jogos, porém criticava o modo de M. Klein analisar crianças pequenas. Ela advogava que deveria ser dado enfoque pedagógico à análise com crianças, o que, por sua vez, mereceu duras críticas de Klein.

Com o envolvimento dos seguidores e partidários de cada uma das concepções, a situação chegou a um ponto tal que representou uma séria ameaça de cisão definitiva na Sociedade Britânica de Psicanálise. A situação somente foi contornada por meio do que ficou conhecido como "acordo de cavalheiros". Desse acordo resultou a formação de três grupos que existem

> até hoje: o grupo kleiniano, o ana-freudiano (hoje denominado como "freudianos contemporâneos") e um grupo intermediário, denominado *middle group*, que, na atualidade, é conhecido como "grupo independente".

Contemplar: esse verbo se forma dos étimos *cum* (= *juntos*) + *templum* (= templo), de modo a formar a palavra latina *contemplor*. A raiz de *templum* se origina de *tam*, do primitivo idioma sânscrito, com a significação de *cortar*, *dividir*, *secção* ou *segmento* de alguma coisa, com o significado de *espaço delimitado*, sobretudo o espaço sagrado, para nele serem feitos os augúrios (presságios) no *templo*. Isso demandava olhar atentamente para todos os lados, à maneira do "augure" que investigava o espaço em suas atividades divinatórias. Daí se originou o verbo *contemplar*, com um significado equivalente ao de *meditar*, *considerar* e *especular*.

Conversão (histérica): esta palavra tem origem no latim *conversione* e era basicamente utilizada para indicar o convertimento de um grupo religioso para outro, de uma seita para outra. Do ponto de vista psicanalítico, Freud estudou o fenômeno conversivo em suas pacientes marcadamente "histéricas". Como diz o nome, *conversão* consiste no fato de que afetos reprimidos e proibidos de emergirem no consciente, tal como acontece com a deformação simbólica dos sonhos, aparecem disfarçados, *convertendo-se* em sintomas corporais, sob duas vias:

    a) por meio dos órgãos dos sentidos (caso da cegueira histérica, da surdez, da perda de tato, etc.);
    b) por manifestações no sistema nervoso voluntário (contraturas musculares; paralisias motoras; hipo ou hiperestesias, etc.).

Cooperação/Colaboração: verbetes bastante utilizados na área psicanalítica, essenciais, por parte do paciente, num tratamento analítico. Ambos provêm da raiz latina *co*, que funciona como prefixo de outros étimos, formando verbos como *co* (*junto*) + *laborar* (*trabalhar*) = *colaborar*, trabalhar junto com outros, ou *co* + *operar* = *cooperar* (*alguém que está operando numa determinada tarefa junto com outros*). Podemos acrescentar o verbo *coabitar* (*pessoas que habitam num local comum*), etc.

Coprofagia: de acordo com a *etimologia* resultante dos étimos gregos *copros* (que significa *fezes*) + *fagos* (que quer dizer *comer*), o vocábulo *coprofagia* significa *comer as próprias fezes*, o que, na psiquiatria, não raro é um dos sintomas presentes em pacientes esquizofrênicos.

Coragem: vocábulo que designa um conjunto de virtudes, como *bravura* em face do perigo, *intrepidez*, *ousadia*, *resolução*, *franqueza*, *destemor*. Sua *etimologia*, nos dicionários, provém do francês *courage*. Não obstante os dicionários etimológicos que consultei não façam referência ao étimo *cor* (= *coração*), continuo com uma intuição de que para uma pessoa preencher os atributos mencionados para ser considerado corajoso, algo provém do *coração* (= *cor, cordis*), no sentido de uma entrega movida por emoções carregadas de afetos por si mesmos e solidários com os outros. Na situação analítica, embora não haja nenhum perigo numa análise que corre normalmente, sempre devemos reconhecer que o paciente que decide se tratar e que leva a sua análise a sério é um corajoso que enfrenta zonas desconhecidas do seu psiquismo que o atemorizam.

Cordialidade: fora de qualquer dúvida, esse termo deriva da raiz latina *cor, cordis* (= *coração, do coração*) e se refere ao fato de que quando uma pessoa está bastante gentil e transparece sinceridade no seu gesto, ela está manifestando uma cordialidade genuína, autêntica. No caso de falta dessa parte que "vem do coração", é possível que o gesto carinhoso não seja mais do que uma espécie de *hipocrisia* social.

> **NOTA.** Podemos (**dz**) dizer que o verbo *recordar* (que vem da mesma raiz *cor* = *coração*) e seu cognato **recordação** são de significação diferente de, simplesmente, *lembrar* (as respectivas "lembranças") ou *memorizar* (as respectivas "reminiscências"), porquanto na *ab-reação* (ou *catarse*) o que funciona é unicamente um "desabafo". Enquanto na *re-cordação* existem sentimentos ligados a fatos antigos que estão voltando (*re* = *novamente*) à espera de novas compreensões e significações, partindo "do coração".

Coreia: é o nome grego *khoreia* que se refere à uma doença neurológica, hereditária, conhecida cientificamente com a denominação de *Doença de Huntigton*, sendo que a palavra grega *khoreia* significa *dança*, tal é a movimentação muscular, de tipo clônico, do paciente, que a doença ficou conhecida com a denominação de *Dança de São Guido*, ou *de São Vito*. Um derivado de *khoreia*, com o significado de dança, é o conhecido vocábulo *coreografia*, que alude à arte nos espetáculos com enredos para as danças, conforme a etimologia da palavra *coreografia*, que se forma de *khoreia* (= *dança*) + *graphein* (= *escrita*).

Corrupção: termo muito em voga na atualidade, provindo do latim *corruptione*, que tem o significado de *apodrecimento*, *decomposição*, *putrefação*, porque, nos tempos primitivos, significava o destino dos corpos após a morte. Posteriormente o verbo *corromper* (do latim *corrompere*) passou a designar uma perversão moral, depravação, vício, e o corrupto ganhou a imagem de quem está "apodrecido", "pervertido" no tocante às regras e aos costumes que devem regular a vida em comum.

> **NOTA.** Talvez caiba levantar uma hipótese referente a uma possível formação mais atual da palavra *corrupção*, isto é, a hipótese (**dz**) de que o prefixo *co* (designa *junto com uma ou mais pessoas*) + a hipótese de que *rupção* possa ter alguma ligação com ruptura que, no dicionário latino (Koehler-1960) aparece como derivado do étimo *ruptororis*, com o significado de *violador*, o que não está muito longe de quem viola, suborna, rompe com os valores éticos e morais com fins de ganância ou de esperteza. Na verdade, não existe um ato de corrupção de uma pessoa sozinha, sempre são necessárias mais pessoas (*co*) que se conluiam em diversas modalidades de corrupção, embora as que aparecem mais claramente sejam aquelas que estão intimamente ligadas a políticos.

Cretino: lamentavelmente esta palavra adquiriu um uso que se presta a xingamentos. Na realidade, *cretino* é um termo técnico do campo da medicina que é dado a quem tem problemas mentais de lerdeza ou alguma deficiência intelectual decorrente de uma insuficiência da glândula tireoide. Alguns autores que estudam a etimologia afiançam que o vocábulo *cretino* tenha origem na palavra *cristão*, embora com a ressalva de que não exista a menor conotação antirreligiosa. Ao contrário, a palavra teria nascido de um sentimento de compaixão por parte de pessoas cristãs. Outros autores asseveram que a verdadeira origem de *cretino* reside no fato de que, na Idade Média, existia um lugarejo pobre e isolado, situado no alto dos Alpes, que, por ser muito montanhoso, não conseguia prover a dieta aos habitantes com alimentos ricos em iodo. O resultado dessa deficiência do indispensável iodo foi o surgimento em uma alta percentagem de pessoas retardadas tanto fisicamente (nanismo) como mentalmente, de modo que o restante do povo se referia a eles como os "pobres cristãos" (em francês, cristão é *chrétien*, porém, no dialeto local, é *crétin*). Com o decorrer do tempo a palavra francesa *crétin* perdeu o significado original e passou ao francês corrente como sinônimo de *deficiência mental*, e assim passou para o idioma português, enquanto o francês atual usa uma espécie de sinonímia de *cretino* com *idiota*.

Crise: essa palavra aparece com frequência, tanto na vida cotidiana de todos nós (em casais, nas instituições, na política, na vida pessoal, etc.), como também aparece seguidamente na situação analítica entre paciente e analista ou na própria psicanálise. *Etimologicamente* o termo *crise* deriva do grego *krinen* (que passou para o latim como *crisis*), que significa *separar, decidir*. Dizendo com outras palavras, indica que o processo de uma situação difícil atingiu um ponto culminante, intolerável.

> **NOTA.** A partir deste ponto, o processo da crise terá um de dois destinos prováveis:
>
> 1. pode deteriorar progressivamente até a extinção, dissolução;
> 2. haverá, a longo ou curto prazo, com uma ajuda adequada, uma modificação importante e progressiva, a qual pode representar ser um crescimento de natureza muito saudável, embora quase sempre entremeado com vivências muito dolorosas. Entre tantas crises diversificadas, vamos tomar como exemplo uma séria crise de um casal: esta pode deteriorar o vínculo, sendo "um começo do fim", ou pode se constituir em "um começo de um novo começo".
>
> Em relação à atual crise da psicanálise, tudo leva a crer que, assim como ela já enfrentou (desde que Freud a criou) outras várias crises, das quais saiu fortalecida, também na atual crise a psicanálise sairá sadiamente transformada, acompanhando as mudanças socioeconômicas, os avanços tecnológicos e científicos, como são as contribuições da neurociência, da moderna psicofarmacologia, e das demais áreas humanas: os distintos ramos das artes, os ensinamentos da filosofia, da mitologia, da antropologia, etc.

Crueldade: segundo o dicionário etimológico de Corominas, esse vocábulo vem do latim *cruor*, que significa *sangue derramado*.

Culto: procede do latim *cultu*, com o significado de prestar *adoração* ou *homenagem à divindade* em qualquer de suas formas e em qualquer religião. Assim, neste sentido, guarda uma sinonímia com palavras como *adoração*, *veneração*, *reverência*, *preito*. Num sentido totalmente distinto, a palavra *culto* também indica uma pessoa que tem uma vasta cultura. Por sua vez, a palavra *cultura* (numa outra acepção, então derivada do verbo latino *colere*) refere a uma *cultura* (ou cultivo) de uma lavoura. Essa mesma raiz pode aludir ao fato de que uma nação possa gradativamente incorporar e cultivar determinados valores éticos, sociais, conhecimentos, regras de conduta, etc., que podem variar com as épocas.

> **NOTA.** A psicanálise também tem a sua cultura própria, ao mesmo tempo que sofre uma forte influência da cultura da nação em que está inserida, ou do mundo exterior. No entanto, voltando ao *culto*, o que cabe acrescentar é o fato de que, na situ-

> ação da prática analítica, seguidamente o analista encontra pacientes que perpetuam um estado de luto por uma perda de um ente querido, de modo que na sua família exista uma série de rituais, religiosos ou não, mesclados com deveres e obrigações. Isto tanto pode ter uma face positiva, porque valoriza para toda a família os sentimentos de amor, lealdade e fidelidade, como também pode prevalecer uma faceta negativa, quando o culto à pessoa falecida é excessivo, de modo que obriga a uma veneração, com certas proibições e limitações nos prazeres e lazeres, quase como um dever de manterem eternamente um estado depressivo e uma imutável identificação com o falecido e seus descendentes diretos.

Cura: este vocábulo, que provém do latim *cura, curae* (no latim, a fusão das letras "a" com "e" fica com o som de "é", como se fosse *curé*) tem distintas acepções, com significados diferentes, como:

1. uma prestação de cuidados eclesiásticos, como aparece em *cura* de uma paróquia pela ação do pároco, do vigário ou do padre; que têm a seu cargo o cuidado das almas;
2. uma outra acepção, com palavras que signifiquem "cuidados práticos" como *curador, procurador, curativo, descurar*;
3. termo empregado na medicina, com o significado de que um doente teve uma resolução completa de alguma doença;
4. em terapia psicanalítica, o conceito de *cura* refere-se mais especificamente a uma forma de *amadurecimento*, tal como é empregado para caracterizar um queijo que está maturando, sazonado, o que equivale ao trabalho de uma lenta elaboração psíquica que permita a obtenção de mudanças da estrutura psíquica, com resultados estáveis e duradouros.

> **NOTA**. Particularmente acompanho o psicanalista Bion que, com o propósito de evitar a ambiguidade conceitual que o termo *cura* permite, principalmente o clássico significado que adquiriu na medicina, de um término, com a remoção total dos sintomas ou transtornos orgânicos propõe a substituição deste termo (cura) em psicanálise (cujos resultados não são sempre concretamente visíveis, palpáveis e medíveis,) trocando-o pela expressão

> *crescimento mental*, que dá uma noção mais clara de que, no tratamento psicanalítico, mais do que um término definitivo, o que realmente acontece é que o paciente já esteja equipado para manter um estado de harmonia interna, de resgate de suas potencialidades e capacidades e, sobretudo, que no lugar de um "fechamento" implícito na clínica médica, o paciente esteja apto para fazer continuadas "novas aberturas", num processo quase interminável. Outra expressão derivada da mesma raiz é a conhecida *sinecura*, que se origina do étimo *sine* (= sem) + *cura* = *sinecura*. Isto é, adquire um significado exatamente oposto àquele que é o habitual no conceito de *cura*. Assim *sinecura* também é usada para designar emprego ou função que não obriga, ou quase não obriga o trabalho.

Curiosidade: vem do latim *curiósitas, curiositátis*, que designa palavras como *cuidado, diligência* em conhecer uma coisa, uma *procura cuidadosa*. Do vértice psicanalítico, a *curiosidade* aparece com distintas acepções. Assim, Freud abordou a curiosidade de duas formas: num primeiro momento, aventou a hipótese de que o ser humano seria dotado de uma pulsão inata dirigida a querer conhecer as verdades, tanto que a criança já especula curiosamente quanto a querer saber como e de onde se formou e surgiu o mundo. Num segundo momento, Freud enfocou a curiosidade da criança na *cena primária* (uma expressão clássica que designa a curiosidade e a observação visual da relação sexual dos pais, com os respectivos sentimentos e fantasias).

> **NOTA.** Não obstante a maioria dos autores tenham abordado a curiosidade predominantemente do viés da patogenia, por ser intrusiva, com uma ânsia de conhecer a intimidade e os segredos alheios (a origem disso seria a precoce *cena primária* da criança em relação à intimidade sexual dos pais). Porém, deve ficar claro que também existe uma curiosidade bastante sadia, na criança e no adulto, por representar uma excelente função do ego de conhecer e descobrir coisas desconhecidas, a qual, no curso da análise, deve ser permitida e desenvolvida.

D

Dantesco: esta palavra consta nesse vocabulário etimológico por ser de uso muito corrente, inclusive no campo analítico. Não é raro que tanto os pacientes como os psicanalistas usem essa expressão para indicar que certas coisas estão indo muito mal, numa desorganização caótica e, às vezes, horrorosa. Também creio que seja interessante comprovarmos o quanto o nome de certas personagens célebres pode passar para a história sob a forma de adjetivos importantes. Em termos *etimológicos*, cabe afirmar que um quadro *dantesco* alude diretamente à *Dante Aleghieri*, um dos maiores poetas que já existiram – autor de a célebre "*A Divina Comédia*", em que foram descritos e narrados, num dos poemas, com muita intensidade dramática, os horrores do inferno. Dante nasceu em Florença e morreu aos 56 anos, deixando o legado do adjetivo *dantesco*, tão conhecido e ainda muito utilizado na atualidade.

Decisão: o significado desta palavra indica o sujeito que tem capacidades para tomar resoluções, determinação, deliberação, promulgar sentenças, agir com desembaraço, disposição e coragem. É um derivado do verbo *decidir*, que vem do latim *decidere*. Nos dicionários especializados que consultei não encontrei uma etimologia mais satisfatória, mais completa. Assim, do ponto de vista psicanalítico, ouso (**dz**) acreditar que *decidir* provavelmente se origina dos étimos latinos *de* (= *privação* ou *afastamento de algo*) + *cidere, ou cadere* que significa *cortar separando em pedaços*.

> **NOTA.** Penso que na terminologia psicanalítica "cortar separando em pedaços" equivale ao primitivo recurso defensivo do ego, denominado como *dissociação*. Sintetizando: entendo que o ego se afastando das dissociações (ou *cisões*) e integrando os pedaços dissociados que o confundem, permite-lhe um maior afastamento (= *de*) das cisões, logo, uma maior harmonia interna, o que lhe faculta poder tomar decisões mais imediatas, livres dos múltiplos pedaços separados entre si, que lhe acossam e ameaçam.

Definição: esta palavra procede do étimo *finis*, que, em latim, significa *limite* (uma espécie de *fim*). Relacionando o pensamento com o conhecimento, cabe citar o filósofo Kant, que afirmava que "*só podemos conhecer dentro de certos* *limites*". Assim, o vocábulo *definição* significa que é necessário delimitar a esfera do conhecimento, onde se inserem outros fatores, como as emoções e o pensamento.

Deleite: essa palavra é derivada do verbo latino *delectare*, que passou para o português como *deleitar*, com o significado de *dar prazer, ser agradável*. Desta forma, *deleite* é curtir o prazer, e tem a mesma raiz etimológica de *deliciae, delícias*, de modo que também origina o adjetivo *delicioso*.

Deliberar: esse verbo vem do latim *deliberare*, que veio de *libra* (= balança), e creio (**dz**) na possibilidade de que, no viés psicanalítico, ele signifique uma espécie de *libertação (liberare)* de inibições, mandamentos e proibições internas, o que vai permitir que surja uma capacidade de poder *pensar, refletir, ponderar* (vem de *pondus* = *pesar*), meditar livremente e, assim, poder conseguir tomar posições após uma discussão ou um exame minucioso; ou seja, tudo isso propicia a importante capacidade de *deliberar*, muito equivalente ao conceito de "conseguir tomar *decisões*.

Delirar/Delírios: o verbo *delirar* vem do latim *delirare, que* designa estar ou cair em estado de *delírio*, palavra esta que deriva do latim *deliriu*, com o significado de perturbação mental, de características qualitativas e quantitativas variáveis. As ideias delirantes, em termos qualitativos, podem assumir a forma de *delírios de perseguição, ciúme, grandeza,* etc., enquanto quantitativamente as ideias delirantes podem surgir em pacientes psicóticos, como esquizofrênicos, por exemplo, e, nos casos mais extremos, podem vir acompanhadas de **alucinações** em quantidade tão intensa que o paciente pode ficar totalmente desorganizado e, inclusive, pode entrar num estado de excitação psicomotora. Este tipo de caso delirante é de alçada da psiquiatria e pode exigir internação psiquiátrica. Em outras acepções, a ideação delirante pode ser de etiologia neurológica, infecciosa com febre elevada, por conta do uso excessivo e inadequado de certos medicamentos, etc.

> **NOTA.** O vocábulo *delírio* tem uma origem curiosa; ela se forma a partir dos étimos latinos *de* (= *sair de, afastado de*) + *lira* (= *sulco feito pelo arado*), isto é: sair da rota traçada no arado (na nossa gíria a expressão muito usada é "sair da casinha".

Demagogo: vem do grego *demagógos*, que se forma pela conjunção de *demos* (= povo) + *agogôs* (= *conduzir para*), ou seja, refere-se a pessoas (principalmente políticos) que não têm compromisso com as verdades, mas sim com os seus interesses pessoais, de modo que, com discursos inflamados, procuram conduzir o pensamento e a conduta do povo para a determinada direção que lhes convém.

Demanda: indica uma ação de *demandar*, verbo que, na linguagem jurídica, significa uma *ação judicial, processo, litígio*. Também pode designar *contestação, discussão, disputa, combate, peleja, luta, pugna*.

> **NOTA.** Em psicanálise, o termo *demanda* foi introduzido por J. Lacan, nas suas concepções relativas às necessidades, aos desejos e às demandas das crianças. As *necessidades* são essenciais e se referem às de natureza *orgânica* (a fome, a sede, o ar oxigenado, um mínimo de boas condições higiênicas) e necessidade *emocional* (compreensão, calor humano, amor, reconhecimento e paz, no sentido de um ambiente familiar tranquilo). Os *desejos* surgem quando há um retorno aos momentos em que as necessidades da criança foram suficientemente bem saciadas, com um estado de prazer e, daí, o desejo representa uma ânsia de saciar novas necessidades, como, por exemplo, preencher vazios internos. Já a palavra *demanda*, de utilização bastante frequente na clínica psicanalítica com crianças ou adultos, simplesmente designa um estado mental de *desejos insaciáveis*.

Demônio: esse vocábulo deriva do latim *daemoniu*, que, por sua vez, derivou do grego *daimónion*, que referia a um ente sobrenatural, considerado um "gênio" do bem ou do mal; porém, com o correr dos séculos, a palavra *demônio* fixou-se unicamente com o sentido negativo. Apesar de o gênero do termo *demônio* ser sempre masculino, existia uma excessão, a demônia *Lilith*, que, segundo uma tradição judaica, teria sido a primeira esposa de Adão, antes de Eva (talvez os primitivos hebreus quisessem perdoar, por meio de racionalizações, o pecado de Eva, referente à desobediência a Deus). Dizem as lendas primitivas que os demônios costumam estar em muitos lugares, porém, às vezes, se instalavam numa determinada pessoa. Nessas condições, para expulsar o demônio invasor, era necessário recorrer à prática do *exorcismo*. Na atualidade, tal prática está quase completamente desaparecida, não obstante ainda existam algumas crenças no uso das "magias negras" que, invadidas pelo misticismo apoiado num pensamento mágico, ainda apelam para rituais cruéis.

Denegrimento: vem do verbo *denegrir*, que designa *enegrecer (tornar negro), escurecer* e, no sentido figurado, *macular, manchar*.

> **NOTA.** Confesso que relutei em incluir este verbete porque mais de uma vez recebi *e-mails* de leitores negros – positivamente diferenciados culturalmente, que, não obstante de forma muito educada e gentil, mostravam indignação por alguns trechos em meus livros em que empreguei esse termo, e lhes dava a impressão de que esse vocábulo pudesse estar aludindo a um possível juízo depreciativo aos negros, coisa que jamais passou pela minha cabeça. Mesmo assim, evito ao máximo usar essa expressão.

Dependência: palavra derivada do verbo *depender* que, em latim, é *dependere*, e que quer dizer *dependurado* (no sentido de que o sujeito fica balançando, amparado num outro).

> **NOTA.** Do vértice da prática analítica, a dependência pode ser *boa* ou *má* (**dz**). Ela é *boa* quando não for excessiva e a pessoa se permite depender, sem submissão, sem rebeldia, com uma recíproca confiança entre quem depende e quem ampara. Enfatizo que se trata de uma dependência sadia, *boa*, pois está dentro da condição do ser humano sempre depender de alguém. Desse modo, um bebê ou uma criança muito pequena têm dependência total da mãe, sendo que posteriormente aprendem a receber e a dar, numa simbiose saudável com outras pessoas, quando já estiverem adultos. A dependência é considerada *má*, nefasta, quando desde muito cedo prevalece uma patogênica relação com a mãe, ou por uma falha materna em preencher as necessidades básicas da criança, que, por isso mesmo, repudia o sentimento de dependência de quem quer que seja, receosa de nova e dolorosa frustração em sua necessidade. O outro extremo – conceder tudo o que a criança quer, sem dar limites, sem nunca frustrar, é igualmente patológico, porque condiciona a criança – o futuro adulto – a ser um dependente crônico, independentemente de sua idade cronológica.

Depleção: este vocábulo, que é pouco empregado em situações normais da vida, está ganhando uma crescente importância na psicanálise, devido ao grande contingente de pacientes que sofrem do, assim denominado, *clínica (ou patologia) do "vazio"* (ver o verbete *vazio*), cuja causa principal é o surgimento dos "vazios", sempre que as necessidades fundamentais (orgânicas ou emocionais) do bebê ou da criança não são suficientemente preenchidas; ou seja, houve uma *depleção* (quantidade bastante diminuída) e, em seu lugar, instalaram-se "vazios".

Depressão: esse vocábulo é originário do latim *depressione*, cujo significado popular, de acordo com a *etimologia*, em português, se forma do prefixo *de* (*retirada*, *ausência*) + *pressão* = *depressão*, e sugere uma significativa baixa do *élan* vital, de modo que o sujeito fica num estado psíquico e físico de apatia, cansaço, falta de dinamismo e forte desânimo.

> **NOTA 1.** Do ponto de vista psiquiátrico e psicanalítico, um estado clínico de depressão pode ser causado tanto por razões genético-hereditárias, caso em que elas costumam ser denominadas como *depressões endógenas* (respondem bem aos medicamentos, aos psicofármacos antidepressivos), quanto por fatores traumáticos existenciais; ou seja, ao longo da vida, pode acontecer a influência de outros fatores que não os endógenos, como, por exemplo, uma identificação do ego com o objeto perdido, um luto não suficientemente bem elaborado, sérias perdas de pessoas queridas e ambivalentemente amadas e odiadas, um excesso de culpas devidas a um superego demasiadamente rígido e punitivo, um fracasso narcisista, além de fatos altamente traumáticos que implicam perdas e rejeições.
>
> **NOTA 2.** Uma outra modalidade de depressão que cada vez mais merece atenção especial é aquela que denominamos como *depressão pós-parto* (não deve ser confundida com *tristeza pós-parto*) que atinge uma significativa parcela de mulheres alguns dias após o parto. Também é útil acentuar o fato de que muitas depressões estão algo mascaradas por outras manifestações, como, por exemplo, **somatizações**, *alcoolismo*, etc.

Derreismo: até algumas décadas atrás, este termo era bastante usado na psiquiatria com uma significação equivalente à de *autismo*, com a finalidade de designar um dos sintomas característicos de algumas formas de esquizofrenia. Não obstante a palavra *derreismo* praticamente ter desaparecido, é útil consignar a sua etimologia; ela provém da fonte latina *de* (= *privação*, *separação*) + *reismus* (= *ajuizar*, *imaginar*, *julgar*, funções fundamentais para uma mente sadia, as quais faltavam no esquizofrênico).

Derrota: indica uma perda de batalha, uma retirada (*de*) estratégica na guerra, no esporte, etc. A formação da palavra *derrota* vem da preposição *de* (= *desfaz*) + *rota* = *derrota*, isto é, há um afastamento da rota originalmente prevista.

Desabrochar: esse verbo comumente é utilizado para referir alguém (um analisando, por exemplo) que começa a abrir-se, a desenvolver-se, a demonstrar um crescimento mental, a resgatar as suas *potencialidades* e a transformá-las em *capacidades*. Alguns etimologistas destacam uma outra possibilidade: a de que "desabrochar" seja o contrário de "brochar", no sentido de perder a potência no ato sexual. Outros estudiosos da *etimologia* aventam a hipótese de que *desabrochar* seja o oposto ao verbo *abrochar* que significa *unir, ligar, prender, abotoar*. Primitivamente, *abrochar* significava apenas prender com broche.

Desafiar: este verbo vem do latim vulgar *fidere*, do qual deriva o verbo latino *fidere*, com a significação de fiar, e daí surgiu fiador *con* + fiar = *confiar*, com o significado em português que todos conhecemos bem. No entanto, se trocarmos *con* pelo prefixo *dês* (significa *excluir*, como em *desligar*), teremos *des*+ *afiar* = desafiar. O significado de *desafiar* era usado como *desconfiar*, o que, no passado primitivo, provocava desafio sob forma de esgrima, de armas de fogo, de guerras, com resultados trágicos. Na atualidade, os desafios assumem o papel de uma luta em que o vencedor é aquele que souber utilizar melhor o instrumento de uma retórica mais brilhante e convincente, sem o risco de provocarem as referidas tragédias, entre feridos, mortos, desonrados e mutilados.

Desamparo: como mostra a *etimologia* da palavra, *des* (= *falta de*) + *amparo* (= proteção dos pais) = *sensação de abandono, por parte da criança*, que repercute como um **trauma** e que vai refletir-se no futuro no adulto, porque suas feridas ficaram extremamente sensíveis para qualquer fato que lhe repercuta como abandono. Na psicanálise, Freud usou a terminologia alemã, com o nome de *Hilflosghkeit*, sendo que neste idioma *Hilflos* significa *desamparo*.

> **NOTA**. O que cabe enfatizar é o fato de que entre tantas formas de estado mental de angústia (de castração, de perseguição, de morte, de perda do amor das pessoas significativas, entre outras mais), a experiência clínica comprova que não tem angústia mais penosa e alarmante para o paciente do que a *angústia do desamparo*. Por exemplo, se o leitor ficar atento em pessoas adictas (a álcool, drogas, etc.), perceberá que na imensa maioria das vezes o fator desencadeante de uma recidiva, ou de uma impulsão irrefreável de procurar o seu vício, é quando ele se sentir rechaçado, mal-amado, desprezado. Em resumo, o viciado, por mais desejoso que esteja de livrar-se da droga, quando se sente desamparado, busca uma ilusão de amparo no seu falso "amigo", embutido na maconha, na cocaína, na bebida alcoólica, etc.

Desastre: esse vocábulo, que é uma espécie de sinônimo de *desgraça, calamidade, fatalidade*, procede do francês *désastre*. No entanto, suas raízes *etimológicas* são bem mais primitivas e remetem para a antiguidade greco-romana, quando a astrologia era uma fonte de saber com grande influência nos povos da época. Desta forma, quando algo de desgraça acontecia, a culpa era atribuída a uma falta de assistência dos astros, em geral, ou a algum astro em particular. A raiz *áster* está ligada a *astro*, daí se formou *desastre*, ou seja, a falta (*des*) do astro (*astre*) protetor.

Descoberta: o significado mais utilizado dessa palavra designa aquilo que se descobriu que está em estado latente ou que, mediante uma busca tenaz, por meio de experiências, pesquisas, observações demoradas, ou porque apareceu por acaso (nesse caso, um bom exemplo é o da importante descoberta da penicilina). A *etimologia* demonstra que a essência de *descoberta* consiste em "retirar (prefixo *des*) as cobertas" que cobrem algo que já existia, porém estava acobertado de alguma forma, como uma tampa, um véu (nesse caso, o verbo mais apropriado é o de **desvelar**, parcialmente ou totalmente. Assim, é útil diferenciarmos *descoberta* de *invenção*, palavra esta que designa algo que foi criado e que ainda não existia antes.

Desejo: vem do latim vulgar *desidiu*, que se forma a partir dos étimos latinos *de* (= privação) + *sidus* (= estrela), o que alude à impossibilidade de alcançar e possuir uma estrela no firmamento, ou seja, o desejo do sujeito de obter algo que lhe está faltando, mas que está muito longe, fora de seu alcance. Não é por nada que a sabedoria popular criou o bordão "*tão longe dos olhos, tão perto do coração*".

> **NOTA.** Freud ligava a formação do desejo com uma memória - que ficou impressa na mente e que persiste na atualidade - de uma antiga necessidade primitiva que foi gratificada de forma muito prazerosa. Assim, a memória da gratificação que lhe deu prazer está intimamente ligada à primitiva etapa do "princípio do prazer". Desta forma, o sujeito, diante de faltas, falhas e frustrações, sente-se estimulado a voltar à época em que era gratificado e daí nasce o desejo que, quando insaciável, passa a ser denominado como **demanda**.

Desenvolvimento: é consensual que essa palavra designa *crescimento, maturidade, aumento, progresso* e coisas equivalentes. Esse vocábulo permite fazer distintas considerações, conforme a perspectiva com que observarmos qual é o tipo, a natureza, o objetivo e a área em que esteja ocorrendo. Do ponto de vista psicanalítico, o importante a registrar é como se processa o desenvolvimento do ser humano, desde a condição de recém-nascido (para muitos autores é desde a condição de feto) até a condição de adulto. Há uma concordância geral na influência de um tripé de fatores que determinam a qualidade do crescimento gradual em direção à saúde ou à patologia (nesse último caso, podemos dizer que o *desenvolvimento* processou-se no modelo de um *crescimento* à moda de "*como cresce um rabo de cavalo*". Os três fatores antes aludidos são:

1. os fatores hereditários – constitucionais;
2. o meio ambiental (muito especialmente o ambiente familiar, com um destaque à importância da figura materna); e
3. as experiências do mundo exterior no decorrer da vida (escola, amigos, igreja, empregos, instituições sociais e desportivas, etc.).

> **NOTA 1.** Ainda no campo da psicanálise, particularmente avento a hipótese de que um de nós, que esteja envolvido de forma sadia, com os personagens de nosso mundo interno, fundamentalmente com os pais do passado, é um sinal de que esteja se desenvolvendo normalmente bem. Porém, se o sujeito estiver enredado com um mau relacionamento com os personagens que moram no interior do seu psiquismo, o seu desenvolvimento de natureza sadia será bastante prejudicado. Assim, levanto a hipótese (**dz**) de que num ensaio algo *etimológico* acredito que nesse último caso, a pessoa só se desenvolverá se conseguir um *des-envolvimento*, isto é, se o indivíduo conseguir dizer "não" (sem agressão; com naturalidade e consideração) aos seus personagens opressores para poder dizer "sim" ao seu próprio ego.
>
> **NOTA 2.** Na situação psicanalítica comumente se forma uma situação paradoxal; não é raro que eu pergunte num grupo de estudo se o analista pode se envolver com o paciente, e quase sempre a resposta é: "claro que não". Reconheço e louvo a fidelidade deles ao que chamamos da *regra da* **neutralidade**, porém, eu digo a eles que, em meu entendimento, o analista não só pode como deve envolver-se com os sentimentos do paciente (angústia, alegria, dúvidas, culpas, medos, perdas, confusão do que fazer, decidir, etc.); pode rir e também lacrimejar junto com o paciente; pode ter um bom continente para a difícil carga transferencial, amorosa, agressiva ou narcisista. Tudo isso (**dz**) resulta num envolvimento da pessoa do analista com o seu paciente. No entanto, cuidado! Existe um requisito fundamental: envolver-se, sim, porém, nunca ficar envolvido! Isto é, deve ficar "fora de" (*des*) "envolvimento", o que gera um 'desenvolvimento no analista e, consequentemente, nos seus pacientes.

Desespero/Desesperança: partindo do relevante vocábulo *esperança*, a *etimologia* nos mostra (**dz**) que quando um determinado paciente está perdendo as esperanças de recuperar a sua saúde mental (situação muito frequente em pacientes depressivos), ele entra em um estado de *des*-esperança (é um estado equivalente ao que, em certos momentos da análise, o paciente entra num estado que denomino de estado psíquico de *desistência* (que é diferente e bastante pior que um estado de *resistência*).

Desidentificação seletiva: o termo "Desidentificação" está assumindo um lugar de grande importância na prática psicanalítica atual, pela razão de que ele designa o fato de que o crescimento de um analisando implica livrar-se de determinadas identificações patogênicas com as figuras parentais, embora possa conservar muitas outras facetas saudáveis de seus pais, com os quais ele quer continuar identificado. Uma vez desidentificado de certos e múltiplos aspectos que lhe eram desarmônicos e opressores, o paciente abre um espaço psíquico para processar novas identificações (ou seja: neo-identificações, mais sadias

> **NOTA 1. (dz)** Por minha responsabilidade, acrescentei o termo "seletiva" (isto é, a expressão "identificação seletiva" não consta na bibliografia psicanalítica, porém eu a considero de importância capital na prática analítica, desde que comecei a observar mais atentamente que muitos pacientes queriam se dar o direito de conservar muitas identificações que gostavam e admiravam nos pais desde criancinhas, porém não conseguiam se libertar de outras identificações parentais que não apreciavam e até detestavam; e não conseguiam porque ficavam impregnados de *medos* (de imaginárias retaliações dos pais), e de *culpas* (especialmente quando os referidos pais forem de natureza "culpígena", ou seja, geram culpas nos filhos), com a sensação de que estavam traindo e sendo desleais com os pais que lhe propiciaram nascer, sustentar e crescer. Assim, acredito que a competência do psicanalista nessas situações é a de fazer o paciente refletir sobre o pleno direito que ele tem de conservar o que julga ser bom para ele, e se livrar dos valores e costumes que lhe sufocam e pelos quais não tem a mínima admiração, pelo contrário, armazenam um surdo desprezo) com a convicção deste tipo de paciente de que ele tem o sagrado direito de fazer uma "seleção", o que não é o mesmo que uma agressão ou um ataque aos pais.
>
> **NOTA 2.** Uma vez que a desidentificação foi bem resolvida, sem medo, vergonha ou culpas, é necessário preencher o vazio que fica e para tanto fazer escolha de novos modelos, pelos quais tenha, no mínimo, uma expressiva admiração. Neste particular, dentre os novos modelos (muitas vezes são professores, ou colegas, amigos e comumente, namorados e cônjuges). No entanto, o que faço questão de frisar é que uma nova (neo) identificação, pode e deve partir do modelo do psicanalista, não só pelo seu domínio da necessária bagagem teórica e domínio da técnica psicanalítica, porém também do que emana da *pessoa real do analista*, de como este enfrenta situações de angústia, de como pensa e raciocina, da pessoa livre que ele transmite ser (e que, espera-se ser

> uma verdade), da sua aceitação das diferenças entre as pessoas com quem convivemos, e demais atributos dessa natureza.

Desilusão: como a *etimologia* da palavra *desilusão* mostra claramente, ela designa um estado psíquico em que o sujeito está perdendo as suas ilusões, fato que tanto pode ser negativo (isto é, uma apatia em fazer imaginações e uma renúncia em tecer fantasias), quanto também pode ser uma sinalização positiva, no sentido de que a pessoa esteja começando a trocar o mundo do *faz de conta*, das ilusões, pelo mundo da realidade, de modo a fazer esse hipotético sujeito se responsabilizar pelos seus atos, conhecer melhor os seus liimites, seus alcances reais e suas limitações.

> **NOTA.** Na psicanálise, o autor que mais se aprofundou no terreno das ilusões foi D. Winnicott, que fez a seguinte assertiva: "*a área da ilusão de onipotência consiste no fato de o bebê vivenciar o seio da mãe como parte de seu próprio corpo; no início, a mãe (ou o analista na situação analítica) deve aceitar essa ilusão (desenvolver a autoestima da criança).*" Porém, aos poucos, deve se processar o que Winnicott denomina como uma progressiva *desilusão das ilusões* até que a criança perceba que ela tem a possessão do seio materno, mas que ela não é o seio e tampouco, que ela seja a dona do referido seio nutridor.

Desistência: a *etimologia* deste vocábulo tem origem no verbo latino *sistere*, que significa, do ponto de vista da psicanálise, *continuar a existir*. Assim, venho propondo este termo porque, na prática clínica, deparamo-nos frequentemente com pacientes que, mais do que estarem em estado de **resistência**, estão em condições muito piores quando imergem num estado de *desistência*. Cabe a afirmativa de que enquanto há *resistência* no paciente, há sinal de vida, diferentemente do estado de *desistência*, caso em que seu único desejo é o de "nada desejar", havendo um preocupante namoro com a morte. Pacientes nessas condições de desistência podem até dar continuidade à análise, porém o fazem de forma robotizada, automática e *apática* (do grego *a* que significa *privação* + *pathós*, que é *paixão*).

> **NOTA.** O importante é que, numa provável **contratransferência** o analista não deve deixar-se contagiar, contratransferencialmente, por essa apatia; pelo contrário, deve tentar usar a sua contratransferência como um importante instrumento que, por meio da

> comunicação não verbal de seus sentimentos de desistência, o paciente faça o analista compreender melhor o drama que se passa no interior de seu psiquismo. O verbo *sistere* ganha uma relevância na etimologia de termos psicanalíticos porque dele derivam importantes vocábulos (com a única diferença de mudança do prefixo), como os já aludidos *resistência*, *desistência*, bem como *existência*, *persistência* e *insistência*, entre outros mais.

Deslumbrar/Deslumbramento: essas duas palavras procedem da mesma raiz *etimológica*, isto é, de *dês* (= *privação de*) + *lumbre* (= *luz*). Creio que uma metáfora ilustre melhor: assim, convido o leitor a imaginar que esteja dirigindo o seu carro numa estrada à noite e vem um outro carro em sentido contrário, com os faróis em luz alta e forte. Qualquer um de nós, nessa circunstância, receberia um jato de luz tão forte que, provavelmente, nos cegasse rapidamente, o suficiente para que pudéssemos causar um acidente. Essa metáfora pretende mostrar que esse *des-lumbramento* pode acontecer numa sala de aula, em que o professor, hipoteticamente, um forte narcisista, esteja mais voltado para deslumbrar seus alunos do que propriamente fazê-los entender e gostar da matéria que ele esteja lecionando. Os alunos se deslumbram, mas pouco aprendem porque estão cegos para a curiosidade; uma possível contestação, algum pensamento criativo que divergisse desse professor, e coisas assim estariam bloqueadas pela cegueira.

> **NOTA.** Ainda um outro exemplo seria o de um namorado seduzindo a sua namorada – ou vice-versa – a ponto de mantê-la "sem luz" para pensar diferente, e não se submeter ao brilho do sedutor. Porém, o melhor exemplo é que esse estado de deslumbramento (idealização excessiva) não raramente acontece na situação de tratamento psicanalítico, quando o terapeuta for excessivamente narcisista e o seu grande objetivo, intencional ou inconsciente, é, de longe, o desejo de *deslumbrar*.

Despedaçamento: expressão traduzida para o português de uma concepção de Lacan que, no idioma francês, era denominada de *corps morcelé*, fenômeno que se refere, segundo ele, a uma primeira *etapa do espelho*, a qual é parte importante na constituição do sujeito. Essa etapa surge nos primeiros seis meses de evolução do bebê, período em que a imagem da totalidade corporal é antecipada à do esquema corporal real. Assim, a criança reage com júbilo diante da imagem visual completa de si mesmo, porque essa imagem contrasta com a fragmentação (= *despedaçamento*, isto é, a imagem corporal ainda está "em pedaços") de seu corpo, que, por razões neurobiológicas ainda não se juntaram. Por exemplo, a criança pequena não concebe que o seu pé, seu nariz, suas sensações corporais provindas de órgãos internos, etc., pertencem a um mesmo e único corpo, o seu!

Despeito: este termo refere-se a um sentimento algo mesclado à inveja, ao ciúme e que alude a um estado de **ressentimento**, um misto de raiva e pesar, devido à decepção com o objeto necessitado, pela preferência que este tenha dado a outrem. Consoante a sua etimologia (Koehler, 1938), a palavra *despeito* vem de *de + spectare*, que significa *olhar de cima para baixo, ficar sobranceiro, desprezar*. No entanto, uma outra possibilidade é a de que ela resulte dos étimos latinos *dês* (= *privação*) + *pectus, pectoris* (= *peito, mente, alma*). Assim, podemos crer (**dz**) que o "despeitado" é o indivíduo que ficou sem (*des*) o peito (*seio provedor*) da mãe, e daí o surgimento de sentimentos invejosos (para a criança não lhe basta unicamente o leite materno nutridor, porque ela fica refém da mãe, no sentido de que depende dos horários dela, da sua boa ou má vontade, da sua saúde ou doença, etc.); por isso a criança só se satisfará plenamente se for a dona de toda a "leitaria" (no sentido de que ela não ficasse dependendo unicamente do leite que é posse de sua mãe). Além disso, a forte sensação de **dependência má** pode gerar sentimentos vingativos e retaliadores que podem complicar a vida adulta.

Déspota: os dicionários o definem como *senhor absoluto, arbitrário e tirano*. A origem etimológica deste termo vem do grego *despotês*, que se forma de (*dómos"= casa*) que, em latim passa a ser *domu* e, daí, *dominu* (*o dono da casa*) + *pot* (= *chefe*), com os derivados *potens, potentis, potente = patrão da casa*. Em latim, o "dono da casa" passou a ser *dominus*, que adquiriu significado de *senhor poderoso*, uma espécie de Deus, sendo que daí deriva o vocábulo *Domingo*, que indica o *dia do Senhor*. Um aspecto curioso é que, com um significado equivalente, o termo inglês *husband* (*marido*, com o significado original de *senhor e dono da casa*) deriva do primitivo *band* (= *senhor*) + *hus* (= *casa*), sendo que a palavra *dono* é a forma masculina de *donna* (*a mulher da casa*).

Desprezo: a etimologia desta palavra, composta pelos étimos latinos *des* (= *falta de*) + *prezar*, indica que o indivíduo que despreza a outrem tem uma significativa falta de apreço, de respeito, de consideração, e substitui esses sentimentos por *desdém*, por *desconsideração*, quando não por *deboche acintoso*. Na falta de uma grave razão real que justifique o desprezo, na imensa maioria das vezes, este está intimamente ligado a uma forte inveja, na base da fábula da raposa que despreza as uvas amadurecidas que não consegue alcançar, racionalizando com o desdém de que não se interessou pelas uvas porque elas estavam "verdes".

Dessignificação: no curso de uma análise, frequentemente o psicanalista percebe que o seu paciente sofre de distorções na significação de fatos, tanto *de* ordem *qualificativa* (isto é, empresta uma *qualidade* excessivamente pejorativa, idealizada ou pecaminosa, etc. para fatos, realmente, de qualidade simples), quanto *uma* resposta *quantitativamente* desproporcional, de modo que em certas situações simples e até banais na realidade, esse tipo de paciente pode dar uma dimensão gigantesca, acompanhada de enorme sofrimento. Porque acontece esse fenômeno de modo tão frequente? A explicação reside no fato de que desde criancinha um determinado paciente carrega em algum canto do seu inconsciente uma "*memória implícita*" de algum fato marcante que foi vivenciado como sendo um trauma, como pode ser ilustrado numa ocorrência com uma paciente minha que sofria de um quadro clínico que costumo chamar de "Complexo de Imerecimento", tal como está exemplificado na Nota que segue.

> **NOTA.** Na realidade, essa paciente, já há longas décadas percebeu que tinha tudo para poder ser uma vencedora na vida (inteligente, séria, empática, competente na sua área de trabalho, e virtudes equivalentes), no entanto, nada dava certo em sua vida, e após certo tempo, algo longo, chegamos a um consenso de que ela, obedecendo ordens provindas do inconsciente, se autossabotava, especialmente quando surgiam progressos promissores de uma melhor qualidade de vida, inevitavelmente ela começava a piorar, sentir-se deprimida e a fugir das portas que lhe estavam abertas para crescer. Foi então que comecei a enfatizar que ela estava sob o jugo de um sentimento de que ela estaria proibida de ser feliz, bem-sucedida, e que isso acontece quando a pessoa está encharcada por culpas, mesmo quando, na maioria das vezes, são culpas indevidas, por razões injustas que estão impressas na sua mente, como sendo merecedoras de serem punidas. Perguntei a ela se tinha tido uma forte influência religiosa para fatos que merecessem punição por ir contra valores morais de Deus, dos pais, professores padres e freiras, etc. A paciente caiu num pranto, disse que sim, mas que nunca me contaria e que eu não insistisse e que esperava que eu a ajudasse fazendo-a esquecer e não lembrar das "coisas imorais e pecaminosas" que ela, na infância e adolescência, cometera. Respeitei seu pedido, porém, como ela me pedira para se esquecer destas lembranças, a minha forma de ver como ela poderia ser ajudada a esquecer é muito simples, disse eu: " a melhor forma de esquecer é a de lembrar", e completei que ela não precisava me responder logo, porém lhe ponderei que, pelo menos, refletisse sobre a frase que pronunciei. O tempo passava, porém de alguma forma ela dava a entender que estava refletindo e que se eu continuasse não a pressionando para contar os fatos, ela achava que dentro de alguns meses mais "desabafaria" comigo.

> Passados uns quatro ou cinco meses, algo ansiosa ela me perguntou se eu estava em condições de ouvir 'imoralidades', atentados ao que Deus prega. Respondi afirmativamente, e a paciente soltou o que ela considerava que seria uma 'explosão da "bomba" que ela carregava. De cabeça baixa, ela decidiu fazer uma confissão, tal como as confissões (não do presente caso) que ela fazia com o padre de sua confiança. Ainda que, de voz quase sumida, ela 'confessou' que desde criança até a adolescência, ela se masturbava seguidamente. Escutei atentamente: nem desdenhei e, muito menos, dei algum sinal, mínimo que fosse, de alguma decepção ou coisa parecida. Pelo contrário, comecei a usar a tática de ela começar a fazer uma "ressignificação" encarar a masturbação como algo natural e, muitas vezes, de natureza saudável, porque faz a menina, a mocinha entrar em contato com a sua anatomia e fisiologia, o surgimento de uma possível ou provável excitação própria de mulheres normais. De forma resumida, o meu objetivo é exemplificar que a ressignificação consistiu, neste caso, fazer a paciente trocar o significado pecaminoso e punidor, por uma nova ("re") significação, totalmente diferente da primeira, e que lhe permita sentir-se livre, principalmente para poder sentir-se feliz, sem pagar o alto preço de autossabotagens e punições.

Destruir: o verbo latino *struere*, do qual derivam raízes como *struo, struis, struxi* e *structum*, significa *colocar uma coisa sobre coisa; construir; dispor; ordenar; inventar; criar; compor; levantar; erguer; meditar; tramar; maquinar*. Assim, o verbo *destruir* se forma pelo prefixo *de* (= *sentido contrário, exclusão de*) + *struere*, e fica com o significado de *não construir* ou acabar com o que está sendo, ou já tinha sido, construído.

Detectar: este verbo significa *revelar* ou *perceber* a existência de algo que está escondido oculto. A etimologia confirma o seu significado: isto é, o prefixo *de* (= *exclusão de*) + o latino *tectum* (= *teto, telhado*), que procede do verbo *tegere* (= *cobrir, abrigar, proteger, encobrir, ocultar, disfarçar, dissimular*), comprova a significação de que *detectar* designa o fato de que alguém está revelando algo que alguém está ocultando.

> **NOTA.** Este vocábulo assume grande importância na situação psicanalítica, visto que cabe ao analista detectar, desvelar, descobrir, junto com o paciente, aspectos importantes que estejam negados pelo consciente, embora estejam presentes no inconsciente. O leitor já deve ter percebido que os verbos *detectar* e *descobrir* têm um significado muito análogo na análise, isto é, o de tirar as "co-

> bertas" ou o "teto" que encobrem, a fim de poder enxergar com mais clareza aquilo que está oculto ou camuflado.

Desvelar: este verbo guarda uma certa sinonímia com "*descobrir* e *detectar*", com a diferença etimológica de que *desvelar* refere-se diretamente à retirada (dês) dos *véus* encobridores.

Diagnóstico: essa palavra tem origem no grego *diagnostikós*, que é composto do prefixo *diá* (= *através de*) + *gnose*, que, em grego, indica *conhecimento*, de modo que diagnóstico indica que por meio de recursos como a observação dos sintomas, o exame clínico, os exames complementares, como radiológicos e laboratoriais, tornam o médico apto para conhecer, com uma boa margem de segurança, qual é a etiologia da verdadeira doença, orgânica ou mental, que está acometendo seu paciente, para, a partir daí, traçar um plano terapêutico.

> **NOTA.** No campo dos transtornos mentais, o psiquiatra está mais preparado para fazer um diagnóstico completo; no caso de transtornos com um forte colorido emocional, também cabe ao psicoterapeuta fazer um diagnóstico, porém não tanto no sentido completo e definitivo, como é o papel do psiquiatra; é bastante útil, contudo, que o psicanalista (seja médico ou não) tenha uma clara visão, da *impressão diagnóstica* acerca da natureza do transtorno emocional do paciente que o procura.

Dialética: esse vocábulo, bastante conhecido e utilizado, nasceu no campo da filosofia grega, com a significação de uso do diálogo ou da discussão como uma arte na oratória com força de argumentação, tanto para um fim laudatório, quanto para um arrazoado crítico ou pejorativo. O notável filósofo alemão W. Hegel deu uma dimensão que teve uma marcante repercussão no mundo ocidental, pelo seu foco nos contrários. Dessa forma, Hegel propôs que a dialética abarca três elementos: a *tese* (um ponto de vista já firmado), seguida de uma *antítese* (é uma compreensão de outrem, que dá um enfoque bastante diferente à tese que está em discussão), e o terceiro momento da dialética, o da *síntese*, na qual existe uma aproximação entre os argumentos da tese e da antítese, sendo que a síntese resultante passa a funcionar como uma nova tese.

> **NOTA.** Inspirado em Bion, acredito que o processo psicanalítico também é uma dialética entre o paciente e o psicanalista. Em ou-

> tras palavras, o paciente traz a sua *tese* (assim, por exemplo, ele diz com convicção: *"Dr, ninguém gosta de mim."*), e o analista não deve cometer o erro de querer convencer seu paciente com fortes comentários contrariando o sentimento e o pensamento deste, quase que numa forma de consolo, a título de apoio; antes disso, pelo contrário, cabe ao psicanalista contemporâneo levantar outros ângulos de observação e reflexão, (por exemplo, alguma pergunta que suscite reflexões, como *"De onde tiraste essa conclusão?"*). Seja qual for a racionalização do paciente, o analista vai escutar com atenção e voltar a levantar outra *antítese*, do tipo: *"Vamos tentar ver a tua sensação e percepção dos fatos com uma outra visão?"*, e levanta outras prováveis ou possíveis causas do seu pessimismo, com o fim de induzir o paciente a pensar de forma menos radical. A *síntese*, eu me permito dizer, corresponde ao que os psicanalistas denominam de **insight** que, por sua vez, vai servir como uma nova tese, que permite uma nova dialética. Em resumo, *dialética* é a arte de raciocinar, discutir e argumentar. A sua etimologia procede da palavra grega *dialektica*, que tem alguma relação com o grego *tekné*.

Diálogo: trata-se de uma *conversação* entre duas ou mais pessoas. Muitos, partindo do equívoco de que o prefixo é o *di*, com o sentido de *dois*, pensam que o diálogo seria uma conversa somente entre duas pessoas. Na verdade, o prefixo é o grego *dia* (designa *através de*) + *logos* (em grego, significa *palavra, estudo, tratado*), de modo que está absolutamente correto falar-se em um diálogo entre várias pessoas.

> **NOTA**. No campo da psicanálise e da psiquiatria, é bastante frequente o estabelecimento de um diálogo entre o grupoterapeuta e os diversos participantes do grupo, bem como um diálogo por parte dos participantes entre si, com concordâncias ou discordâncias, convergências ou divergências, promovendo novas formas de escutar, pensar e sentir.

Diferenças: esta palavra está no plural pela razão de existirem inúmeras modalidades das diferenças. A sua *etimologia* deriva de dois étimos latinos: *di* (designa *dois*, como em *ditongo, díade*, etc.) + *feros*, que significa *conduzir*, tal como aparece no importante vocábulo psicanalítico **transferência**.

> **NOTA**. No processo analítico, é muito relevante o analista trabalhar com um tipo de problema que é quase uma característica

> generalizada em todos os pacientes: refiro-me a uma dificuldade de o paciente aceitar as diferenças entre ele e as demais pessoas, fato que causa sérios problemas na comunicação (muitíssimo frequente entre casais), pois cada um julga que está certo em seus valores e ideias, portanto, o outro está errado e deve mudar, fato que, às vezes, pode gerar intermináveis conflitos e discussões amargas.

Discernir/Discriminar: ambos derivam originalmente do verbo latino *cernere*, cujo significado é *separar, distinguir, perceber, julgar, discernir, decidir, decretar*. Este verbo latino tem um parentesco próximo com o grego *kri*, raiz que significa *separar* (o bem do mal, por exemplo), *julgar*. De *kri* derivou o étimo *krino, krinein*, que, por sua vez, originou o grego *krisis*. A discriminação, portanto, era reconhecida como uma importante função do ego; no entanto, aos poucos foi adquirindo também uma significação pejorativa, no sentido de fazer "separações" raciais, religiosas, étnicas, e também uma distinção entre *gente* (vem de *gen* = de berço rico) e *gentio* (que hoje, muitas vezes, corresponde a "gentinha")..

Dismorfia: na psiquiatria e psicanálise contemporâneas, este termo está muito em voga, substituindo progressivamente a expressão que era a mais utilizada: a de *transtorno da própria imagem corporal*. É um quadro da psicopatologia que se caracteriza pela distorção que determinadas pessoas, contra toda a lógica, fazem de sua estética corporal. Exemplos muito comuns e frequentes aludem a pessoas gordas que se acham magras, ou o inverso, mais comum na atualidade: pessoas magras ou de uma estética bonita e bem proporcionalizada, se imaginam por demais gordas, além de outras inúmeras situações equivalentes (feios que se acham lindos, bonitos que juram ser muito feios, e assim por diante). Daí a palavra *dismorfia* comprova que é a mais adequada pela sua própria *etimologia*, que se forma do prefixo *dis* (= *distúrbio*) + *morphos* (em grego é *forma*, tal como é o significado de *morfologia, o estudo das formas*).

> **NOTA.** Talvez um exemplo mais claro e convincente aconteça no quadro psicopatológico denominado **anorexia nervosa**.

Domínio: a raiz etimológica vem de *dominus*, que, em latim, significa *senhor* (ver o verbete **déspota**), e que tem uma certa sinonímia com o conceito de **possessividade**.

Donjuanismo: esse verbete é bastante conhecido e se refere àqueles homens cujo maior desejo é o de ter a mania de bancar a figura de *Don Juan*, isto é, o personagem da lenda que conseguia seduzir um grande número possível de mulheres, principalmente se elas fossem muito disputadas por um grande número de homens, e o desejo da conquista aumenta muito mais ainda se a mulher cobiçada for casada. Um bom exemplo de uma configuração **narcisista**, que aparece camuflada com uma aparência "edípica", o que configura que a situação do Don Juan é o de uma "pseudogenitalidade", tal como ela aparece nos casos de donjuanismos. Em tais situações, esses sujeitos unicamente "amam" aquelas que os fazem sentir-se amados, ou seja, a intensa atividade genital que exige uma contínua e ininterrupta troca de parceiros, obedece a uma irrefreável e vital necessidade de obter o **reconhecimento** do quanto são capazes de ser amados e desejados.

E

Édipo: figura central de um clássico da mitologia grega, encenado como peça teatral na Grécia, com a autoria de Sófocles. Na mitologia original, o **oráculo** de Tebas profetiza ao rei Laio que seu filho que ia nascer o mataria e casaria com sua mãe, Jocasta. Para fugir deste destino, o rei de Tebas, Laio, confia a um servo a missão de matar o recém-nato, porém, compadecido, o servo decidiu abandonar a criança na selva em vez de matá-la. O desdobramento do mito confirma a profecia, de modo que Édipo mata Laio numa luta em uma encruzilhada e desposa Jocasta. Alguns anos depois, com a revelação da terrível verdade do **incesto** involuntariamente cometido, Édipo, como autopunição, fura seus próprios olhos, ficando cego, enquanto Jocasta se suicida. Freud inspirou-se nesse mito, que trata da relação do triunfo do filho sobre o pai, para estudar o fenômeno da natureza do ser humano e postulou seu famosíssimo *Complexo de Édipo*, que, com as necessárias ampliações de entendimento, tornou-se um conceito medular ainda vigente na psicanálise.

> **NOTA**. Muitos estudiosos atribuem diferentes hipóteses acerca da etimologia do nome *Édipo*. A mais divulgada é a de que o étimo grego *aedypós* (a junção das letras "a" e "e" adquirem o som de

> "é"), que significa *adiposidade*, em razão de que, segundo o mito, os seus pés estavam inchados devido ao fato de que o servo, um pastor, o pendurou numa árvore, protegido por um nó na corda que se fixava aos pés do bebê, que o referido pastor furou, por onde passava a corda, que mantinha o bebê preso, à espera de um possível animal predador, ou de um salvador, que foi o que aconteceu. Assim, o nome Édipo seria uma alusão à "pés inchados, edemaciados".

Educar/Ensinar: muito frequentemente, nas escolas, estas duas palavras são consideradas quase como sinônimas. No entanto, creio que a etimologia possa nos ajudar a compreender uma diferença bastante significativa no que diz respeito à qualidade do crescimento do aluno. Assim (**dz**), entendo que *ensinar* procede dos étimos *em* (= *dentro de*) + *signar* (= *colocar signos*), isto é, 'ensinar pressupõe a que o professor tem por meta maior colocar signos na cabeça e na memória dos alunos (muitas vezes sob a forma de decorar, literalmente, o suficiente para passar nos exames, sem ter a mínima noção do que é para o que vai servir aquilo que "estudou"). Já o verbo *educar* vem dos étimos *e* ou *ex* (= *para fora*, como, por exemplo, a palavra *exterior*, expulsão, etc.) + o verbo latino *ducare*, que significa *conduzir*, como aparece em *condutor*, *aqueducto* (conduz as águas), assim como vale para o italiano *duce* (= ao líder que conduz as massas); o português *duque* com o mesmo significado de liderança.

> **NOTA**. Assim, o termo *educar* tem um significado muito mais nobre e enriquecedor, porquanto ele significa que cabe ao professor (ou ao psicanalista, na situação de tratamento analítico) criar condições para o aluno (ou paciente, ou filho) deixar dirigir para fora - *e* (= *fora*)+ *ducare* (= *dirigir para*) - aquelas potencialidades que estão pedindo passagem, no sentido de pensar raciocinando, com espontaneidade e exercendo uma criatividade livre de medos.

Egossintonia/Egodistonia: esses dois termos têm uma importante aplicação no processo psicanalítico, pela razão de que no tripé da estrutura do psiquismo, isto é, o *id*, o *ego* e o *superego*, o ideal é que exista uma harmonia entre essas três instâncias. No entanto, seguidamente acontece que a harmonia é falsa, ou seja, pode parecer que o sujeito está tranquilo, sereno, em paz consigo mesmo, porém a experiência clínica pode comprovar que essa pessoa está, no fundo, fortemente invadida por conflitos e angustiada, fato que fica encoberto e não muito visível externamente, porque ele se acomodou e se conformou com os seus conflitos neuróticos. Nesses casos, o papel mais importante do psicanalista, num primeiro momento, é o de tentar transformar o comodismo do paciente (o seu ego está em sintonia com sua neurose, daí a *egossintonia*) em uma *egodistonia*, isto é, o paciente necessita ficar inconformado com sua infelicidade e sentimentos penosos, assumindo uma visão consciente diante dos fatores inibidores e sabotadores que procedem do seu inconsciente (*distonia* significa que existe um certo *distúrbio* em seu ego, uma falta de harmonia com as pulsões instintivas do "id" e com as ameaças do superego).

> **NOTA.** Creio que uma breve vinheta clínica possa clarificar melhor o que estamos focando. Numa terapia de grupo, uma paciente de boa condição socioeconômica se jactava de que ela não precisava ter seu carro, sob a alegação de que seu marido lhe apanhava onde ela estivesse e que, ademais, ela era protetora da natureza e não colaboraria para a poluição do meio ambiente, encharcando as ruas da cidade com fumaceira vinda da gasolina ou do óleo queimado e que andar de bicicleta seria muito melhor quando ela necessitasse se locomover. Os seus colegas de grupo discordavam com uma contra-argumentação, mas nada adiantava. Até que um dia em que houve um intenso vendaval, com uma chuva torrencial, formando sérios alagamentos, ela entrou atrasada na sessão grupal, blasfemando contra os "táxis que desapareceram" e contra o marido que não pôde apanhá-la porque ficou preso num alagamento. A partir daí ficou evidente que ela racionalizava, com falsos argumentos, para encobrir uma forte *fobia em dirigir automóveis*, e a continuidade da análise possibilitou que, num estado de *egodistonia*, a paciente reconhecesse que não se atrevia a dirigir pelos seus medos de praticar acidentes em que ela corria o risco de atropelar e matar alguma criança, ou que ela viesse a morrer num grave acidente de trânsito. A partir daí ela entrou numa escola de preparação de motoristas, aprendeu rápido, e, durante longo tempo, repetia que não podia entender por que perdeu tantos anos dependendo dos outros e perdendo o seu direito de ter uma autonomia de movimentos e de iniciativas.

Elaboração: na terminologia original alemã, Freud empregou tanto o termo *Verarbeitung* como *Durcharbeiten*. O leitor já deve ter percebido que os dois vocábulos têm em comum serem derivados de *Arbeit*, que, no idioma alemão, significa *trabalho*. Esses termos costumam ser traduzidos para o português como *elaboração* ou *perlaboração*, sendo que em cada um deles consta o derivado do verbo *laborar*, ou seja, *trabalhar*. Na língua inglesa, o termo alemão foi traduzido como *working-through*, que quer dizer *trabalhar através de*. Todas as expressões mencionadas indicam que o aparelho psíquico, por meio de um trabalho de elaboração, consegue transformar o volume de energia pulsional, derivando-o para outro lugar do psiquismo ou ligando-o para alguma representação no ego. Segundo Freud, pulsões instintivas não elaboradas seriam as maiores responsáveis pela instalação de neuroses, psicoses e transtornos psicossomáticos.

> **NOTA.** Cabe acrescentar que fatos verdadeiramente acontecidos na infância sob a forma de impactos fortemente dolorosos (abandono de um dos pais, perda de alguma figura amada e necessitada, alguma doença orgânica da criança com graves riscos), numa época em que a criança ainda não tinha condições de fazer a elaboração do **trauma**, vão ficar fixados e "imantados" na mente, com uma alta probabilidade de se repetirem de uma forma que os psicanalistas conhecem com a denominação (de Freud) de *compulsão à repetição*. Muitos autores (como Laplanche e Pontalis) ressaltam a necessidade de os analistas diferenciarem os conceitos de *elaboração* e o de *perlaboração*. O primeiro está descrito neste verbete, enquanto *perlaboração* é composto dos étimos latinos *per* (= *para, com o objetivo de*) + *laborare*, ou seja, perlaboração designa, mais especificamente, ater-se às **resistências** que possam estar perturbando a marcha normal da análise, especialmente no que tange a fazer um contato com repressões e negações em geral, de memórias de traumas e de proibições que ainda estão bloqueadas no inconsciente.

Electra (complexo de): o psicanalista Jung, seguindo os passos de Freud, tomou emprestado da mitologia grega o nome da personagem Electra (que matou sua mãe por esta ter assassinado seu pai, Agamenon, quando ele retornava da guerra de Tróia), como contrapartida para o sexo feminino do complexo de Édipo que Freud descreveu inicialmente para o sexo masculino. Jung considerou-os como sinônimos e simétricos entre si, sendo que, no primeiro, Freud discordou radicalmente. A partir dessa posição de Freud, a expressão *complexo de Electra* praticamente desapareceu do jargão psicanalítico.

Elogio: na Grécia antiga, cabia aos poetas fazer o *eulogion*, isto é, o elogio, para as pessoas que estavam sendo homenageadas. Desta forma, a palavra *elogio* deriva dos étimos gregos *eu* (*bom, boa*) + *logion* (= *dizer*) = *dizer bem, a boa palavra*.

Emoção: a palavra emoção deriva do latim *emovere*, ou seja, forma-se a partir de uma certa ação pulsional, um *movimento* na mente. Para M. Klein, o representante mental da pulsão ligada ao objeto é a **fantasia** inconsciente, e o impacto da pulsão sobre o objeto gera a experiência emocional no inconsciente. A partir daí, Bion propõe que a emoção busca uma forma de expressão e uma representação simbólica para ser pensada. Bion também descreve os **vínculos** como uma ligação entre as emoções e as antiemoções (por exemplo: o amor *versus* o antiamor), ou da vivência emocional *versus* o alheamento emocional, e discrimina os distintos tipos e graus das emoções, como a de um estado de paixão, por exemplo.

Empatia: em psicanálise, a palavra *empatia* designa a capacidade de o analista *sentir em si próprio*. Essa tradução parece ser a mais adequada para a expressão *Einfühlung*, que Freud empregou pela primeira vez no capítulo VII de "Psicologia das massas e análise do ego", em 1921, para referir o poder de sentir-se "dentro" do outro, por meio de adequadas identificações projetivas e introjetivas com outrem. *Etimologicamente*, a palavra *empatia* deriva do grego e forma-se dos étimos *em* ou *en* (= dentro de) + *pathós* (= sofrimento, dor). Já o prefixo *sym*, ou *sin* indicam estar *ao lado de*. Fica clara, assim, a importante diferença entre *empatia* e *simpatia*. Também é útil fazer uma distinção entre *empatia* e *intuição*. A primeira é mais própria da área afetiva, enquanto a segunda refere-se mais ao terreno ideativo e pré-cognitivo.

> **NOTA.** Isso é tão importante porque se refere às capacidades mínimas necessárias para um psicanalista, como, para exemplificar, são as que seguem: a *empatia* do analista é um atributo considerado uma condição mínima indispensável juntamente com a capacidade de ser um bom *continente* e com a capacidade de o analista *sobreviver* aos supostos ataques do paciente, de natureza *erótica, agressiva* ou *narcisista*. Assim, para a psicanálise contemporânea, esse tripé de atributos é fundamental, principalmente com pacientes muito regressivos (*borderline*, por exemplo).

Enfermo: palavra correntemente empregada, derivada do latim *infirmu*, cujo significado indica que uma determinada pessoa não (= *in*) está firme (= *firmis*), logo, está fraca, doente. Dessas raízes formaram-se muitas outras palavras com significado similar, como *enfermidade, enfermaria, enfermeira*.

Entusiasmo: na Grécia antiga, o termo grego *enthousiasmos* significava especificamente o momento extraordinário em que uma pessoa com características de vidente, sacerdote ou herói, era "tomada" pelo seu deus, independentemente de qual era o seu credo religioso, quando então ficava num estado de "possuído", num momento de puro êxtase. Do grego passou para o francês *enthousiasme*, já sem qualquer conotação religiosa, até chegar ao português com o significado corriqueiro que todos conhecemos, isto é, o sujeito entusiasmado sente que dentro dele (*en*) está Deus (*theos*), que lhe dá motivação e força.

Epistemologia/Epistemofilia: o vocábulo *epistemologia* deriva do grego *epistéme* (= *ciência*) + *logos* (= estudo), e, portanto, em termos psicanalíticos, designa o *estudo da ciência do conhecimento*. Já o vocábulo *epistemofilia* alude mais especificamente a uma tendência inata da criança em querer conhecer (a raiz grega *filos* significa *amigo de*) as verdades dos fatos que a cercam e para os quais não encontra explicações satisfatórias.

> **NOTA.** Freud considerou a epistemofilia como uma pulsão componente da **libido** e descreveu casos de psicopatologia perversa ligados à má resolução da indagação epistemológica da criança, como acontece nos casos de perversão, como os da *escopofilia* (= *voyeurismo*) e do *exibicionismo*. Um aspecto interessante ligado à epistemofilia é que Freud nunca acreditou que a menina já tivesse um precoce conhecimento da existência da vagina (na qual, segundo ele, na percepção da criança, não passaria de um pênis castrado), enquanto, nos dias atuais, a grande maioria dos autores se inclina pela convicção de que esse conhecimento da vagina já existe muito precocemente na menina.

Eros: inicialmente Freud descrevia as zonas eróticas no corpo da criança e diferenciava o que era de *Eros* (num sentido mais platônico) daquilo que era *sexualidade*, embora diferentemente do que muitos pensam, ele também diferenciava *sexualidade* de *genitalidade*. A partir de "Além do Princípio do Prazer" (1920), Freud introduziu o termo *Eros*, significando o conjunto de *pulsões de vida*, em oposição a *Tanatos*, ligado à *pulsão de morte*. Nessa oportunidade, ele definiu que "*à toda energia de Eros passaremos a chamar de 'libido'*", fato que continua vigente na psicanálise contemporânea. Nesta, predomina a expressão "as múltiplas faces do ego", o que está de acordo com a mitologia grega que enfoca o personagem Eros.

> **NOTA.** Eros, diz o mito, despertou o amor da bela Psique, mas desde o início o romance entre os dois foi marcado pelo desígnio do ódio. Sua mãe, Afrodite (em grego), ou Vênus (em latim), mordida pela inveja da beleza de Psique, tentou servir-se do filho para executar seu terrível plano de vingança contra quem ousava ser mais linda do que ela. Esse mito permite reconhecer o entrecruzamento de múltiplas faces do ser humano, como o amor, a inveja, os castigos vingativos, as tramas sórdidas, enfim, a fusão das múltiplas faces de Eros, fundidas e interagindo com outras tantas faces de Tânatos.

Erotismo: vem do grupo *Eros* + o sufixo *ismo* e, geralmente, alude a um "amor lúbrico" (equivalente a *lascivo* = devasso).

Erotomania: trata-se de alguém que tem forte "mania amorosa", ou seja, tem uma forte compulsão à repetição para atender as suas demandas (desejos insaciáveis) diante de sua excitação na frente de uma pessoa de alta sensualidade. Ultimamente, é de uso popular o nome de "Mal de Douglas" para expressar alguém que sofre de erotomania. Tal denominação (**dz**) procede do ator do cinema norte-americano M. Douglas, que, na sua vida real, procurou internação numa clínica psiquiátrica especializada para se proteger (e à sua família) de seu desejo insaciável e sua total incapacidade de controlar a sua promíscua impulsividade erótica.

Escopofilia (Voyeurismo): a *escopofilia* há muito tempo foi considerada uma forma de *perversão* pela qual o sujeito só consegue encontrar satisfação sexual quando consegue flagrar uma nudez, total ou parcial. Freud estudou esse desvio sexual juntamente com a perversão do *exibicionaismo*, caso em que o sujeito deseja mostrar-se (exibir-se) nu, mais precisamente, exibir as suas partes genitais. Na atualidade, considera-se que as crianças e muitos adultos, que não são perversos, podem ser tentados pelo desejo de olhar pessoas nuas e de serem olhadas em estado de nudez e, mais especificamente, mostrando a sua genitália.

Esfinge (O mito da): este mito tem relação direta com o mito de Édipo. Assim, essa famosa figura mitológica era um monstro alado que tinha rosto e peito de *mulher*, corpo de *leão*, asas de *águia* e cauda de *serpente*. A esfinge propunha enigmas a todas as pessoas que transitassem pelo local onde ela estava, no alto de uma montanha. Quem não resolvesse satisfatoriamente os seus enigmas era imediatamente devorado (daí surgiu o clássico *"decifra-me ou te devoro"*). Naquela época, os habitantes de Tebas estavam aterrorizados com a Esfinge, pois ela devorava os tebanos incapazes de decifrar os enigmas propostos por ela. Diziam que a cidade toda estava correndo perigo. Uma pergunta ficou no ar: por que a Esfinge devora a quem não a decifra?

> **NOTA.** *Etimologicamente, Esfinge* é um vocábulo derivado da raiz grega *sphinx*, que significa *aquela que aperta e sufoca*, literalmente. Assim, alguns autores dizem que a expressão "aperta e sufoca" representa, desde a mais remota Antiguidade, o aperto no peito que sentimos quando a angústia nos invade. É aquilo que nos sufoca quando algo na nossa vida não vai bem. Atendendo o pedido de seu cunhado Creonte, o jovem Édipo, cheio de vitalidade, decidiu enfrentar a Esfinge devoradora que, postando-se diante dele, perguntou-lhe à queima-roupa: *"Qual é o animal que de manhã caminha com quatro pés, ao meio dia com dois e à tarde com três?"* Édipo não hesitou em responder que era o homem, porque pouco tempo após o nascer, engatinha com quatro pés; quando adulto, caminha agilmente com seus dois pés e, no ocaso da vida, apoia-se a uma bengala, que funciona como um terceiro pé. Rai-

> vosa, humilhada e desmoralizada, a Esfinge jogou-se do alto da montanha nas ondas do mar e desapareceu para sempre. Creonte prometera, quando ocupou o lugar do rei Laio após sua morte, que daria a mão de sua irmã Jocasta para aquele que conseguisse matar a monstrenga Esfinge. Deste modo, Édipo, sem saber, casou com a sua mãe, dando origem ao *mito de Édipo*.

Espelho: em termos concretos, a partir do século XVI, o espelho passou a ser fabricado por uma fórmula simples: a de revestir um pedaço de vidro com um amálgama de mercúrio e estanho, conservando a transparência do vidro. *Etimologicamente, a* palavra *espelho* deriva do grego *kátoptron* (cuja origem deriva de *katá*, étimo grego com o sentido de *oposição*) + *optron* (= *visão*). Essa ideia de o espelho estar ligado ao olhar também aparece no francês *miroir* (= *espelho*), derivado de *miratorium* (= *objeto para se mirar*). Deste modo, o português *espelho* é uma continuação do latino *speculum*, o qual passou para o alemão *Spiegel*, enquanto o inglês *mirror* é derivado do francês *miroir*.

Esperança: considero que se trata de uma das palavras mais bonitas, utilizadas e importantes do léxico português. É útil que o leitor leia o verbete de **Pandora**, pois o sentimento de esperança está intimamente ligado ao *mito da caixa de Pandora*. Do ponto de vista da *etimologia*, o vocábulo *esperança* deriva da raiz indo-europeia *spe*, que significa *expandir, aumentar, ter êxito*, levar qualquer projeto adiante, tanto o de natureza física como psíquica. Na passagem para o latim, o *spe* original passou a ser *spes*, e daí se derivou *esperança*.

Cabe mencionar outras palavras derivadas de *spe*, como pro*sperar* (do latim *pro + spere = prosperar, ficar próspero*). Outros derivados da raiz *spe* são *pendere*, que em latim significa *pender, estar pendurado, pêndulo, apêndice*, e daí deriva o verbo *depender* (*de-pender*). Ainda do radical *spe* se origina o órgão sexual *pênis*, que originalmente significava *cauda*, no sentido de "algo que cai" (o verbo latino *cadere* significa cair, de modo que o pênis e a cauda têm uma certa sinonímia porque ambos têm uma extremidade dependurada. Quando o pênis está em máxima ereção, costuma ser chamado de **falo** porque dá uma forte ideia de "poder masculino". Mais um outro derivado de *spe* é *espargir, espalhar*, na agricultura, com os esporos, sementes na terra. E daí também derivam vocábulos como *esperma* e *semente*.

> **NOTA**. Os mais importantes autores psicanalíticos estudaram e conceberam, partindo de vértices diferentes, importantes concepções. Assim, Freud mencionou o *jogo do espelho*, inspirado no seu

neto de um ano e meio, que brincava com o aparecer e desaparecer de sua imagem refletida no espelho, como uma forma de estar elaborando a sua angústia de separação, ou seja, desaparecer seguido de um re-aparecer. Também Lacan, em 1936, descreveu o que ele denominou de estágio (ou *etapa*) *do espelho*, afirmando que a partir dos seis meses a criança começa a conquistar a imagem da totalidade de seu corpo, que até então era toda despedaçada (*corps morcelé*, no original francês). Outro notável autor psicanalítico que se deteve no simbolismo do espelho foi D. Winnicott, cuja concepção pode ser resumida nessa sua bela e relevante frase: *"O primeiro espelho da criatura humana é o rosto da mãe, sobretudo o seu olhar. Ao olhar-se no espelho do rosto materno, o bebê vê-se a si próprio (...). É como se o bebê 'pensasse': quando olho, sou visto, logo, existo! Posso agora, olhar e ver".*

Espírito: essa palavra deriva do latim *spiritu* e tem diversas acepções, sendo que a principal se refere à *parte imaterial do ser humano; alma*; entidade sobrenatural ou imaginária, como os anjos, o diabo, os duendes. Conforme o contexto, *espírito* pode designar *ânimo, índole, graça, humor*.

NOTA. *Espírito, alma* e *psique* são sinônimos, o que, por si só, é suficiente para reconhecermos a importância destes termos na psicanálise. Outro aspecto que vale consignar é que a tradicional expressão "bio-psico-social" vem sendo ampliada para *"bio-psico-sócio-espiritual"*, o que comprova a importância da espiritualidade na saúde orgânica, mental e emocional. Médicos que lidam com pacientes cirúrgicos atestam o quanto pacientes de mau prognóstico diante da cirurgia, quando entram no bloco cirúrgico com um forte desejo de sobreviver (predomínio da *pulsão de vida*), surpreendem o corpo médico com uma excelente recuperação. Infelizmente, a recíproca é verdadeira: pacientes cirúrgicos, de bom prognóstico, se espiritualmente estão à espera da morte, acaba acontecendo que o seu pós-operatório apresenta sérias complicações que não estavam previstas, às vezes, culminando na morte (nesse caso a *pulsão de morte* – tânatos – foi mais intensa do que a de *vida* (eros).

Esquizofrenia: esse termo foi cunhado pelo psiquiatra suíço Bleuler. Até então a esquizofrenia era conhecida como *demência precoce* (atingia muito os jovens). Freud não gostava de nenhum desses dois nomes – utilizava a terminologia de *neurose narcisista* (porque considerava que a principal característica desta doença, da psicose, consistia num desapego da *libido* do mundo exterior e sua *regressão para o ego*, numa espécie de *autismo*. Assim, Freud propôs a denominação de *parafrenia*.

> **NOTA**. *Etimologicamente,* é útil lembrar que o vocábulo *esquizofrenia* resulta dos etmos gregos *schizós* (= *corte, cisão*) + *phrenes* (= mente). *Phrenes* também significa *diafragma* (ou seja, o músculo que separa o tórax do abdome). A relação entre *diafragma* e *mente* decorre do fato de que o poeta Homero, ao observar que *"quando uma pessoa pensa e se expressa, ou está com muita angústia, o seu* diafragma *sobe e desce"*, o que atestaria a relação do diafragma (*phrenes*) com a mente (que, então, também passou a ser denominada "phrenes"). Assim, uma outra palavra derivada, como *oligofrenia*, que é formada do grego *oligos* (= *pouco*) + *frenia* (= *mente*), designa uma *mente deficiente*.

Esquizoide: trabalhando na Escócia, o renomado psicanalista R. Fairbain descreveu uma *posição esquizoide*, com a qual ele queria demonstrar que o nosso psiquismo pode estar algo dissociado (*schizós*, em grego, quer dizer *cisão*) sendo que tudo aquilo que não é aceito pelo ego consciente, tende a ser expelido por meio do mecanismo de projetar em outras pessoas, tal como aparece no verbete que segue.

Esquizoparanoide (Posição): tal como a *etimologia* deste termo designa, os mecanismos defensivos do ego, predominantes nessa "posição", são os de **dissociação**. O étimo grego *esquizo* significa *cisão, corte, divisão*, tal como aparece em **esquizofrenia**, ou seja: divisão da mente; e os mecanismos defensivos de *projeção*.

> **NOTA**. Na clínica psicanalítica de adultos, a manutenção predominante da posição esquizoparanoide, quer por detenção do processo evolutivo, quer por regressão aos primitivos pontos de fixação, transparece, na maioria das vezes, nas manifestações sintomáticas ou caracterológicas nas quais o sujeito, à mercê do uso abusivo de clivagens e de identificações projetivas excessivas, desenvolve sintomas como alucinações, ideação persecutória, etc.

Estigmatizar: esse verbo, em português, origina-se do grego *stigmatizo*, que, em tempos primitivos, aludia a *marcar* com ferrete, por pena considerada infamante; *acusar, censurar* e *condenar* a vítima como a autora de uma ação infame. O maior problema é o fato – nada raro – de que a acusação pode estar sendo equivocada, injusta ou demasiadamente exagerada na pena imposta; porém, mesmo que haja um reparo judicial, a *marca* injuriosa pode permanecer pelo resto da vida, isto é, estigmatiza o transgressor de forma indelével.

> **NOTA.** Todo psiquiatra que vai internar um paciente num hospital ou clínica deve ter a cautela de somente hospitalizar em casos que, sem dúvida, exigem uma internação temporária, porém sempre levando em conta que a referida hospitalização possa perseguir o paciente como um pesado fardo de estigma a carregar ao longo da vida. No entanto, também é verdade que na atualidade os tratamentos feitos em internação hospitalar são muito mais humanitários; com o auxílio da moderna psicofarmacologia e da ambientoterapia, o tempo de internação é muito mais curto e a população em geral já não estigmatiza tanto o paciente, se compararmos com muitas décadas atrás.

Estilo: a frase *"o estilo é o homem"* define bem a importância que, mais restritamente na situação analítica, o estilo da forma de comunicação, tanto da parte das narrativas do paciente quanto da atividade interpretativa do analista, representa para o processo das necessárias "transformações" analíticas. Cada pessoa, ou psicanalista em especial, tem um estilo próprio de comunicar, ser e viver.

> **NOTA.** Relativamente ao estilo de o analista interpretar, é interessante registrar que a palavra *estilo* deriva de *stilus* que, em latim, designa um *estilete com duas pontas*, uma aguda, que serve para cortar, e a outra rombuda, que serve para aparar e dar forma. É importante considerar que, principalmente por parte dos supervisores, os candidatos supervisionandos devem ser preservados e respeitados, ao máximo, nos modos genuínos e autênticos de cada um. No entanto, é necessário alertar que determinados estilos *interpretativos* podem exercer um efeito nocivo ao êxito da análise e se constituírem em erros técnicos, patogênicos, como, por exemplo, os estilos: *superegóico; doutrinário; pedagógico; deslumbrador; pingue-pongue;* e o estilo *intelectualizador* que, acredito, basta serem nomeados para o leitor perceber o porquê dos inconvenientes dos aludidos estilos de interpretar o paciente.

Estresse: é um vocábulo derivado do inglês *stress*, cujo significado – inicialmente mais utilizado no campo da medicina – refere a um conjunto de reações do organismo à agressões de ordem física, psíquica, infecciosa, traumática e outras capazes de perturbar a homeostase (equilíbrio harmônico) do sujeito em estado de estresse.

> **NOTA.** Por sua nítida conotação com o sistema biológico – especialmente com o sistema neurológico e imunológico – devido

> ao fenômeno do atavismo (reaparecimento de características dos descendentes do passado remoto, não necessariamente presentes nos ascendentes), a mente do sujeito reproduz os mecanismos de seus antepassados, bem como do reino animal, e, assim, se prepara para uma luta, por meio de modificações neurobiológicas, com secreção de substâncias químicas, como adrenalina, etc. Para exemplificar: quando o homem pré-histórico ficava frente a frente com um leão, ou com qualquer outro animal predador, era uma questão de vida ou morte, de modo que o organismo tinha que se preparar para fugir ou enfrentar o perigo. Apesar de os problemas que hoje enfrentamos serem de outra natureza, ainda mantemos as mesmas reações que nossos antepassados da Idade da Pedra apresentavam, porque o nosso organismo, a nossa mente, ainda reage da mesma forma, de maneira mais ou menos intensa, diante dos pequenos ou grandes problemas de nossa vida cotidiana. Como consequência, o sujeito estressado costuma apresentar uma excessiva fadiga e é extremamente suscetível a explosões de impulsividade e agressividade (como suposta defesa). A situação de o sujeito ser vulnerável aos estresses aumenta em intensidade quando ele é portador de um superego exigente, perfeccionista e ameaçador. A psiquiatria e a psicanálise estão valorizando bastante o estado mental que vem sendo denominado de *Estresse pós-traumático*.

Estrutura: do latim *structura*, designa um conjunto de elementos que, separadamente, têm funções específicas, porém que são indissociadas entre si, interagem permanentemente e influenciam-se reciprocamente. Com outras palavras: é uma disposição e uma ordenação de partes que compõem um todo. Tem certa sinonímia com a palavra sistema, tal como é empregada na *teoria sistêmica* como um método de atendimento psicoterápico de famílias.

> **NOTA**. Diferentemente da primeira **tópica** de Freud, que ele denominou de *teoria topográfica*, composta de consciente, pré-consciente e inconsciente, a sua segunda teoria foi denominada como *teoria estrutural* da mente, a qual é eminentemente ativa e dinâmica. Essa concepção estruturalista de Freud ficou consolidada a partir de "O Ego e o Id" (1923), e consiste em uma divisão da mente em três instâncias: o *Id*, o *Ego* e o *Superego*.

Ética: estudo dos juízos de aprovação referentes à conduta humana, suscetível de qualificação do ponto de vista do bem e do mal. A *etimologia* refere que *ética* se origina do grego *ethikós*, que passou para o latim *ethicu*, ambos vocábulos referindo-se à moral. A ética é parte fundamental da filosofia, porém gradativamente foi abrangendo todas as atividades profissionais que exercem funções humanísticas, como a medicina em geral, a psiquiatria, a psicanálise, a magistratura, o magistério, etc. Particularmente, permito-me ousar acrescentar outra hipótese à formação do vocábulo *ética*. Vimos que o étimo grego *ethos* designa *costume*, *uso*, *característica* e *caráter* da conduta humana em geral. Por sua vez, a palavra *etologia* vem de *ethos + logos*, formando *etologia*, com o sentido de estudar os hábitos e costumes dos animais soltos na natureza e de suas acomodações às condições do *ambiente*. Partindo daí (**dz**), é possível pensar que, da mesma forma que no reino animal (onde animais de distintas espécies costumam demarcar a sua territorialidade, o seu espaço em relação a outras espécies de animais, por meio de seus dejetos e respectivos odores, e os defendem com "unhas e dentes"), também os seres humanos, valendo-se dos princípios éticos, devem avançar até o máximo de não invadir o espaço ambiental (*ethos*) de outrem, o mesmo valendo para as suas propriedades, posições e valores.

Etimologia: *étymos*, em grego, significa *palavra de origem verdadeira*, que unida com o sufixo *logos* resulta no vocábulo *etimologia*. Destarte, *etimologia* significa o estudo da verdadeira origem e do verdadeiro sentido das palavras.

> **NOTA**. Pode-se afirmar que, pelo menos em três concepções importantes, a psicanálise se beneficiou com uma aproximação a estudos de etólogos:
> 1. O fenômeno denominado, no idioma inglês, de *imprinting* que, transpondo para o português, consiste na observação experimental de que, em alguns animais, as influências ambientais, durante um certo tempo geralmente curto de vida evolutiva, ficam impressas no psiquismo indelével, assim determinando todo o futuro comportamento dos filhotes. Existem estudos que estão especulando a possibilidade de que esse mesmo fenômeno também se processe no ser humano.
> 2. Lacan, para embasar os seus estudos sobre a sua concepção de *especularidade*, utilizou as pesquisas de etólogos que comprovam o fato de que uma pomba não ovula enquanto está só, mas, sim, que a ovulação da pomba se *dá* quando, em determinado momento de seu ciclo, ela for colocada junto com outra pomba ou frente à sua própria imagem refletida por um espelho.
> 3. A etologia demonstra que existe o que cabe denominar de *territorialidade*, isto é, os animais procuram demarcar o seu espaço territorial com suas fezes e urina.

> Importantes estudos estão se processando no sentido de comprovar, ou não, que esses três fenômenos mencionados, de alguma forma, se processam no ser humano.

Etologia: procede de *eto* + *logo* = *tratado dos costumes*, *usos* e *caracteres humanos*; no entanto, conforme o dicionário Aurélio, também designa o estudo dos hábitos dos animais e da sua acomodação às condições do ambiente.

Eutanásia: essa palavra designa a provocação de uma morte serena. Assim, não é nada raro que diante de doenças terminais, sem nenhuma possibilidade de reverter para uma vida que valha a pena ser vivida, o próprio paciente implora para que o médico que o assiste alivie o seu sofrimento atrós e acelere a sua morte inevitável; outras vezes é a família, até como uma forma de um amor caritativo, que decide poupar o seu familiar querido de tanto sofrimento inútil e concorda com o médico que uma eutanásia pode ser uma solução ética, decente e a melhor para quem está vivendo unicamente para esperar a morte. *Etimologicamente* falando, o termo *eutanásia* procede das raízes gregas *eu* (que significa *estado de bem-estar*) + *tanásia*, que deriva do étimo grego *tânatos* (= *deus da morte*). Assim, *eutanásia* significa uma *morte acompanhada de um estado de bem-estar*, principalmente por parte do paciente sofredor em vida.

> **NOTA 1**. Cabe lembrar que a morte de Freud, em 1939, foi provocada pelo seu médico particular, Dr. Schur, por meio de uma injeção endovenosa com uma substância letal, sem sofrimento algum. Foi o próprio Freud, que já não mais suportava o cruel sofrimento devido ao seu crônico câncer do osso maxilar (a mandíbula), que fez o seu médico lhe prometer que quando ele, Freud, lhe solicitasse, ainda em estado de lucidez, que havia chegado a hora o Dr. Schur cumpriria a promessa, que ambos tinham combinado, de ele injetar na veia de Freud a substância que daria ao doente o direito de, finalmente, descansar em paz, para sempre, e isto, de fato, aconteceu em 1939.
>
> **NOTA 2**. A raiz grega *eu* também aparece em palavras derivadas como *euforia* (estado de bem-estar excessivo) como se manifesta em estados maníacos, próprios de "transtorno bipolar". Uma outra palavra derivada é *eugenia* (= *uma boa genética*). Da mesma forma, *eupneia* significa uma *boa respiração* (o oposto disso é a *dispneia* (distúrbio respiratório, falta de ar); *eutimia* designa um estado anímico perfeito, com humor (vem da glândula *timos*), serenidade e tranquilidade.

Evacuação: esse verbo vem do latim *evacuare*, com o significado de *sair de*, deixando livre, vazio, um *vácuo*, daí *e* (= *para fora*) + vácuo = *e-vacuar*. Habitualmente o verbo evacuar é usado como uma forma de dizer *defecar*; no entanto, também é comum o uso em expressões como: ao ouvir o alarme, a plateia *evacuou* a sala.

> **NOTA.** Na psicanálise, o termo *evacuação* aparece frequentemente na obra de Bion, pricipalmente quando ele quer referir que na evolução dos pensamentos e da capacidade para pensar, no princípio, o pensamento ainda é primitivo, composto de sensações que ele denomina como *elementos beta* que ainda não passam de um esboço, razão por que ele também denomina esses *elementos beta* como *protopensamentos* (sendo que o prefixo *protos* quer dizer *estado primitivo*, tal como aparece na palavra *protozoário* (*proto* + *zôo* = a mais primitiva da espécie animal).

Evidência: vem do latim *videns, videntis*, com o significado de *aquilo que se vê, que está alerta*, que lembra atributos de vidente, profeta. A mesma raiz também dá origem aos vocábulos *vidente, evidente, inveja* (*in* + *videre* = *mau olhado*).

Evolução: tem duas prováveis origens:

1. pode ser oriundo do latim *evolare*, que significa *elevar-se voando*;
2. vem do latim *evolutionem*, que designa um *progressivo desenvolvimento* de uma ideia, acontecimento ou ação.

> **NOTA.** A propósito, como o conceito de *evolução* está muito ligado ao de *desenvolvimento*, é possível (**dz**) que às vezes seja necessário que o sujeito (pode ser um analista na situação do vínculo com seu paciente) possa estar *envolvido*, no sentido negativo da palavra, e para evoluir necessita se *des-envolver*, isto é, conseguir sair (= *dês*) de um "envolvimento" maléfico, como seria um envolvimento amoroso, ou por demais íntimo, a ponto de os respectivos papéis do analista e o do paciente ficarem indiscriminados e confundidos.

Excêntrico: diz-se de um *indivíduo* que é *algo diferente dos outros*, é *original, extravagante, esdrúxulo*, algo *esquisito*, assim fazendo juz à sua etimologia, ou seja, o vocábulo *excêntrico* comprova que ele deriva do latim medieval, com o significado de *fora* (= *ex*) + *centro* (no sentido de sair da normalidade). Também é correto dizer que deriva do inglês *eccentric*, com o mesmo significado anterior.

Exibicionismo: de modo geral, este termo significa uma modalidade de **perversão** sexual. Freud caracterizou o exibicionismo como a contraparte da **escopofilia** *(voyeurismo)* e assinalou o fato de que ambas as perversões, costumeiramente apareçam juntas pode ser devido a terem um precursor comum: a finalidade sexual de mirar-se a si próprio. Freud também postulou que na perversão do *exibicionismo*, a ânsia de exibir o seu pênis (geralmente para mocinhas colegiais que correm apavoradas) é utilizada por ele como recurso de um suposto reasseguramento contra os temores de castração e da impotência. Não existe um frequente exibicionismo de genitais na mulher; provavelmente ainda exista a fantasia de que, desde menina, já estava castrada, por isso, segundo Freud, as mulheres, deslocaram sua ânsia de se exibir para a totalidade do corpo.

> **NOTA**. O psicanalista Kohut, ao descrever a sua concepção de *self grandioso* na criança, enfatizou a importância das pessoas que acompanham os passos da evolução da criança respondam positivamente à sua conduta exibicionista – que, para a criança, tem a finalidade de ser aprovada e admirada – de modo que os adultos educadores confirmem seu sentimento inato de grandeza, vigor e perfeição, o que levanta e revigora a autoestima. Faço questão de deixar claro que essa nota referente a Kohut não tem relação com o exibicionismo perverso em relação à genitalidade, não obstante o fato comum de se exibirem, porém sempre levando em conta que há uma enorme diferença entre se exibir por motivos sadios e fazê-lo por motivos doentios.

Existir/Existência: o verbo *existir* deriva dos étimos latinos ex (= *para fora*) + *sistere* (= *direito a ser*), o que está de acordo com a conceituação de *impulso para existir*, seguidamente empregada por Bion. Uma variante de *existir* é quando se troca o prefixo *ex* por *re*, e então formamos o verbo *resistir* e o vocábulo *resistência*, de grande relevância na prática analítica. O contrário de *existência* é *desistência*, quando se troca o prefixo *re* pelo *de*.

> **NOTA**. Para alertar o psicanalista quanto à importância de captar os sinais de vida do paciente, por mais regressivo que ele seja, e entrar em comunhão com esse lado dele que quer *existir*, achei adequado reproduzir essa bela frase de Bion: "*Em algum lugar da situação analítica, sepultada por massas de neuroses, psicoses e demais, existe uma pessoa que pugna por nascer. O analista está comprometido com a tarefa de encontrar a pessoa adulta que pal-*

> *pita nele e, por sua vez, também mostrar que a pessoa adulta ainda é uma criança".* Já o analista Winnicott também pronunciou uma frase bonita e profunda, em que ele enfatiza a necessidade de "*a pessoa sentir que está existindo e, não, unicamente, sobrevivendo*".

Êxtase: é um estado de transe, uma espécie de *sair de si mesmo*. O dito vocábulo procede do grego *ekstasis* (passou para o latim como *êxtase*) e é formado de *ek* (= *fora de*) + *histanai* (= *colocar-se*). Refere a *colocar-se* num arrebatamento íntimo, enlevo, arroubo, encanto excessivo ou uma admiração por coisas sobrenaturais, num estado de pasmo, perplexidade, assombro, numa espécie de *fora de si* (como se tivesse aspirado num lenço embebido por éter). O êxtase também pode significar um orgasmo extraordinário de gozo, masculino ou feminino. No campo da psiquiatria, frequentemente os psiquiatras percebem que determinados momentos de êxtase podem estar sendo devidos a delírios místicos ou a uma demonstração de uma crise histérica de tipo *dissociativo* (ver o verbete **histeria**).

F

Falo: é importante estabelecer distinção entre *falo* e *pênis*. Este último designa concretamente o órgão anatômico masculino, enquanto o termo *falo* tem um significado de natureza simbólica, isto é, de **poder**. Os conceitos de *falo* e de *pênis* muitas vezes se superpõem, tal como acontecia com regularidade na antiguidade. Ainda hoje se pode ver uma grande quantidade de desenhos, esculturas e pinturas nos quais aparece um pênis túrgido representando significados alusivos ao poder, à sabedoria e à fecundidade.

> **NOTA.** *Etimologicamente,* o vocábulo *falo* deriva de *phal,* que, em sânscrito, significa *abrir-se,* como vida, semente, luz. *Phala,* derivado de *Phal,* significa *fruto* e, em sentido figurado, indica recompensa, triunfo. Em alguns livros, consta que o nome *falo* significa um *pênis que está no máximo de sua erecção,* demonstrando poder. É bastante frequente a expressão *mulher fálica,* cujo significado mais difundido e popularizado é o que alude a uma mulher que tenha características consideradas masculinas, especialmente, as de *mandonismo*.

Família: essa palavra deriva do latim *famulus*, que quer dizer *criado*, *escravo*, *servo*, porque significava um conjunto de pessoas humildes, aparentadas, que viviam na mesma casa, principalmente pai, mãe, filhos, trabalhando para patrões que compunham a *gens*, isto é, a *gente*, enquanto os *famulus* (os criados) eram servos. No entanto, o vocábulo *família*, com o sentido de *famulus*, foi se transformando e passou a ser bastante valorizado como a célula básica da sociedade. Assim, adquiriu sua expressão ideológica e de respeitabilidade, principalmente na civilização ocidental, com a expansão do cristianismo e o seu mito da Sagrada Família, composta por São José, Nossa Senhora e o menino Jesus.

> **NOTA.** Nas últimas décadas, diferentemente dos primórdios das famílias constituídas a partir do casamento oficial e do juramento dos noivos do novo casal, ficar juntos até que a "morte os separe" é bem diferente: O número de divórcios mais cedo ou mais tarde, está crescendo numa frequência cada vez mais numerosa. Acompanhando esse fato incontestável, nos últimos anos tem havido imenso crescimento e aceitação da aplicação de terapias de família e de casais.

Fanatismo: o termo *fanático* origina-se do latim *fanaticu*, que vem de *fanum*, cujo signicado é *templo*. Isso designava, originalmente, "aquele que entrava no templo", em oposição ao "profano", que ficava de fora, à entrada do templo. Na antiga Roma, certos sacerdotes "mais fanáticos", que se consideravam inspirados por uma divindade, desfilavam pelas ruas vestidos de preto e armados de machados de duplo gume, dançando e se dilacerando. Na atualidade, é bastante comum que os *fanáticos* também sejam denominados de *fundamentalistas*, cuja característica comum é um excesso de fervor religioso, a ponto de, às vezes, o sujeito fanático pela seita, mutilar a si próprio.

Fantasia: originalmente vem do grego *phantasia*, que passou para o latim com a mesma grafia, e a sua maior significação é a de *imaginação*. Psicanaliticamente, o conceito de *fantasia* se constitui como um elemento fundamental na estruturação do psiquismo de qualquer ser humano. Ademais, considera-se a fantasia como um fator fundamental na etiologia das neuroses. Na psicanálise este vocábulo tem um emprego muito extenso e diversificado, englobando tanto as fantasias *conscientes*, (devaneios, ou "sonhos diurnos") quanto as fantasias *inconscientes*, que ganharam uma enorme importância a partir das concepções de M. Klein.

Fariseu: originalmente esse vocábulo significava *partido*, *dividido*, bem como refere-se à *seita religiosa* do povo judeu no regresso do cativeiro na Babilônia, composta de fervorosos seguidores da lei – muitas vezes, de forma falsa, fingida – cumprida com um exagero que os levava a apartar-se dos outros. *Etimologicamente* a palavra *fariseu* veio do idioma aramaico, em que *pharisch* significa *separação, distinção*. Do aramaico passou para o hebraico como o radical *pharush*, que passou para o grego como *phapharisaios*, para o latim *pharisaeu*, e, finalmente, para o português como *fariseu*, embora com um sentido já modificado do original, sendo considerado em nosso idioma como sinônimo de **hipócrita**.

Fases: o termo *fase*, na psicanálise, em relação à evolução da personalidade desde a condição de bebê, costuma aparecer em textos de distintos autores com outras denominações, tais como *etapa, estádio, estágio, período*, etc. Nos primódios da psicanálise, as *fases* aludiam às principais características que acompanhavam o desenvolvimento da criança. Assim, na fase denominada *oral* (essa palavra vem do latim *os, oris* = *boca*), o maior contacto do bebê com o mundo exterior era por meio da boca (para mamar, etc.). Depois vem a fase *anal* (vem de *ânus*), ou seja, a característica mais marcante estava ligada à evacuação das fezes, embora essa fase também abarque a urina que suja, os dentes que mordem e a atividade motora. Segue-se a fase denominada *fálica*, uma maneira indireta de valorizar a presença da genitália, no caso, do pênis. Seguem outras fases, como a de *latência*, a *perverso-polimorfa*, a *narcisista*, a *do espelho*, etc.

> **NOTA.** Na atualidade é consensual que as fases evolutivas não são estanques e nem de progressão absolutamente linear; antes, elas se transformam, interagem permanentemente e, de alguma forma, permanecem durante toda a vida. Essas últimas características, de maior interação, definem a condição de **posição**, sendo útil, portanto, diferenciar os conceitos de *fase* e de *posição*.

Fé: essa palavra é utilizada com grande frequência em distintos contextos, de modo que tanto é comum dizermos "os crentes têm fé em Deus", no plano religioso, ou "fiéis depositários", no plano de contratos financeiros, ou, ainda, "os tabeliães *dão fé* às escrituras públicas" ou "levo fé no nosso goleiro novo", no plano esportivo, e assim por diante. A raiz *fides* (= *fé*), no latim clássico, aparecia com o sentido de *firmeza, convicção, integridade, autenticidade, crença religiosa*, atributos que merecem o termo **fidelidade**.

Felicidade: a origem deste vocábulo vem do latim antigo *felix* (genitivo *felicis*), que originalmente significava *fértil, frutuoso* (aquilo que dá frutos), *fecundo*.

Assim, posteriormente *felix* passou a designar *feliz, afortunado, satisfeito, alegre*. Para Sócrates, como para todos os filósofos gregos, o segredo de tudo é a *felicidade*. A palavra grega para designar o sentimento de felicidade é *eudaimonia*, que, literalmente, significa *em boa* (= *eu*) *situação no que se refere a* daimons (*demônios* ou *espíritos*). Deste modo, *felicidade* é viver com *bons espíritos*, sendo que os antigos filósofos não definiam o que consideravam "bons espíritos"; antes, eles se referiam a espíritos que estão fora ou dentro da pessoa.

Fetiche/Fetichismo: o termo *fetiche*, que em português tem ligação com a crença de *feitiço*, é empregado em diversos campos do saber humano, e, no passado, derivou do francês *fétiche*, com a significação de um objeto exterior, animado ou inanimado, ao qual se atribui poder sobrenatural ou se presta um culto e uma adoração. A psicanálise tomou este termo emprestado da *antropologia*, ele significa um objeto material venerado como um ídolo. Muito antes de Freud o termo *fetichismo* vinha sendo utilizado pelos sexologistas da época, para designar uma aberração patológica da personalidade, uma espécie de perversão. Assim, em *"Três ensaios sobre a teoria da sexualidade"* (1905), Freud atualizou o termo e concebeu-o do ponto de vista da psicanálise, inicialmente para designar uma perversão sexual, caracterizada pelo fato de que uma parte do corpo (pé, boca, seio, cabelo, sentido de visão ou de cheiro, etc. ou um objeto exterior (sapatos, chapéu, gravatas, calcinhas, tecidos, etc.) ser tomado como objeto exclusivo de uma excitação, ou prática perversa de atos sexuais.

Fidelidade: vem do latim *fidelitatis*, que significa um *bom caráter*, a *qualidade*, a *virtude de quem é fiel*, palavra que, por sua vez, se origina do latim *fidelis*, que significa **fé**.

Figadal (inimigo): é uma expressão bastante utilizada quando alguém quer referir-se a um inimigo com uma significação de ódio, desprezo, repúdio, porém acontece com grande frequência que o acusador, no lugar de usar o termo *figadal*, escreve e fala *fidalgal*, em cujo caso, inadvertidamente, está elogiando o seu desafeto, porquanto *fidalgal* é da mesma raiz de *fidalgo*, portanto, como se o seu inimigo fosse uma figura ilustre. Se o objetivo é o de, realmente, ofender e enfatizar a sua aversão, o correto é dizer *figadal* (derivado de *fígado*, palavra essa que vem do latim *ficatu*, para designar o importante órgão que é o fígado, ou seu sinônimo *hepático*). Por que alusão ao fígado? A razão disso é que para os nossos antepassados, o sangue era considerado o centro da vida e da alma. Pelo fato de que, ao passar pelo fígado, o sangue circulante sai purificado, os antigos imaginavam que fígado e coração se equivaliam como órgãos que sediavam a sensibilidade, os afetos, os humores. Daí nasceu a expressão popular "desopilar o fígado" (a raiz *opilar* significa *obstruir*), de modo que a *desopilação* promoveria alívio e alegria.

Filobatismo: Balint, um psicanalista britânico, criou esse termo para designar, de forma oposta ao seu conceito de **ocnofilia**, a tendência que a pessoa apresenta para buscar a solidão e para buscar grandes espaços abertos. Assim, os filobáticos têm uma propensão para dirigir aviões, praticar alpinismo, etc., de modo que gostam da solidão e de enfrentar desafios e perigos, como uma reafirmação de que não dependem de ninguém. Na verdade, é uma espécie de fuga de riscos e de ficar enclausurado no outro, tal como acontece nas ocnofilias. *Etimologicamente*, é fácil perceber que tanto o termo *ocnofilia*, como o seu oposto, o *filobatismo*, têm na sua composição o étimo grego *philos* (= amigo de).

Filosofia: tanto na origem grega como na latina, a grafia é a mesma: *philosophia*, que se forma a partir a junção dos étimos *philos* ou *filo* (= amigo de) + *sophos* ou *sofos* (= *conhecimento, sabedoria*) = *filosofia*, que, fiel à sua etimologia, significava o estudo que se caracteriza pela intenção de ampliar a compreensão da realidade, no sentido de aprendê-la em toda a sua totalidade, desde o nascimento até a morte infalível, sempre procurando descobrir os "por quês, (perguntas) e "para os quês" (quais finalidades?)

> **NOTA**. Durante muitos anos a filosofia e a psicanálise estiveram separadas, porém, nas últimas décadas está acontecendo uma crescente aproximação de uma sadia *simbiose* conforme a *etimologia* dessa palavra (*sym* = junto de + *bios* = vida) "um dá vida ao outro, ou seja, ambos se nutrem e fortalecem reciprocamente. O psicanalista que mais se aproximou intimamente da filosofia, foi Bion, que tanto se inspirou nos antigos filósofos (pré-socráticos) como em Sócrates e nos filósofos pós-socráticos (Platão, Aristóteles e também os filósofos mais modernos).

Fobia: o termo *fobia* deriva do étimo grego *phobos* (= *medo, pavor*). De fato, na antiga Grécia, para afastar o medo nos combates, os gregos divinizaram a figura de Fobos e os guerreiros o honravam antes de partir para a guerra. Conceitualmente, uma fobia, (em suas diferente e múltiplas modalidades) alude ao pavor irracional que um sujeito demonstra diante de um objeto, um ser vivo ou alguma situação (escuro, elevador, voos, etc.) os quais, por si mesmo, não apresentam nenhum risco real. Assim, acompanhando dezenas de tipos de medos, existe uma grande diversidade terminológica, com os nomes precedidos geralmente de raízes gregas, como, por exemplo: *ágorafobia* (*ágora* = espaço aberto, praça); *claus-*

trofobia, vem de *claustros* (= *espaços fechados*); *hidrofobia* (= *medo de água, rios, mares*); *sociofobia* (= *medo de convívio social coletivo,* como em festas, as quais evitam a todo custo e justificam argumentando com **racionalizações**; *gamofobia* (= *fobia a se casar*).

> **NOTA.** Muitos autores, sucessores de Freud, dedicaram-se ao estudo de *zoofobias infantis*, ou seja, aos terrores que frequentemente certos animais despertam nas crianças. Alguns autores atribuíam esses medos a um atavismo ligado ao evolucionismo darwiniano. Também é útil acrescentar que o sintoma mais típico do fóbico é o da *evitação*, de enfrentar a situação "fobígena", para tanto os fóbicos apelam para as mais diferentes estratégias e racionalizações que encobrem o verdadeiro medo, sabidamente irracional.

Fobosofia: conforme mostra a *etimologia*, *fobosofia* é o oposto de *filosofia*, tendo em vista que nesta última palavra o sujeito tem *amor* aos conhecimentos, enquanto (**dz**) o radical *fobos* designa que o sujeito fobosófico evita, com certo grau de pavor, conhecer certas verdades. A hipótese mais provável é a de que essa pessoa receia esclarecer para si próprio coisas, memórias e sentimentos que estão impressos no seu inconsciente.

For(a)clusão: a grafia utilizada *for(a)clusão* se justifica pelo fato de que, no idioma português, em textos psicanalíticos, esse fenômeno psíquico ora aparece como *forclusão*, ora como *foraclusão,* além de outras formas, como *desestima, repúdio* e *rejeição*. Todas essas denominações desembocam numa forma de *negação* muito intensa, de modo que, em situações psicóticas, a negação é capaz de romper com a realidade exterior e interior. O termo *forclusão* foi cunhado por Lacan, que se inspirou no adjetivo francês *forclusif*, que, na linguagem jurídica francesa, significa a exclusão do uso de um direito que não foi exercido num momento oportuno.

> **NOTA.** Quando relatou o famoso "Caso Schreber" (uma autobiografia de um juiz de direito que estava psicótico), Freud, ao conceber esse fenômeno da negação maciça, denominou com a palavra alemã *verwerfung*. Tanto Freud como Lacan estabeleceram uma distinção entre *forclusão* e **repressão**, baseados na noção de que neste último caso, diferentemente da *forclusão*, aquilo que está excluído jaz no inconsciente e pode voltar à consciência de uma forma simbólica. De forma equivalente, Bion utiliza a grafia "- *K*" (significa um forte desejo de *não conhecer*). Daí resultou menos

> K, já que essa letra é a inicial do inglês *knowledge* (= *conhecer, saber*), especialmente por parte das pessoas portadoras do que Bion denomina como "*parte psicótica da personalidade*". e que rejeitam fazer um reconhecimento de verdades dolorosas, as externas e as internas.

Frustração: o termo *frustração* procede do latim *frustratione*, cujo significado se refere a um estado psíquico daquela pessoa que, pela ausência de um objeto, ou por algum obstáculo interno ou externo, é privada da satisfação de um desejo ou de uma necessidade. Este vocábulo é mais do que conhecido em todas as áreas de vida de cada um de nós; no entanto, do ponto de vista da *psicanálise*, o conceito de *frustração* adquire duas significações opostas, porém complementares.

1. Quando a frustração surge sob a forma de *privação* de algo que se deseja ou de momentos de ausência de alguém desejado e, ou, necessitado, pode-se dizer que são frustrações inevitáveis, como também, na medida certa, pode ser uma frustração que exerce um papel importantíssimo, em relação à função estruturante no desenvolvimento emocional da criança.
2. Por outro lado, quando a frustração tenha sido repetitivamente inadequada nos dois extremos, para mais ou para menos, pode ter sido um fator fortemente desestruturante da criança. Assim, cabe falarmos na *normalidade* e na *patogenia* das frustrações. Na primeira vez que Freud deu um destaque à importância – positiva ou negativa – das frustrações, ele denominou, no idioma alemão, de *Versagung*.

> **NOTA.** Lacan estudou a diferença entre *frustração, privação* e *castração*, e isso pode ser resumido nessa frase de A. Green: "*em virtude da frustração existe algo que não se realiza; em virtude da privação há algo que falta; e em virtude da castração, existe algo que poderia chegar a faltar*". De forma bastante sintetizada, cabe afirmar que a frustração "adequada" promove o crescimento, porque leva a criança a achar soluções para os problemas das falhas e faltas criadas pelas necessárias frustrações e, portanto, vai propiciar uma gradativa capacidade para pensar, simbolizar e criar. Em contrapartida, as frustrações por demais *escassas*, sem colocação de limites, incoerentes entre os educadores ou por demais excessivas, repetitivas, e, principalmente, injustas, promovem um estado mental na criança de confusão, ambiguidade e uma exacerbação dos sentimentos e pulsões agressivo-destrutivas.

Fúria (ou Injúria) narcisista: expressão usada pelo psicanalista *H. Kohut*, fundador da escola psicanalítica denominada *Psicologia do Self*, com a finalidade de designar o fato de que as pessoas portadoras de algum *transtorno narcisista*, por mais amáveis e tranquilas que aparentem ser em condições normais, reagem de maneira furiosa diante de algum tipo de frustração que lhes represente uma afronta à sua ilusão de grandiosidade, um questionamento hostil à sua onipotência e uma injúria à sua autoestima.

G

Gamofilia: a *etimologia* dessa palavra se forma do étimo latino *gamos* (significa *casamento*) + *philos* (= *amigo de*), logo, o vocábulo *gamofilia* quer dizer *vontade de casar*.

Gamofobia: oposto ao verbete anterior, *gamo* + *fobia* (= *medo*; *evitação*), o termo gamofobia alude à tão conhecida situação de que determinados homens ou mulheres têm um verdadeiro pânico de vir a se casar legalmente (a racionalização mais comum é a do "medo de perder a liberdade").

Ganância: esse vocábulo designa *avidez*, uma *ambição demasiada* por dinheiro, que é muito frequente em pessoas que têm uma inveja excessiva, de modo que não conseguem suportar o fato de que não possuem aquilo que seu objeto de inveja possui e, por isso, usam todos os recursos possíveis para também possuir o que lhes falta (dinheiro, mais comumente). A *etimologia* de *ganância* vem do verbo espanhol *ganar*, com o significado de *ambição desmedida*, *usura*.

Genealogia: a composição dos étimos *gene* (que origina *gênese*, *reprodução*, *origem de gênero*, *geração*) + *logia* (que vem do grego *logos*) adquire o significado de "estudo dos nomes de gerações de uma mesma família, às vezes de duração secular ou até mesmo milenar".

Gênio: esse vocábulo se origina do grego *gignere*, que significa *fazer*, *nascer*, *dar origem*, *gerar ideias*, como foram a genialidade de Freud e Einstein, para ficar unicamente em dois exemplos. Do grego, passou para o latim como *genius*. O psicanalista Bion usa indistintamente os termos *gênio*, *místico*, *messias* ou *herói* para designar o indivíduo excepcional que, por ser possuidor e transmissor de ideias novas, constitui uma ameaça ao *establishment* no qual está inserido e, por isso, sofre uma série de distintas atitudes hostis.

> **NOTA.** Segundo Bion, a palavra *gênio* não deve ser entendida como referente a uma pessoa portadora de um altíssimo quociente de inteligência (QI), mas, sim, como designação da pessoa que foi capaz de transformar profundamente determinado **paradigma** vigente em determinada época, até então consensualmente aceito e depois transformado pela influência do gênio, em diferentes áreas (ciências, artes, psicanálise, física, música, etc.).

Genocídio: esse termo designa a supressão de pequenos grupos étnicos, religiosos ou de ideologias políticas completamente opostas. O termo foi usado pela primeira vez no famoso *processo de Nuremberg*, em 1948, em função da matança de muitos milhões de vítimas (na sua imensa maioria, totalmente inocentes) do furor nazista. A *etimologia* de *genocídio* resulta de dois étimos gregos que depois passaram para o latim. Assim, *genocídio* vem de *genes* (em latim é *gens* = o que gera) + o latino *cidium* (= o que mata, assassino) e deriva vocábulos como *homicídio* (= matar um igual) e *suicídio* (vem de *sui* = si próprio), ou seja, alguém que "assassina" sua própria vida.

Gente: palavra muito popular que vem do latim *gens, genti*, cujo significado original é o de *gerar*; nos primeiros tempos se referia à geração de novas crianças que seguiriam a nobreza da família. A palavra *gente* tanto alude a uma pessoa em particular (por exemplo, "fulano é *gente grande* ou *gente fina*"), porém também designa uma forma coletiva, equivalente a povo (por exemplo, "toda *gente* ficou revoltada contra o abuso do governo"). Não obstante a palavra *gente*, no começo, tivesse uma significação laudatória (de *gente* derivou *gentil*), aos poucos começou uma discriminação, partida da igreja, que usou um derivado de *gente*, que é a palavra *gentio*. Isso acontecia nas épocas antigas, quando a igreja usava o termo de forma pejorativa, designando-o como "pagão selvagem", aquele que ainda não recebeu o evangelho. Ainda na atualidade o vocábulo *gentio* está intimamente ligado à *paganismo* e, em certas rodas, é tratado de forma mais desmoralizadora, com expressões do tipo *gentinha* e *gentalha* em casos extremos de desprezo.

Gerontologia/Geriatra: gerontologia vem do grego *geron* (= velho) + *logia* (= estudo de). Já o vocábulo *geriatra*, procede de *velho* (*geron*) + *iatria* (= médico que cura*, de uma forma equivalente à de *psiquiatra, pediatra, fisiatra*, etc.).

Ginecofobia: o étimo *gineco* deriva do grego *gyne, gynaikeion*, que passou para o latim como *gynaicos, ginaceu*. Todos esses radicais designam *mulher*. Desta forma, em português, a palavra *mulher* (= *gineco*) + f*obia* (= *medo de, evitação*) designa aquelas pessoas (mais diretamente, os homens) que têm um enorme medo em se aproximar, de estreitar uma intimidade e de se envolver com mulheres.

Gozo: a etimologia da palavra *gozo* vem do latim *gaudium*, que tem a significação de *satisfação, fruição, prazer*. A maior probabilidade é a de que o latino *gaudium* tenha passado para o espanhol com a palavra *gozo*, pela razão de que a grafia da palavra é com a letra "z", sendo que, se fosse de origem portuguesa, a escrita seria *goço*, como é com as palavras *ouço, vergonça* (arcaico), *almoço*, etc.

> **NOTA.** Na psicanálise, o autor que mais se aprofundou no tema do *gozo* foi Lacan, que conferiu importante significação psicanalítica ao termo, diferenciando-o dos termos **prazer** e **demanda**, estando mais próximo desse último. Embora Freud muito raramente tenha usado o termo *gozo*, foi nele que Lacan se inspirou, mais precisamente naquela constatação de Freud de que o bebê que é amamentado, mesmo depois de saciar sua necessidade orgânica de mamar, demora-se no seio da mãe, fazendo atos de sucção, agora movido por uma sensação de gratificação erógena.

Gradiva: em 1907, Freud publicou "*Delírios e Sonhos na Gradiva de Jensen*", texto fundamentalmente baseado na novela *Gradiva*, de Jensen. Essa publicação é considerada a primeira análise completa de uma obra literária feita por Freud. O cenário desta novela é o de Pompeia, na Itália, e suas ruínas arqueológicas. O personagem principal – Hanold – é um jovem arqueólogo que fica encantado com uma escultura – no museu de Roma – que representa uma jovem caminhando, cujo vestido esvoaçante, um pouco puxado para cima, revela pés calçados com sandálias. Essa figura feminina ganha tanta vida no jovem arqueólogo, especialmente o passo dela, que ele decide cognominá-la de *Gradiva* que, *etimologicamente*, significa *a que avança*. Na verdade, o nome *Gradiva* deve vir do verbo latino *gradior, gressus sum*, que significa *dar passos, andar, marchar*, e que dá origem ao termo *gradus, us* (= *passo, degrau de escada*). Outras importantes palavras derivadas de *gradior* são *agredir, agressividade, regredir*, etc.

Gratidão: o sentimento de gratidão foi particularmente estudado por M. Klein, que destacou sua importância como condição essencial para o sujeito atingir exitosamente a **posição depressiva**, a qual, por sua vez, é a que possibilita a capacidade de formação de **símbolos** e da capacidade para *pensar*. Aliás, essa estreita relação entre a *gratidão* (que faz parte da *posição depressiva*) e o *pensar* está expressa por Heidegger, que fez uma aproximação entre os dois termos. No idioma alemão, *danken* significa *agradecer* e *denken* significa *pensar*. Isso está intimamente conectado com a capacidade de o sujeito, após ter atacado, na realidade ou na fantasia inconsciente, um objeto afetivamente importante, conseguir encontrar condições de fazer uma reparação, começando por uma integração das partes que estão dissociadas, o que permite fazer o reconhecimento de que a pessoa que ele tanto atacou também o ajudou, portanto, também é merecedora de sua gratidão. A *etimologia* do vocábulo *gratidão* provém do latim *gratitudine*, cujo significado designa uma *qualidade de quem é grato*, tem reconhecimento ou agradecimento por quem lhe prestou algum tipo de benefício. Alguns estudiosos de *etimologia* afiançam que o termo latino *gratus, a, um*, procede do original grego *cháritas* (= *graça, agradável, delicioso, agradecido, reconhecido, grato*), além de derivar outras palavras, como *congratular, ingratidão, desgraça*, etc.).

Grupo: o vocábulo *grupo* é conceituado como um *conjunto de pessoas ou de animais*, reunidos e compartilhando interesses. A aplicação da *dinâmica de grupo* de seres humanos ocupa diversas áreas das ciências referentes ao psiquismo humano, inclusive na psicanálise (*grupanálise*, que alude a um objetivo psicanalítico em cada um dos integrantes de um grupoterapeutico). Já a psiquiatria utiliza para objetivos distintos, com *grupos* de diversas modalidades, como *grupos de reflexão, grupos operativos* em escolas, empresas, com droga-adictos, grupos de autoajuda, etc. Também muitos psicólogos e terapeutas em geral estão utilizando bastante a dinâmica inerente aos grupos, no atendimento de casais e de famílias e situações análogas. A *etimologia* de *grupo* procede do italiano *gruppo*, que, por sua vez, origina-se do alemão *Kruppa*.

H

Harmonia/Harmônico: o vocábulo *harmonia* adquiriu importância na psicanálise contemporânea, pelo fato de que um dos objetivos mais relevantes da análise consiste em que as mudanças que se processam têm em vista obter o êxito de o paciente alcançar uma harmonia entre as diferentes partes que compõem o seu psiquismo. Por exemplo, uma harmonia entre as pulsões instintivas e as defesas do ego, bem como também com o superego; ou obter uma harmonia entre a parte infantil (a imatura) do paciente e a sua parte adulta (já bastante amadurecida).

> **NOTA.** Aliás a palavra *harmonia* vem do grego com a mesma grafia de *harmonia*, e é definida pelo dicionário Aurélio como: disposição bem ordenada entre as partes de um todo, proporção, ordem, simetria. O mesmo dicionário dá um destaque especial ao vocábulo *harmonia* no campo da música. Já o termo *harmônico* - que vem do grego *harmonikós* e daí para o latim *harmonicu* - designa que está havendo uma harmonia entre as distintas partes, seja um sujeito harmônico com ele próprio, seja uma música harmônica entre as notas e os instrumentos musicais, ou ainda entre os diferentes estilos arquitetônicos, etc.

Hebefrenia: trata-se de uma das modalidades da **esquizofrenia** que surge inicialmente com sintomas mais evidentes nos adolescentes. Isso está de acordo com a etimologia deste vocábulo, que resulta dos étimos gregos *hebe* (= mocidade) + *frenos* (= *mente*) + o sufixo *ia*.

> **NOTA.** O prefixo *hebe* vem de *Hebe*, que na mitologia grega é o nome da *deusa da juventude*, que servia néctar aos demais deuses e era filha de Zeus (o deus dos deuses) e de Hera, esposa de Zeus.

Hecatombe: os antigos gregos tinham o hábito de orar fazendo sacrifícios de animais aos deuses, por parte tanto dos pobres, que sacrificavam animais pequenos, como pombos, galinhas, às vezes algum animal de porte maior, como cabras ou ovelhas, como parte dos ricos, que preferiam sacrificar animais de grande porte, como porcos e, notadamente, bois. Em algumas vezes em que circunstâncias especiais exigiam obter uma graça maior, eles sacrificavam de uma só vez cem bois (supostamente o sacrifício preferido do deus Apolo), daí vem o vocábulo *hecatombe* que reflete diretamente o significado referente ao sacrifício de cem bois, tal como comprova a *etimologia* provinda do grego *hekatombê*, literalmente resultante dos étimos *hekaton* (= *cem*, tal como a palavra *hectômetro*, que indica 100 metros) + *bous* (= *boi*). Acontece que o sacrifício de cem bois deve ter provocado um intenso derramamento de sangue que provavelmente impressionou muito a população, a ponto de diminuírem os aludidos sacrifícios, mas o termo *hecatombe* continua a ser usado para qualquer tipo de tragédia sangrenta.

Hermafroditismo/Hermafrodito: a palavra *hermafroditismo* tem origem no nome grego *hermaphroditós* – figura da mitologia grega, filho de *Hermes* (ou *Mercúrio*, para o idioma romano) – o deus mensageiro (o único a ligar o Olimpo sagrado com a Terra), o condutor dos caminhos e meios para se viver; o deus Hermes também é considerado o condutor das almas para a ressurreição. Hermaphrotós nasceu de uma união de Hermes com *Afrodite* – deusa da beleza, do amor e da entrega. Creio (**dz**) que, na mitologia, cabe supor que esse casal de deuses deu o nome de *Hermaphroditós* para o filho porque esse nome é composto pelo nome de cada um deles, como uma forma de perpetuá-los (é clássico o enorme narcisismo dos deuses do Olimpo). Assim, o derivado vocábulo *hermafrodito* significa um estado anormal do corpo de um ser que reúne em si as características de ambos os sexos. Alguns autores preferem definir *hermafrodito* como um dos dois aspectos que seguem e que, ao que me parece, se superpoem:

1. Pessoa portadora concomitantemente dos órgãos genitais do sexo masculino e do feminino.
2. Um estado anormal do corpo, que reúne em si os caracteres de ambos sexos, com predominância de um deles.

Hermenêutica: palavra oriunda do grego *hermeneutés*, que significa a interpretação do sentido das palavras, das frases e dos textos, principalmente no que tange aos textos sagrados e à interpretação das leis jurídicas. A palavra *hermenêutica* se origina de Hermes, um deus grego que costuma ser representado como uma figura de homem com asas no chapéu (simbolicamente para se elevar ao céu) ou nas sandálias (para aterrisar), encarregado da mobilidade e de levar mensagens, interpretando-as quanto ao seu real significado. Assim, segundo o mito, Hermes (ou Mercúrio), como mensageiro dos deuses, procurou transmitir aquilo que estava além da compreensão humana.

> **NOTA**. Mais diretamente no campo da psicanálise, cabe fazer uma equivalência da arte da hermenêutica em interpretar o sentido, principalmente quando ambíguo, de palavras e frases, com a arte da "interpretação" do psicanalista em relação ao que o paciente diz, sente e faz. Igualmente cabe dizer que esta área semiótica da interpretação pode lembrar as características dos **oráculos**, ou seja, também cada paciente emana signos e mensagens de múltiplos significados, que necessitam ser decodificados diferentemente a cada vez, de acordo com a situação e o momento particular de cada paciente e do intérprete, no caso, o analista. Um outro aspecto referente a Hermes que cabe consignar é o fato de que ele, ao mesmo tempo, tanto revela as mensa-

> gens quanto também as oculta, sendo que este último aspecto gerou a palavra *hermético*, que significa algo ou alguém que está fechado, oculto.

Herói: *etimologicamente* este vocábulo se origina do grego *héros*, que, em latim, ficou *heroe*, e que significa um homem extraordinário com seus feitos guerreiros. Na *mitologia* greco-romana o termo *herói* designava um *semideus*.

> **NOTA**. Na psicanálise, o termo *herói* é bastante utilizado nos textos de Bion, que, às vezes, também o chama de *gênio*, com a significação daquela pessoa que teve a coragem de se opor ao *establishment*, de modo a propor uma outra concepção oposta a dos paradigmas clássicos para certa época (como Freud, por exemplo). Alguns autores, como Salis -2003, afirmam que a palavra *herói*, em grego, significa *aquele que encontra o caminho do sagrado*.

Heurística: vem do grego *heurisco* que significa *achar*. Segundo o dicionário Aurélio, trata-se de um *conjunto de regras e métodos que conduzem à descobertas, à invenção e à resolução de problemas*. Igualmente, também se refere a um procedimento pedagógico pelo qual se leva o aluno a descobrir por si mesmo a verdade que lhe querem inculcar.

> **NOTA**. Como o leitor já deve ter percebido, a *heurística* é uma síntese do objetivo e dos procedimentos da psicanálise contemporânea. Também do ponto de vista da *etimologia*, tudo leva a crer que os vocábulos *heurística* e *heureka* (esta última significa *achei, encontrei*!!!, e emprega-se quando da resolução de algum problema difícil) pertencem a uma mesma família linguística.

Híbrido: vem do vocábulo grego *hybris*, que passou para o latim como *hybrida*, e refere o ser que nasce resultante do cruzamento, da miscigenação de espécies diferentes. Os antigos gregos consideravam o ser híbrido uma espécie de 'monstro' porque ele transgredia e violava as leis naturais. Exemplos podem ser colhidos na espécie humana, no reino animal ou vegetal, na formação de palavras (uma palavra composta, por exemplo, por um étimo grego e um outro latino). Um exemplo clássico é o de uma mula, que é um híbrido do asno e da égua, ou do cavalo e da jumenta.

Hierarquia: a raiz grega *hieros* refere-se a tudo que é sagrado, divino. Dessa significação derivam inúmeras palavras, como *hieralgia*, que é a dor (*algia*) no osso sacro (confesso que não consegui descobrir porque esse osso ganhou a categoria de "sagrado" (*sacer*, em latim, assim como também se diz música *sacra*). Outro derivado de *hieros* é *hierarquia*, que designa *ordem e subordinação dos poderes eclesiásticos, civis e militares*, numa pirâmide que vai do ponto mais alto, superior, e principal (o que corresponde ao grego *arquis* que significa *primeiro, superior*). O derivado *hierofante* designa o sacerdote, na antiga Grécia, que presidia os mistérios, sendo que na antiga Roma aludia ao *grãopontífice*. Já o derivado *hieróglifo* refere-se a signos sagrados esculpidos em blocos de pedra (o mais famoso foi aquele decifrado pelo egiptólogo francês Champollion, que decifrou os hieróglifos egípcios na antiga inscrição esculpida na pedra Roseta.

> **NOTA**. Creio que cabe destacar a importância que o conceito de *hieraraquia* adquiriu na atualidade, portanto, também na psicanálise, no sentido da valorização de que haja uma aquisição para todas as pessoas de um grupo de trabalho ou em qualquer instituição, inclusive o de uma família, para que cada um conheça o seu lugar, sua posição, seu papel, sua função, seus limites, dos seus alcances, suas limitações, e, sobretudo, as posições equivalentes dos demais participantes de um grupo. Em caso contrário, quando não há esse mínimo de organização, os papéis se confundem, o que gera um clima de confusão e, até mesmo, de caos. Assim, também pode haver uma inversão de posições (sargentos que mandam nos oficiais – em certa época isso aconteceu no Brasil; filhos que mandam nos pais e que fatalmente convergem para um estado de caos, de família desorganizada e desestruturada, etc.).

Higiene: é a parte da medicina que trata dos meios de conservar a saúde, a sanidade do corpo, individual e coletiva, e também é válida a expressão "higiene mental", caso em que a pessoa tem hábitos de saber curtir prazeres e lazeres sadios para o psiquismo. A *etimologia* de *higiene* provém de h*yigieia*, nome da deusa grega da saúde, bastante venerada em Atenas. Essa raiz grega passou para o latim como *higeia*, de onde derivaram palavras como *higiene*, *higidez* (estado de saúde completa), *hígida* (pessoa com perfeita saúde).

Hipérbole: o importante na *etimologia* desse vocábulo é o prefixo grego *yipér*, que designa *por cima, posição de superioridade*. Nos dicionários, o vocábulo *hipérbole* significa figura que *engrandece ou diminui exageradamente*. Bion emprega este termo na psicanálise para designar um tipo de **transformação** na qual há uma intensa deformação dos fatos originais. Na situação de um tratamento psicanalítico, a hipérbole pode se manifestar como uma tentativa desesperada de o paciente se fazer entender pelo seu analista por meio do exagero dos sintomas, do uso superlativo da linguagem e de excessivas **identificações** projetivas. Isso costuma aparecer mais frequentemente em pacientes que não estão se sentindo *escutados*, tampouco compreendidos pelo seu terapeuta. Bion destaca que nesses casos o raciocínio do sujeito é algo como: *"se não consigo a 'qualidade', vou tentar a 'quantidade'* (hiper)*; se não consigo ser claro ou me fazer compreender verbalmente, ainda me resta o recurso de me apoiar sobre as ações* (muitas vezes, sob a forma de atuações).

> **NOTA.** Na situação clínica, a hipérbole pode se manifestar como tentativa desesperada de o paciente se fazer entender por meio do exagero dos sintomas, do uso superlativo da linguagem, algo dramática, e por meio de identificações projetivas maciças.

Hipnose/Hipnotismo: estas duas palavras derivam do termo grego *hipnos*, que é o nome do deus grego do sono, filho da Noite e irmão da Morte. Dessa raiz derivam vocábulos como *hipnose*, *hipnótico* (agente medicinal que promove o sonho); *hipnotismo* (procedimento para produzir – por sugestão – um estado de torpor, de hipnose, que torna o paciente sujeito à influência do *hipnotizador*). Este método, no passado (e ainda um pouco no presente), era empregado para tentar curar neuroses. Contemporâneo de Freud, em Paris, pontificava o mestre Charcot, inicialmente para fins de espetáculos públicos e, num segundo momento, como um método científico de pesquisa e tratamento.

> **NOTA.** Freud acompanhou os trabalhos de Charcot e de outros pesquisadores da hipnose (também na França); ensaiou aplicar o método em pacientes seus, em Viena, com resultados muito pouco eficientes, visto que era um mau hipnotizador, de sorte que ele hipnotizava sem convicção e fé neste método e por isso fracassava. Na verdade, Freud estava mais interessado em obter subsídios sobre os mistérios do psiquismo inconsciente que os experimentos hipnóticos lhe propiciavam do que em sua prática clínica. Deste modo, Freud abandonou o recurso da hipnose e o substituiu pela **catarse** e **ab-reação**, por meio da técnica da *livre associação de ideias*, o que lhe abriu as portas para a busca da decifração dos sonhos.

Hipocondria: este vocábulo designa uma condição de doença imaginária, na qual o sujeito, de forma crônica, sofre dores e outros desconfortos atribuídos a outros órgãos, geralmente de localização vaga e errática. Comumente as sensações corporais vêm acompanhadas por um subjacente temor de uma ameaça de risco de *morte. Etimologicamete*, o termo *hipocondria* deriva dos étimos gregos *hipos* (= *abaixo de*; *sob*) + *khondros* (= *cartilagem*, no caso, das costelas que ficam no lado direito do abdomem), numa clara alusão à localização do fígado, órgão ao qual os antigos (e, ainda hoje, por parte de muitos) costumavam imputar a responsabilidade pela maioria dos males orgânicos.

Hipocrisia: no antigo teatro grego, os atores eram chamados de *hipócritas*, pela razão de que, *etimologicamente*, a palavra *hipócrita* tem origem na raiz indo-europeia *krei* (que dá uma ideia de *separação*), passou para o grego com o verbo *krinein* (quer dizer *separar, julgar, discriminar*) e também derivou o verbo grego *hypokrinesthai* (= *fingir*). Do grego passou para o latim *hypocrisis*, que significa *fingimento, imitação* e *representação teatral*, depois passou a significar *virtude pretensa, falsa devoção*. Assim, vindo do latim clássico, *hypocrisis* tinha dois sentidos: o sentido original, focando o teatro, com os recursos de *mímica*, representação e declamação. O segundo sentido derivado da raiz original é o mais importante, no seu significado na atualidade: é a designação dada a pessoas que se notabilizam por usar demasiadamente o *fingimento*, a *falsidade*, a *simulação* e coisas afins.

Hipomania: como a *etimologia* está demonstrando, trata-se de um estado psíquico que está algo alterado, porém numa condição abaixo, mais fraca (o prefixo grego *hipo*) do que o estado de **mania** própria dos estados mentais da *bipolaridade*.

Hipótese: vem do grego *hipóthesis*, que passou para o latim como *hipóthese*, com o significado de alguma *conjetura, proposição interessante*, porém que ainda não confirmou um verdadeiro respaldo científico. Avento a possibilidade de que a etimologia da palavra *hipótese* possa se originar (**d.z.**) dos étimos gregos *hipo* (= *nível inferior, abaixo*) + *thésis* (= *tese*), portanto, algo confirmado, superior a uma mera conjetura.

> **NOTA.** Tanto na teoria quanto na metapsicologia e na prática da psicanálise, as hipóteses ocupam um lugar importante, porquanto autores ficam à espera de comprovação e estimulam reflexões e muito estudo. Quanto à importância na parte técnica e prática

> da psicanálise, sou dos que pensam que (**dz**) as *"interpretações que o analista 'dá' ao paciente devem ser consideradas meras hipóteses que façam o paciente refletir, aceitar ou contestá-las."*

Histeria: o nome *Histeria* – um dos principais quadros clínicos na psicopatologia da psiquiatria e da psicanálise – *etimologicamente* é um derivado de *hysteros* que, em grego, significa *útero* e, basta isso para termos uma clara ideia que os antigos atribuíam unicamente às mulheres a condição de portadoras desse transtorno psicológico. Mais ainda, também havia a crença de que as mulheres histéricas estariam sendo presas de "maus espíritos" e, por isso, deveriam ser banidas da comunidade ou submetidas a rituais de exorcismo, por meio de torturas. Na atualidade, ninguém mais contesta que os homens também podem apresentar um quadro clínico tipicamente histérico (muito baixa tolerância às frustrações; uso consistente de alguma forma de sedução; forma de narrar algo de maneira hiperbólica; supervalorização dos cuidados estéticos ligados ao corpo, etc.). De forma bastante resumida, cabe dizer que o *"histérico é um adulto que funciona como uma criança de três, quatro ou cinco anos"* (Zimerman).

> **NOTA**. Na medida em que escasseiam cada vez mais as histerias com os sintomas dramáticos dos primeiros tempos de Freud, em proporção inversa, abundam os escritos sobre os *transtornos da personalidade histérica*.

Histrionismo: o transtorno de *personalidade histriônica* é uma forma mais regressiva do que a histeria, porque as suas manifestações são muito mais floridas e teatrais, a ponto de alguns apontarem para um possível parentesco entre histrionismo e os estados **borderline**. *Etimologicamente,* o termo *histrião*, na Roma antiga, designava os atores que representavam farsas burlescas, grosseiras e bufonas, enquanto nas *histerias* o termo *histrião* alude às pessoas que representam ser aquilo que, de fato, não são, mas fingem ser: são falsas e teatrais, inclusive são impostoras na sexualidade, por meio de aparência de uma "hiperfeminilidade". O equivalente nos homens é o de uma aparente "hipermasculinidade" (talvez o "Don Juan", em algumas situações, seja um bom exemplo). A palavra *histrião* vem do latim *histrionem*, que deriva de *hyster*, que era usado para designar *comediante*.

Holding: o psicanalista inglês D. Winnicott criou este termo com a finalidade de significar literalmente a função de como a mãe sustentava fisicamente o seu bebê, de como o segurava e encaixava no corpo. Isso está de acordo com a etimologia da expressão *holding*, que deriva do verbo *to hold*, que, no idioma inglês significa *sustentar*.

> **NOTA**. Posteriormente, dando-se conta da enorme importância da relação mãe-bebê, Winnicott ampliou o conceito de *holding*, incluindo os aspectos de como a mãe sustenta *emocionalmente* as necessidades e angústias do filho, especialmente nos primórdios do desenvolvimento emocional primitivo, o que adquire enorme importância na determinação da estruturação do psiquismo da criança, futuro adulto. Muitos analistas equiparam a função *holding* de Winnicott com a noção de *continente* de Bion, não obstante existam diferenças entre ambos.

Holístico: a evolução que acompanha o ser humano durante longos milênios, na atualidade, manifesta uma larga supremacia de um pensamento *totalista*, ou seja, *holístico*, de acordo com a *etimologia* dessa palavra, que deriva da raiz grega *holos* (ou *ollon*), que significa *partes organizadas em uma totalidade*, em que as partes dos diferentes fenômenos da natureza do ser humano, por mais importantes que elas sejam, na atualidade, não são mais vistas isoladamente; antes, a relevância incide no todo, que resulta da forma de combinação e dos arranjos das diversas partes constituintes da totalidade, cada uma delas desempenhando algum tipo de função.

> **NOTA (dz)**. Talvez uma metáfora esclareça melhor: partindo da escala musical, as sete notas musicais – dó, ré, mi, fá, sol, lá, si – isoladamente, podem propiciar algum simples acorde musical; no entanto, a combinação de todas as sete notas, de acordo com o arranjo e as variações de cada uma delas (dó maior ou menor, bemol, sustenido, etc.), pode produzir diferentes ritmos ou até mesmo extraordinários e belos concertos musicais. Transpondo para o processo analítico, uma visão holística por parte do analista (e, a partir dele, passando para o paciente) é um elemento imprescindível no vínculo analista-paciente.

Holocausto: existe a hipótese de que os sacrifícios dos animais, que eram queimados com o propósito de que o odor da fumaça levasse aos deuses a notícia que propiciasse a graça pedida pelo devoto e, daí, surgiu o vocábulo grego *holokaustos*, ou seja, *totalmente queimado*, composto dos étimos *holos* (= inteiro, total) + o verbo *kauein* (= *queimar*).

Homérico: trata-se e uma expressão bastante utilizada quando a pessoa que fala quer enaltecer, com exagero, algum fato, coisa, pessoa ou acontecimento grandioso. Por essa razão a *etimologia* dessa expressão está diretamente ligada à figura do poeta grego Homero, que era considerado pelos gregos como uma pessoa grandiosa, extraordinária, fora do comum, tal como atestam os seus clássicos Ilíada e Odisseia.

Homicídio: é o mesmo que *assassinato*, ou seja, é a morte de uma pessoa que foi praticada por outrem, um assassino (o *homicida*). A *etimologia* do vocábulo vem do latim *homicidium*, cujos componentes são os étimos latinos *homi*, abreviação do genitivo *hominis*, ou seja, *de homem*, + *cidium*, cujo cognato *caedere* (= *matar*) compõe a palavra *homicídio*, da mesma forma que *suicídio* se forma de *sui* (= *a si mesmo*) + *cidium* = *matar*.

Homoerotismo/Homossexualidade: essas duas palavras são praticamente sinônimas; acontece que o termo *homossexualidade*, com o passar dos anos, foi cada vez mais adquirindo uma significação pejorativa e estigmatizadora do ponto de vista do convívio social na comunidade. Por essa razão, na atualidade há uma forte tendência a substituir *homossexualidade* por *homoerotismo* ou, simplesmente, por *gay*. Tanto a palavra *homossexual*, como *homoerótico* derivam do étimo grego *homo* (= *igual, semelhante*) + *sexus*, e do grego *eros* (que passou para o latim como *cupido*) respectivamente. Figura da mitologia grega, Eros era filho de Vênus, o deus do amor.

> **NOTA.** A psicanálise contemporânea considera que, antes de ser enquadrada em uma única categoria nosológica – como *perversão*, por exemplo – a homossexualidade deve ser compreendida como uma "síndrome", isto é, diversas causas etiológicas podem expressar-se por meio de uma mesma manifestação sintomática de homossexualidade. Além disso, muitas correntes psiquiátricas consideram a homossexualidade não como uma patologia, mas, antes, como um legítimo direito de o sujeito optar livremente pelo exercício da modalidade sexual que mais lhe aprouver. Ademais, os homens manifestamente efeminados, ou as mulheres de aspecto chamativamente viril, constituem somente uma pequena porcentagem da população homossexual e, ainda mais, nem todo efeminado é homossexual e a recíproca também é verdadeira. Para completar, cabe destacar o fato de que, cada vez mais, os homossexuais estão tomando uma atitude corajosa de assumir publicamente a sua condição, organizando-se em fortes movimentos *gay*, e estão ganhando um crescente espaço de respeitabilidade, de ligação conjugal legal em muitas nações, assim como, igualmente, uma aceitação natural em forças militares, políticas ou empresariais.

Honestidade/Honra: essas duas palavras são aparentadas; a primeira delas, *honestidade*, do latim *honestu*, designa a qualidade de o sujeito ser honesto, ou seja, ter *dignidade, honradez, fidelidade, probidade, decoro, decência* e também foi usada, principalmente para as moças, como elogio por sua *castidade, pureza, virtude* que agrade aos pais e a Deus, ser uma "moça honesta". Por sua vez, o termo *honra* é um derivado do verbo latino *honrar* – em latim é *honorare* –, com o significado dos mesmos louvores que caracterizaram o vocábulo *honestidade*. A palavra *honrado* é o particípio passado de *honrar*. Outros derivados relevantes são as conhecidas palavras *honorável, honorífico, honradez, honoris causa, honorabilidade*, todos *etimologicamente* provindas da mesma raiz, o étimo latino *honos*, que procede do idioma indo-europeu *hon*, que significa *cheio de virtudes*.

Hostilidade: o adjetivo *hostil* vem do latim *hostile*, cuja significação é *contrário, adverso, inimigo, agressivo, provocante*, às vezes, *cruel*. A *hostilidade* deriva do latim *hostilitate*, que designa a qualidade de o sujeito ser hostil.

> **NOTA.** No processo psicanalítico, nas vezes em que o paciente hostiliza o terapeuta, a psicanálise costuma denominar de **transferência** negativa. O importante é que o analista saiba distinguir quando é um ataque meramente de agressão, pela linguagem verbal ou pela conduta, ou quando a hostilidade se manifesta no sentido da *transferência negativa*. Neste caso, o paciente pode estar progredindo, por estar experimentando o limite de seu terapeuta, visto que a capacidade de **continente** dos seus pais, no passado, deve ter sido muito falha, e esse paciente necessita reproduzir os traumas e sentimentos antigos para se livrar do mau "*passado que ainda está presente, no presente de sua vida*".
>
> Desta forma, de parte do psicanalista, o mais importante de tudo é conseguir "conter" a hostilidade, sobretudo, não revidar; a hostilidade, às vezes, não passa de um teste inconsciente para avaliar a capacidade de continência do analista e, assim, comprovar para o paciente que o terapeuta não é tão perigoso como ele imaginava, e que as pessoas com quem convive (representadas pelo terapeuta) não são tão frágeis como os pais do paciente devem ter sido.

Humildade: essa palavra tem inúmeros significados, desde *pobreza, modéstia, respeito, reverência, submissão*, até um significado positivo no processo psicanalítico, quando então refere o paciente (ou o analista) que tem a humildade, no sentido de virtude e coragem, de olhar para dentro de si e reconhecer suas limitações e o sentimento de nossas fraquezas ou de nossos autoenganos. *Etimologicamente* essa palavra vem do latim *húmus* (= *chão*), que originou o adjetivo *humilis* (com o sentido de *estar no chão* e, por extensão, *ser humilde*). De *humilis* formou-se *humilitis* e, daí, para o português *humildade*, designando alguém que é *modesto, não soberbo, nem orgulhoso demasiado*, mas sempre *respeitoso*.

Humilhação: é um derivado do latim *humiliationem*, que significa *rebaixamento moral, vexame, abatimento, sujeição, desprezo de outrem, sofrer ultrage*. Não é totalmente descartável a hipótese de que *humilhação* tenha ligação com *humildade*, de maneira que *humilhação* talvez pudesse ser denominada como *humildação*. Creio que um bom exemplo na atualidade é a prática do **bullying**, cuja finalidade maior é a de, coletivamente, humilhar algum colega, que tomam como **bode expiatório**, tendo como razões maiores a inveja do humilhado ou simplesmente para dar vazão à agressão latente e, dessa forma, enganarem-se a si próprios, com uma falsa ilusão de que são muito potentes, a fim de encobrir o oposto disso.

Humores (Os quatro): a *etimologia* da palavra *humor* vem do latim *humore*, que designa certas matérias líquidas existentes no organismo. Hipócrates (sim, é o mesmo que refere o clássico *juramento de Hipócrates* que é recitado por todos os doutorandos por ocasião da solenidade de sua formatura como médico), que é considerado o pai da Medicina e um dos mais altos expoentes de investigações médicas de todos os tempos, na antiguidade, supunha a existência de quatro humores, que determinam o nosso temperamento e "estado de humor" (o fulano está de bom ou mau humor, etc.). Os referidos quatro humores são:

1. o *colérico* (refere um estado psíquico de *cólera raivosa*, devido à *bílis*);
2. o *sanguíneo* (vem do grego *sanguis, sánguinis*, em latim, passou a *sangre*, em espanhol, e *sangue*, em português;
3. o *flegmático* (vem do grego *phlegma*, que, em grego é *mucosidade*);
4. o *melancólico*, que vem do grego *melanós, melas*, com o significado de *negro*, e daí surgiu a crença da existência de "bile negra".

I

Iatrogenia: esse vocábulo é composto dos étimos gregos *iatrós* (que significa *médico*) + *geno* (que quer dizer *a gênese, o nascedouro de*) = *iatrogenia*. Em síntese, a expressão *iatrogenia* está intimamente ligada à área médica e representa um capítulo especial na medicina, visto que, conforme a etimologia, consiste na possibilidade de o médico (o psicanalista também está incluído), por meio de suas palavras, gestos, atitudes, incompetência ou negligência, pode gerar no paciente uma piora do seu estado de doença ou até provocar um grave dano que não existia antes.

Id: a denominada "Teoria Estrutural da Mente" foi concebida por Freud em 1923, em seu livro "O Ego e o Id", e é composta por três instâncias: o id, ego e superego. O étimo *Id* designa o que está no inconsciente, a sede das pulsões instintivas, e foi escolhido por Freud porque em alemão o original é *das Es*, que traduzido para o português é *isso*, o que designa um pronome da terceira pessoa do singular (*es*) neutro, sem gênero nem número, assim caracterizando a maneira impessoal, biológica, de como as desconhecidas pulsões instintivas agem sobre o ego.

> **NOTA**. Muito antes de Freud o filósofo Platão descreveu algo equivalente ao "Id", o que o filósofo chamava de *epithumia*, palavra grega que significa *apetite*, que luta por comida e sexo. Indo mais longe, Platão chamava os aludidos apetites de *epithumia*, termo que equivale ao nosso conhecido *narcisismo* atual. Da mesma maneira, Platão denominava como *thumos* (que em grego significa *espírito*) aquilo que luta por *reconhecimento, admiração* e *razão* (= *logos*), a qual luta para compreender como as coisas realmente são.

Idealização: este vocábulo designa o *ato de idealizar*. Por sua vez, o verbo *idealizar* indica que o sujeito, mercê de intensas identificações projetivas de suas expectativas de encontrar um "príncipe encantado" ou uma linda "fada-madrinha", em uma outra pessoa, fica imaginando que o depositário de sua idealização é realmente como ele imagina.

> **NOTA**. A desidealização é, entre outras, uma das razões por que os atuais casamentos costumam, relativamente, ser de duração muito breve, já que a decepção pela idealização excessiva, quando não combina com a realidade, não tão linda, provoca uma intensa desilusão e decepção. Outro inconveniente da idealização excessiva consiste no fato de que o sujeito que idealiza coloca, por projeção, tudo o que ele tem de bom no outro que está sendo idealizado, de sorte que quem idealiza demais vai se esvaziando de suas virtudes, provocando assim uma série queda de sua autoestima. Por vezes, a idealização é tão excessiva, em certos pacientes, que prefiro assinalar como sendo um estado psíquico de "endeusamento".

Ideia: vem do grego *idéa*, e daí passou para o latim *idea*. No português corrente, aparece frequentemente como uma forma criativa do pensamento, um projeto para o futuro, uma imagem, uma representação mental de coisa concreta ou abstrata e coisas equivalentes. No entanto, o uso da palavra ideia era exercido na Grécia antiga com o significado provindo do filósofo Platão, que fez uma conexão de dois significados do étimo grego *eidós*, tanto como *forma* quanto como uma *atividade do pensamento*. Assim, o platonismo considerava que havia um modelo das coisas sensíveis, eterno e imutável, objeto de contemplação pelo pensamento.

Identidade/Identificar/Identificação: uma das maiores conquistas na evolução, desde criança até a condição de adulto, consiste na aquisição de um *sentimento de identidade* (Quem sou? O que sou? O que eu espero de mim mesmo? O que os outros esperam de mim? Qual é e será o meu papel na vida? e coisas afins, principalmente se ele se integrar, como coeso e harmônico, no mundo interno da pessoa). Isso acontece quando existe, desde bebê, uma sadia influência, principalmente dos pais como modelos de identificação, além de um permanente reconhecimento de seus méritos e uma elaboração das distintas "identificações parciais" que, desde os primórdios de seu desenvolvimento, foram se incorporando ao sujeito pela introjeção do código de valores dos pais e da sociedade. Assim, o sentimento de identidade vai se estruturando nos seus três níveis inseparáveis: a identidade *individual*, a *grupal* e a *social*.

> **NOTA**. Quando a criança percebe que é amada, portanto, que ela existe como uma pessoa que é reconhecida pelos demais e, assim, é um "ente", ou seja, está nascendo uma "entidade" (**dz**). A passagem de uma "entidade" para uma de "identidade" começa a partir da instalação da *confiança básica* na criança, numa reciprocidade entre pais e filho. Assim, a *etimologia* da palavra *identidade* segundo creio, deriva de *ídem* (= *o mesmo*) + *entidade*, o comprova que ela consiste em uma "entidade" que se mantém basicamente a mesma (isto é, "*idem*)", apesar das variações temporais, espaciais e sociais. Deste modo, o verbo *identificar* resulta de *ficar igual* (= idem) a algum *modelo de identificação*. Essa identificação tanto pode ser parcial como total, sadia ou patológica, com uma figura perdida, perseguidora, psicopata, ou com uma pessoa vítima da vida, com uma pessoa por demais idealizada (nesse caso a identificação é bastante frágil), sendo que, sem dúvidas, o melhor e mais estável modelo de identificação é com uma figura *admirada!*

Identificação Introjetiva e Projetiva: as identificações (ficar *idem*, *igual*) propriamente ditas resultam do processo da *introjeção* (é o mesmo que *incorpo-*

ração, internalização). Assim, a *identificação introjetiva* alude às figuras parentais que foram introjetadas dentro do ego da criança, sob a forma de representações, e também no superego, sob distintas modalidades (identificação com o agressor, com a figura idealizada, com a figura amada, admirada, com a figura perdida e (**dz**) com a "figura de vítima".

Já a *identificação projetiva* – expressão cunhada por Melanie Klein –, designa um mecanismo psíquico fundamental em todo ser humano. Todos reconhecem que inicialmente foi Freud quem descreveu aprofundadamente o mecanismo defensivo de *projeção*, como, por exemplo, no "Caso Schreber" ou nos seus trabalhos sobre as paranoias. A denominação de *Identificação projetiva*, *etimologicamente*, deriva de *tornar igual* (= idem + ficar) o outro no qual o sujeito paranoide projeta (daí o nome *projetiva*) aquilo que não tolera em si (por exemplo, um indivíduo com tendências paranoicas vai projetar a sua inveja e vai ter a convicção de que é o outro que é invejoso).

Ideograma: Bion emprega essa expressão para se referir aos pensamentos primitivos, de natureza pré-verbal, que estão mais ligados à construção de imagens visuais do que propriamente às palavras e à audição. Assim, as construções ideogramáticas seguem o mesmo princípio que rege a escrita dos chineses, baseada em múltiplas combinações de símbolos visuais.

> **NOTA.** Cabe acrescentar dois aspectos:
> 1. por vezes o paciente comunica ao terapeuta coisas importantes sem usar a linguagem verbal; antes disso; por meio da *"linguagem da contratransferência"*, o paciente pode fazer o analista ter visões de certas cenas ou sentimentos (de dor, por exemplo), de modo que são aspectos de construções ideogramáticas que podem auxiliar o analista a compreender melhor o que se passa no interior do psiquismo do paciente, que, então, fica à espera (num plano inconsciente) de que o analista descodifique aquilo que ele não consegue dizer com as palavras;
> 2. na psicanálise contemporânea, o conceito de *ideograma* aparece com outros nomes, como *pictograma, fotograma, holograma* e *imagem onírica*.

Idiossincrasia: vem do grego *idiosygkrasia* e designa uma disposição de temperamento do indivíduo, que o faz reagir de maneira muito pessoal à ação de agentes externos. O prefixo grego *idiós* designa *um jeito próprio, particular, de ser e de agir*, quando se trata de uma pessoa; porém, também designa uma função própria, por exemplo, a palavra *idiomuscular* indica um movimento próprio do músculo.

Já o sufixo *crasia* (cuja origem vem do grego *krasis*, que significa *mescla*, aludindo originalmente à mescla dos quatro humores vigentes na época, de onde surgiram palavras como *discrasia* (um complicado e doentio estado mental resultante da mescla dos humores) e *sincrasia* (o oposto do anterior, isto é, uma fusão dos quatro humores em sintonia entre si).

Idiota: vem do grego *idiótes*, que, originalmente, significava uma pessoa que tinha valores próprios (vem de *idiós*) de uma grande parcela do povo, que destoa da outra parcela composta por pessoas cultas e ligadas a funções públicas do Estado. Por isso, gradativamente o termo *idiota* foi designando pessoas incultas e foi seguindo, num crescente depreciativo, até chegar ao máximo de denegrimento e de insulto, como é vigente nos dias atuais.

Ídolo: vem do grego *eidolon*, que passou para o latim como *idolu*. Nos povos antigos era representado por uma estátua ou um simples objeto cultuado como deus ou deusa. Geralmente, nos tempos atuais, os *ídolos* são pessoas a quem se tributa respeito, afeto, admiração ou, em situações já menos sadias, o ídolo pode ser a resultante da *idealização* em graus excessivos.

Ilusão: essa palavra, usada com larga frequência, tem, no mínimo, dois significados diferentes:

1. Mais usada na psiquiatria e na psicanálise, designa uma distorção da percepção da realidade externa, por estar havendo um mundo imaginário no interior do psiquismo que influencia e afeta a percepção das coisas e dos fatos reais.
2. Ainda no campo psicanalítico, o termo *ilusão* é empregado no sentido de designar pessoas que preferem o "mundo da ilusão" ao "mundo da realidade", e vivem fazendo projetos inatingíveis, fantasiando quimeras, com sonhos acordados, devaneios, e vivendo uma permanente forma do "faz de conta" e, de fato, iludindo ou até debochando de outras pessoas. Nesse caso, é bastante possível (**dz**) que o verbo *iludir* venha da raiz latina *ludere*, que significa *brincar, divertir-se*.

Imaginário: o adjetivo *imaginário* é formado do substantivo *imagem*, que, por sua vez, deriva do étimo *imago*. É empregado em psicanálise para designar aquilo que pode ser representado em pensamento, independentemente da realidade. Essa expressão ganhou popularidade a partir das concepções de Lacan, que propôs três tipos de "registros" na mente: o *real*, o *simbólico* e o *imaginário*. Ele valorizava, sobretudo, o registro simbólico, enquanto referia ao registro imaginário, como a forma de designar o campo das *ilusões*, da *alienação* e da *fusão com o cor-*

po da mãe, quando bebê; portanto, alerta Lacan, nesse registro, o indivíduo comete muitos equívocos e distorções da realidade exterior.

Imago: esse termo foi introduzido na psicanálise por Jung, em 1912, para designar uma representação, inconsciente, que o sujeito tem de seus pais e irmãos internalizados, que resultam em *fixações* das primeiras experiências infantis, e que vão determinar a posterior conduta do sujeito adulto e a sua forma de percepção em relação a outras pessoas de seu convívio. O conceito de *imago* não deve ser entendido como uma imagem; antes, trata-se de um esquema imaginário com as inevitáveis distorções da realidade. Assim, a imagem de um pai terrível pode muito bem corresponder a um pai que, na realidade, foi dócil e apagado.

Imanente: é um termo proveniente da filosofia e da teologia. A palavra *imanente* tem origem nos étimos *manere + in* = "permanecer em", ou seja, designa aquilo que está em si mesmo, que é inerente à condição humana.

Imantação (do trauma): a palavra *imantação*, de forma genérica, designa o ato de aquilo que recebe as influências de um imã, adquirindo as qualidades dele. Acredito (**dz**) que, em sentido figurado, os **traumas** muito precoces e intensos também ficam "imantados", no sentido de que um hipotético trauma (por exemplo, um abadono da figura paterna do lar, quando a filha ainda era uma criancinha e, quando adulta, numa espécie de **compulsão** à repetição, ela pode repetir, na sua vida afetiva, a escolha de namorados que, mais cedo ou mais tarde, também a abandonam). Podemos nos questionar: É uma mera *casualidade* ou tem uma *causalidade*? Isto é, existe uma causa (**dz**), qual seja, a de que o primitivo trauma do prematuro abandono do pai tenha ficado "imantado" e ela busca pessoas que vão reproduzí-lo, às vezes, durante a vida toda, com enredos semelhantes no teatro do psiquismo (numa peça "teatral" que poderíamos denominar como "o encontro com os desencontros"). Exemplos equivalentes a esse poderiam ser enumerados em grande quantidade.

Imbecil: provém do latim *imbecille*, com o significado original de *doente, fraco fisicamente* e, tempos após, também designava *fraco moralmente*, porque não conseguia sustentar-se. O verbo latino *imbecille* foi formado pela conjunção do prefixo *im* (= *sem*) + *bacillu* (é o diminutivo de *baculu*, que significa *cajado*, bastão). *Baculu* passou para o português como *báculo*, isto é, *etimologicamente*, a raiz *imbecille* significava *sem bastão*, no sentido de *sem sustentação*. Uma curiosidade é que *baculu* passou para o francês como *baguette* (daí *baguete*, um conhecido tipo de pão em forma de bastão); por sua vez, o diminutivo *bacillu* originou a palavra *bacilo*, para designar *bactéria em forma de bastão*. Séculos após, o termo *imbecil* adquiriu o significado pejorativo de *idiota*.

Imerecimento (Complexo de): (**dz**) a palavra *imerecimento*, sem a menor dúvida, designa que o prefixo *i*, abreviatura de *in* ou *im*, tem o significado de *não*, isto é, refere-se a alguma pessoa que carrega um forte sentimento de que não merece "coisas boas" para si próprio. Fiz questão de propor e incluir essa denominação de *complexo de imerecimento* pelo fato de que, na minha prática clínica, observo um grande número de pacientes que, aparentemente, possuem todos os atributos que lhes permitiriam ser felizes, bem-sucedidos na vida; no entanto, diante de sucessos, no lugar de vibração e de alegria, pelo contrário, deprimem-se, ficam com ideias obsessivas, fixas, de que alguma tragédia vai acontecer. Outros se autossabotam (inconscientemente) e somam incontáveis situações de fracassos. Na grande maioria das vezes, isso acontece com pacientes que, desde a infância, estão encharcados de *culpas*, não obstante o fato de que a quase totalidade dessas culpas, na sua origem, são indevidas e injustas.

Impasse: essa palavra deriva do idioma francês, que usava a expressão *im* (= *sem*) + *pasi* ou *passer* (*passagem*), ou seja, corresponde ao que, no idioma português, costuma-se dizer "beco sem saída", quando estamos diante de situações difíceis e que parecem não ter solução.

> **NOTA.** Na situação psicanalítica, é bastante frequente que analista e paciente estejam numa relação que parece ser de um impasse entre ambos. Assim, cabe definir *impasse*, em termos analíticos, como toda situação suficientemente duradoura na qual os objetivos do trabalho psicanalítico pareçam não ser atingíveis, embora se mantenha conservada a situação analítica *standard*, porém com uma recíproca sensação desconfortável da dupla de que a análise esteja totalmente estagnada. Na verdade, na maioria das vezes, com um adequado manejo do analista, a situação volta ao normal e é muito provável que façam uma boa limonada dos limões que estavam amargos.

***Impingement*:** palavra inglesa que vem sendo utilizada com relativa frequência na literatura psicanalítica; pode ser traduzida para o português, em termos da psicanálise, como *traumas invasivos* ocorridos na primeira infância, sob a forma de os pais terem *impingido* (tradução de *impingement*), na mente da criança; sentimentos como os de culpa, vergonha, medo, confusão, expectativas exageradas, rótulos desqualificatórios, etc., os quais, de alguma forma, ficaram impressos na mente, numa época em que a criança ainda não tinha condições de o seu ego poder elaborar os mencionados traumas.

> **NOTA.** Esses traumas ultrapassam a capacidade do ego incipiente da criança, assim dificultando a absorção e a harmonização das pulsões provindas do *id*, fato que, ao mesmo tempo que produz uma intensa ansiedade, impotência e desvalia na criança, também provoca uma descontinuidade no sentimento de *ser*, de *existir*, de *ser alguém* na família, na sociedade e na vida.

Impotência: conforme mostra a clareza *etimológica* dessa palavra, o prefixo *im* (= não) + *potere* (= *poder*) define que a sua potência está fragilizada, tanto a sexual como uma possível "impotência" diante da vida. A impotência sexual pode ser devida a distintas causas, tanto *orgânicas* (diabetes não compensada), falta de libido, de ereção, uso de certos medicamentos que podem diminuir a libido, como alguns antidepressivos, ou causas *emocionais*, como medo de fracasso, fobia a doenças venéreas, falta de ereção suficiente, etc. Na prática analítica, esse problema aparece com relativa frequência e, além da análise de possíveis causas emocionais, de antigos traumas, muitas vezes é útil recomendar a utilização de medicamentso como "viagra" ou similares, e o analista não deve descartar totalmente a possibilidade de o paciente procurar um sexologista.

> **NOTA.** Existem os impotentes dissimulados, sendo que uma das mais notórias é a que fica encoberta por uma **prepotência**.

Imprinting: vocábulo inglês que alude a alguns estudos etológicos (que dizem respeito ao estudo dos comportamentos de animais, preferentemente em seu habitat natural) que servem para mostrar a influência recíproca e complementar entre fatores genéticos e ambientais. O fenômeno do *imprinting*, uma possível tradução para o português pode ser *moldagem* = algo que ficou *impresso* na mente).

> **NOTA.** Em 1935, o etólogo austríaco Konrad Lorenz, por meio de estudos com aves, observou que, na ausência da mãe, as patas nascidas em chocadeiras apegam-se e ficam fixadas para sempre no primeiro objeto móvel, e que isso se dá num período particularmente sensível que dura cerca de 36 horas. Uma vez instalada, a marca dessa fixação fica irreversível, porém, fora do

> período sensível, o *imprinting* não mais acontece. É bem cabível a especulação de que, desde a condição de feto, o ser humano também esteja registrando uma *moldagem* de certos estímulos que ficam eternamente gravados e representados em algum canto do ego incipiente.

Incesto: a palavra *incesto* – que ocupa um grande espaço na literatura psicanalítica – designa a prática de relações sexuais entre parentes próximos, consanguíneos, cujo casamento é proibido por lei, como, por exemplo, entre pai e filha, mãe e filho, irmão e irmã. Por extensão, o sentimento de proibição moral e cultural pode estender-se às relações sexuais entre tio e sobrinha, tia e sobrinho, padrasto e enteada, madrasta e enteado, sogro e nora, sogra e genro. Virtualmente, essa proibição é universal, (constitui um dos mais severos tabus) embora possam variar as diversas formas de sua aplicação. A psicopatologia forense atesta o grande número de transgressões incestuosas de pais com filhas, sendo que o incesto totalmente consumado entre mãe e filho ocorre em número muitíssimo menor, sendo quase inexistente.

> **NOTA.** Embora persista legalmente a proibição de casamentos incestuosos, as leis modernas não intervêm diretamente na vida sexual dos adultos maiores de idade. Punem apenas as perversões como a *pedofilia* (incestuosa ou não), o estupro e o exibicionismo. A *etimologia* do vocábulo *incesto* deriva do latino *incestus, us* e muito provavelmente se origina de *in* (= não) + *castus* (= corte). No idioma inglês, aparece como *un-cut*, isto é, "não houve um corte", de modo que, em português, o termo *incesto* indica que ainda não houve um necessário corte, uma separação libidinal entre parentes. O papel do analista é o de levar o seu paciente com desejos incestuosos a refletir e optar por transformar a *lei do desejo edípico-incestuoso, num desejo da lei* interditora.

Inconsciente/Inconsciente coletivo: antes de Freud, os cientistas e filósofos já admitiam a existência de um *inconsciente*, no sentido da presença de algo que não (*in* = *não*) pertence ao consciente, mas recusavam-se a reconhecer um caráter psíquico, atribuindo tudo que se passava no plano desconhecido da mente aos mistérios do corpo, da alma e do espírito. O inconsciente como região do psiquismo, com leis próprias de funcionamento, é uma descoberta estritamente freudiana. Assim, a partir de Freud, especialmente com a sua concepção da Teoria Topográfica (essa última palavra se forma do étimo grego *topos* = *lugar*), em que Freud concebeu três lugares da mente: o *consciente*, o pré-consciente (ou subconsciente) e o *inconsciente*, sendo que nessa última estariam não só a sede das pulsões instintivas, como também tudo aquilo que foi *reprimido*, como *afetos*, *representações*, *fantasias*, etc), pelo superego de emergir na consciência.

> **NOTA.** Posteriormente surgiu na psicanálise o que foi denominado **arquétipos** jungueanos, nos quais Jung refere que existe um *inconsciente coletivo*, o qual faz parte da herança comum da humanidade, composta dos arquétipos, com as marcas que restam das impressões primordiais que ainda persistem no psiquismo adulto. Mais recentemente, Lacan fez uma importante contribuição com sua importante concepção de que também faz parte do inconsciente o conteúdo dos *discursos* e as expectativas que os pais desejam e depositam no inconsciente dos filhos, para o futuro destes.

Indiferenciação: a *etimologia* desse termo é composta do prefixo *in*, no sentido de *não existir* + *diferenciação*, ou seja, em condições normais da evolução, o bebê, por falta de maturação neurobiológica, ainda não diferencia o "eu" do "não eu", isto é, entre ele e o outro, de modo que ainda prevalece um estado fusional do bebê com a mãe.

Indivíduo: também nesse vocábulo, o prefixo *in* dá um claro significado de que uma pessoa é indivisível, nas condições em que ele já possui um "sentimento de identidade" bem consolidado. Isso não impede de aceitarmos o fato de que, na psicanálise contemporânea, existe a importante concepção de que há, sim, divisões nas representações, nas pulsões, nas distintas partes que compõem uma totalidade. Seguindo a Bion, por exemplo, a distinção, em uma mesma pessoa, da "parte psicótica da personalidade" e de uma outra "não psicótica", de um estado adulto que convive com a permanência de uma parte infantil, em toda e qualquer pessoa, e inúmeras outras "divisões" poderiam ser mencionadas.

Infância: este vocábulo procede dos étimos latinos *in* (= *supressão de*) + *faris*, que dá origem ao verbo *falar*. Assim, *infantia*, em latim, alude a uma idade em que a criança (desde o nascimento até os sete anos ou até a puberdade) ainda não (*in*) desenvolveu a capacidade de falar.

Inocência: os etimólogos apresentam duas possíveis versões para a formação da palavra *inocência*:

1. Provinda de i*n* (= *negação*) + *nocens* (= *mau, criminoso, que prejudica*). Assim, *innocens* significa que não hove dolo, portanto, o réu é inocente, ou "inofensivo".
2. *In* = *noscere* = *gnoscere* – *conhecer*, ou seja, o sujeito é inocente porque "não sabia de nada".

Inscrição (de memória): nessa expressão – de alta relevância na obra de Freud, o prefixo *in* adquire o significado de *dentro de*, que, composto com *scrição*, com o significado de escrita, designa as impressões mnésicas (ou mnêmicas) que de alguma forma ficaram gravadas, impressas no ego rudimentar do bebê. Tais impressões persistem implicitamente, no adulto, constituindo aquilo que Freud denominava como representações. Tanto a "representação-coisa" (antes da formação das palavras, no bebê) quanto as "representação-palavra", conceitos que estão ainda vigentes na psicanálise contemporânea, até mesmo porque as mais recentes contribuições das neurociências estão comprovando as pioneiras concepções de Freud.

Insight: a *etimologia* dessa palavra é composta dos étimos ingleses *in* (= *dentro de*) + *sight* (= *visão*), o que dá uma clara ideia de que a conceituação de *insight* está diretamente ligada a alguma *luz* que o analisando venha a adquirir por meio de uma "atividade interpretativa" do analista. A lenta e continuada elaboração dos *insights* parciais vão possibilitar a obtenção de mudanças psíquicas, o objetivo maior de qualquer análise.

Insistência: oriunda da mesma raiz do verbo latino *sistere* (que significa *direito a ser*) e que deu origem aos vocábulos *resistir*, *existir* e *desistir*, também a expressão *insistir*, significa que determinado indivíduo, dentro dele (*in*) está de forma denodada, lutando pelos seus direitos e projetos de vida (*sistere*).

Instinto/Pulsão: é útil desfazer um equívoco bastante comum (por uma falha de tradução de Strachey na "Standard Edition", a mais lida e divulgada Obra Completa de Freud) de fazer uma sinonímia entre os termos *instinto* e *pulsão*. Na verdade, Freud utilizou as palavras *instinkt* e *trieb*, no original idioma alemão, com significados bem distintos e delimitados. Assim, quando ele empregava *instinkt*, estava referindo-se aos instintos biológicos que seguem um comportamento filogenético hereditário, que quase não varia de um indivíduo para outro, o que é próprio do reino animal. Quando Freud referia-se a *trieb*, estava aludindo a algo muito mais abrangente e **imanente**, proveniente das profundezas inatas do ser humano, sob a forma de impulsões, as quais, em grande parte, são passíveis de modificações. Atualmente o termo *trieb* está sendo traduzido por *drive*, no idioma inglês, e por **pulsão** no português.

Inteligência: essa palavra é oriunda do latim *intellegere*, que vem do grego *legein*, verbo composto de *inter* (= entre) + *legere* (verbo que permite três significados: "escolher" (as letras, por exemplo, para compor as palavras e frases), ou "ler", e, sobretudo, as palvras mencionadas se originam do grego "*logos*" (em latim é "logus" e "logicus") que origina diversos vocábulos, como, por exemplo: 'palavra', 'lógica', 'pensamento', 'razão, 'ler', todas elas, de forma direta ou indireta, estão ligadas ao conceito de "inteligência"

Interferência: a *etimologia* desta palavra mostra que ela se forma a partir das raízes latinas *inter* (= entre) + *ferre* (o particípio presente é *ferrus* e indica *levar, conduzir*). Ou seja, a palavra *interferência* significa que alguém se mete entre outras pessoas e quer conduzir os fatos e ideias. O importante vocábulo *transferência* também se origina da mesma raiz *ferrus* (ou *feros*).

Interpretação: durante longo tempo, Freud sustentou que a psicanálise estava fundamentalmente baseada no tripé dos fenômenos que se processam no campo analítico: o da *resistência*, o da *transferência* e o da *interpretação*. A palavra *interpretação* não é a tradução fiel ao termo original alemão empregado por Freud, que é *Deutung*, cujo significado alude mais diretamente a um *esclarecimento*, a uma *explicação*. Freud também empregava especialmente o termo *Bedeutung*, que se refere à *descoberta de uma significação*. Assim, nos trabalhos de Freud sobre técnica psicanalítica, *interpretar* aparece como uma forma de o analista explicar o significado de um desejo (pulsão) inconsciente que surja através de sonhos, de lapsos, de atos falhos ou de alguma forma de resistência no conteúdo latente dos sonhos e na associação de ideias contidas no discurso do analisando. Visto de um vértice contemporâneo, o termo *interpretação* está bem adequado, levando-se em conta a *etimologia*, em que o prefixo *inter* designa uma relação de vincularidade entre o analisando e o analista, o que é muto diferente (**dz**) daquela ideia clássica de que caberia ao paciente o papel de trazer o seu "material" e, ao psicanalista, a tarefa única de descodificar e traduzi-lo para o analisando. Deste modo, em sua essência, a interpretação deve ser entendida, na atualidade, como uma *atividade interpretativa*: cabe ao analista fazer perguntas instigativas que desenvolvam a capacidade de o paciente refletir sobre ele próprio, como realizar outras intervenções mais descontraídas, com uma atitude de maior participação ativa do paciente.

> **NOTA.** Com outras palavras, em sua essência, a *interpretação* é entendida hoje como o resultado da comunicação verbal, ou

> não verbal, entre as mensagens geralmente *transferenciais*, emitidas pelo paciente, e a repecussão *contratransferencial* que elas despertam na mente do psicanalista, em três tempos: o de um *acolhimento*, seguido de *transformações* em seu psiquismo e, finalmente, o de *devolução*, sob a forma de formulações verbais, de preferência sob a forma de *hipóteses* que instiguem o paciente a fazer reflexões, antes de aceitá-las como uma sentença da "verdade final" ditada pelo analista. Tudo isso que foi destacado comprova a adequação *etimológica* do termo *interpretação*, com a ênfase na proposição *inter* (entre duas ou mais pessoas) + *pretação*, numa livre tradução do francês *interprêter,* em que *prêter* significa que a interpretação do analista não é "dada" ao paciente, como é tão costumeiro dizermos; antes disso, a interpretação deve *prestar-se* a que o paciente faça um bom uso daquilo que o analista lhe assinalou. Para concluir, ainda cabe dizer que a interpretação não é de uso exclusivo da psicanálise; assim, a ciência que faz interpretações de textos religiosos ou jurídicos, por exemplo, é denominada de **Hermenêutica**.

Introjeção: esse termo foi introduzido na psicanálise por S. Ferenczi, psicanalista que foi discípulo e contemporâneo de Freud, com o objetivo de descrever um fenômeno psíquico oposto ao da *projeção*. Enquanto *projeção* designa uma expulsão para fora de tudo que for desagradável ao psiquismo, a *introjeção*, de acordo com o prefixo *intro* (= *para dentro*) designa o mecanismo de colocar para dentro. Por exemplo: Freud encampou o aludido conceito de Ferenczi e o utilizou no seu estudo sobre a **melancolia** e, posteriormente, reconheceu que é um processo mais amplo e geral, especialmente no que se refere à formação de *identificações*.

> **NOTA**. Seguidamente o conceito de *introjeção* aparece como sinônimo de *incorporação*, porém, cabe fazer uma distinção entre ambos. Embora a origem oral-canibalística seja a mesma, a *incorporação* refere-se estritamente a alguma localização corporal, enquanto a *introjeção* é mais abrangente, como nos fenômenos identificatórios.

Introspecção: refere-se ao exame do próprio íntimo – *intro* (que significa *dentro de*) + *spectore* (= ver), isto é, "uma visão do sujeito acerca do seu interior, da sua alma (= *psique*), de suas tendências. Neste sentido, introspecção é um *anglicismo*, ou seja, deriva do inglês *introspection*, não obstante exista o latim *introspectionem* – provavelmente oriundo do verbo latino *spectore* (= *ver*).

Introversão: termo inicialmente usado num sentido da mísitica, da meditação voltada para dentro do sujeito. Posteriormente o vocábulo *introversão* foi adotado pela psicanálise, por meio da criação de Jung, em 1921, que partiu do étimo latino *introversus*. Atualmente não é mais utilizado na literatura psicanalítica.

Intruso: diz-se de quem está a mais ("sobrando") num determinado lugar, sem ser convidado nem ter direito de ali estar; pessoa que ocupa indebitamente um posto, lugar, profissão ou um papel, função que não lhe compete. A *etimologia* vem do latim *intrusus*, particípio passado do verbo *introdutere* (= introduzir).

Intuição: a *etimologia* da palavra *intuição* é composta dos étimos *in* (com o significado de *dentro de*) + o verbo latino *tuere* (= *olhar, enxergar*), e denota que essa capacidade de intuição consiste no fato de o analista conseguir "olhar para dentro de si", numa espécie de "terceiro olho", que lhe permita enxergar além daquilo que nossos órgãos dos sentidos captam. Uma metáfora de Bion esclarece melhor: ele recomenda que o analista lance sobre a sua própria visão um *"facho de escuridão"* para que possa ver melhor, da mesma forma como *"as estrelas ficam mais visíveis na escuridão da noite"*.

Inveja: palavra bastante comum que significa um sentimento de raiva, ódio e humilhação por se sentir inferior ou por não possuir aquilo que outro, ou outros, possuem. A *etimologia* do vocábulo *inveja* é formada pelos étimos latinos *in* (= *dentro de*) + *videre* (= *olhar*) e indica claramente o quanto esse sentimento alude a um olhar "mau" que entra no outro. Isso encontra confirmação nos conhecidos jargões do tipo "mau olhado" e "olho grande" ou uma torcida que *"seca"* o adversário com o olhar, etc.

> **NOTA.** Outra significação *etimológica* possível decorre de quando o prefixo *in* designa uma negativa, uma exclusão, de modo que a inveja esteja a serviço do inconsciente do sujeito invejoso, fortemente fixado na *posição narcisista*, que se recusa a ver, a reconhecer as diferenças entre ele e o outro, o qual possui as qualidades de que o invejoso necessita, mas que não possui e, por isso, o inveja. É útil acrescentar que a inveja pode ser considerada *maligna* quando atinge proporções intensas; porém, também cabe destacar que a inveja pode ser *benigna*, e até útil, quando o desejo de possuir o que o outro tem funciona como um incentivo sadio para o paciente se esforçar, a fim de conseguir o que almeja por meios lícitos.

Investigação: de forma bastante resumida, cabe dizer que, *etimologicamente*, essa palavra deriva de uma "busca de vestígios" que possibilitem o indivíduo captar verdades penosas sobre si, que estavam negadas ou encobertas, mercê de tentar juntar "pedaços" (vestígios presentes em fatos reais) que formem uma totalidade. Da mesma forma, o termo i*nvestigação* também é utilizado em trabalhos científicos de pesquisas de certos vestígios, à espera de que eles sejam *descobertos* e se unam numa totalidade.

Investimento (de catéxis): Conceitualmente, a energia psíquica procedente das pulsões necessita estar ligada, *investida* em algum "objeto", tanto externo como na sua "representação interna", ou em algum grupo de representações, como também no próprio corpo (como no autoerotismo ou em situações de somatizações). Para descrever esse *investimento específico* de energia mental, Freud empregou o termo original *Bezetzung Energie*, o qual foi traduzido para o inglês como *cathexis*, e para o português como *catéxis* ou *catexia*. A expressão *bezetzung* utilizada por Freud é um derivado do verbo alemão *besetzen*, que designa *ocupar, guarnecer*, de modo que Freud fez uma metáfora com uma força militar de ocupação que pode ser dirigida para uma ou outra posição, segundo as necessidades.

Ironia: a *etimologia* de *ironia* procede do grego *euróneia*, e passou para o latim como *ironicus* e, daí, passou para *ironia*. Conceitualmente, designa uma forma de expressar o contrário do que se pensa ou sente. É uma espécie de *sarcasmo*, isto é, uma *zombaria maliciosa*, nem sempre agressiva, tanto que muitos a utilizam como um método de discussão ou até mesmo como um recurso pedagógico. Desta forma, cabe lembrar que as figuras dos dois grandes filósofos gregos, Sócrates e Platão, utilizavam a ironia com os seus discípulos, primeiramente como método de avivar a discussão sobre qualquer assunto mais complexo, depois começaram a fingir que não sabiam as respostas às perguntas que eles plantavam e estimulavam os alunos a responderem, para então ridicularizá-los com as respostas corretas. Mais adiante, em suas respectivas épocas, passaram a usar a *retórica*, em que o orador fingia ignorar o assunto em pauta para então interrogar o auditório e, após o insucesso dos ouvintes, os aludidos filósofos traziam as respostas e eles próprios davam as devidas soluções aos problemas levantados. Na atualidade, a *ironia*, obedecendo a mesma tática de formular interrogações, é bastante utilizada como instrumento de agressão contra desafetos, rivais, opositores, com o objetivo de humilhar e ridicularizar a quem julgam ser inimigos.

J

Jovial: essa palavra não tem uma relação direta com a condição de pessoa jovem (em termos cronológicos); antes, ela designa a condição de uma pessoa que, independentemente de sua idade, mostra uma disposição confiante, alegre, bem-humorada. Em contrapartida, muitas outras pessoas podem ser bastante jovens de idade, porém funcionam na vida como se já fossem velhos sem ambições, derrotados, fato que acontece muito especialmente com deprimidos crônicos. A raiz *etimológica* do adjetivo *jovial* é atribuída ao deus romano *Júpiter*, cujo nome em latim é *Jovis* e, daí, passou a *jovialis* como uma forma de designar aquele que tenha tido a sorte de ter nascido no mesmo horóscopo de Júpiter e, desta forma, estaria destinado a ter as mesmas fortunas na vida por conta da influência de Júpiter. Inversamente, cabe destacar que uma pessoa considerada *saturna* designa que se trata de alguém que nasceu sob a influência maléfica do deus Saturno e, por isso, estaria condenada a ser eternamente uma pessoa melancólica.

> **NOTA**. É útil esclarecer que na mitologia greco-romana as representações de Saturno não são muito coerentes: de um lado dizem que Saturno era um deus romano, que seu reino constituiu a idade de ouro da inocência e da pureza (daí surgiu a expressão "festividades saturnais", que eram realizadas uma vez por ano, no inverno). Por outro lado, ele era conhecido pelos antigos gregos com o nome de Cronos (deus do tempo) e, assim, é qualificado como sendo um monstro que devorava os próprios filhos. Nos relatos mitológicos, o grande deus grego Zeus (Júpiter para os romanos) escapou por pouco de ser devorado pelo seu pai Saturno.

Judiar: o seu significado mais corrente é o de *maltratar*, *fazer sofrer*, *atormentar*, *zombar*, *humilhar* e coisas do gênero, aparentadas com sadismo. O verbo *judiar* é uma derivação de *judeu*. Em épocas passadas, as judiações contra judeus eram imputadas ao suposto fato de que eles haviam sido os responsáveis pela crucificação de Jesus Cristo e, daí, estaria justificada a retaliação contra os judeus. Mais recentemente, por ocasião da 2ª grande guerra mundial, os nazistas tomaram os judeus como seu maior **bode expiatório** e, na Europa, mantiveram muitos *gue-*

tos (espaços fechados onde os judeus ficavam confinados em péssimas condições, sob todos os pontos de vista); além disto, os nazistas construíram inúmeros campos de concentração, onde uma média de 6 milhões de judeus foram sacrificados em câmaras de gás venenoso. As áreas de confinamento em guetos também eram denominadas como *judiaria*, a qual também ganhou a significação de *perversidade*, isto é, uma forma de maltratar, de impor sofrimentos e, ainda derivando de *judiar*, originou-se o termo *judiação*.

Julgar: procede do latim *judicare*, ou seja, *decidir como juiz ou árbitro*. Dessa raiz originaram-se muitos termos de uso corrente, como *juiz de futebol*, *juiz de direito*, *judiciário*; *fazer jus à*; *justiça*, *função judicante*, etc.

K

K: essa letra representa a inicial da palavra inglesa *knowledge*, ou seja, *conhecimento*, *saber*. Bion, em seus aprofundados estudos e novas concepções sobre os **vínculos**, além do vínculo do amor, que caracterizava com a inicial "L", *love* (= amor), e do vínculo do ódio, que designava com a inicial "H" de *hate* (= ódio, em inglês), também introduziu na psicanálise o *vínculo do conhecimento*; quando era no sentido positivo (um paciente realmente motivado e desejoso de conhecer as suas verdades), Bion simplesmente assinalava a letra K (equivale ao sentido de positivo), porém, quando predominava uma atitude no paciente de negar, de não querer tomar conhecimento de verdades penosas, ele sinalizava com "- K".

L

Latência (período de): Freud utilizou a expressão *período de latência* e não *fase de latência*, para caracterizar que, diferentemente do que ocorre na fase oral e na anal, não há, a rigor, uma nova organização da personalidade. Na verdade, esse período permeia entre o declínio da sexualidade infantil, por volta dos seis anos, até a entrada na **puberdade**, ou seja, em torno dos 12 anos.

Latente-conteúdo: Freud, ao referir-se à formação de sonhos, exalta a diferença entre o conteúdo *manifesto* (que ele designa como o sonho aparece no consciente do sonhante) e o conteúdo *latente*. Este corresponde ao conjunto de desejos, pensamentos, sentimentos, representações e angústias que estão represados no inconsciente e que somente terão acesso ao pré-consciente e ao consciente após o disfarce realizado pela *elaboração secundária do sonho*, que é realizada com a intervenção do *censor onírico*. Do ponto de vista da *etimologia*, cabe lembrar que o significado da palavra *latente* (do latim *latente*), que designa *àquilo que permanece escondido, que não se manifesta, que está oculto, sub-entendido, disfarçado, dissimulado*, tal como aparece nos sonhos e no período da latência, em que a sexualidade aparentemente está apagada, quando, na verdade, ela está oculta.

Lactância: vem do verbo latino *lactare*, que significa *amamentar, aleitar, dar de mamar*. Assim, a palavra *lactante* designa alimentação da criança por meio de leite num período de vida em que ela mama. Da mesma raiz *lactare* derivam palavras como *lactância* (produção de leite pela mãe), *lactente* (criança que ainda mama), *lactante* (mulher que amamenta), *lactário*, etc.

Lacônico: esse vocábulo indica aquelas pessoas que falam pouco, de forma muito concisa, abreviada e rigorosamente objetiva. A palvra *lacônico* procede da Grécia antiga, em que as duas cidades-estado mais importantes eram Atenas e Esparta. Enquanto a primeira deu ênfase ao aprimoramento intelectual e artístico, com uma intensa valorização da oratória, Esparta seguiu um caminho totalmente oposto, valorizando, desde crianças, um preparo para as guerras e lutas em geral, com uma educação rígida no sentido de preparar guerreiros, o que os distanciou totalmente da oratória. Desta forma, opostamente aos atenienses, os espartanos desprezavam a oratória e só falavam o suficiente; eram, pois, lacônicos, nome que provém do fato de que Esparta ficava numa região da Grécia chamada Lacônia.

> **NOTA.** Em épocas passadas, era bastante frequente entre os psicanalistas a recomedação de que no processo analítico, o psicanalista permanecesse o mais lacônico possível, para despertar uma angústia maior no paciente, o que o faria expor mais claramente as ansiedades provindas do seu inconsciente. Na atualidade, são muito poucos os analistas que ainda adotam essa "tática do silêncio".

Lealdade: refere um atributo próprio de pessoas que permancem *leais*, sendo que a palavra *leal* vem do latim *legale*, isto é, *relativo à lei*. Nos primeiros tempos, na linguagem feudal, o adjetivo *leal* qualificava o vassalo fiel às *leis* que havia jurado observar e cumprir, em relação ao seu amo e senhor. Na atualidade, o termo *lealdade* define pessoas que são honestas, sinceras, francas, confiáveis, dignas e fiéis a seus compromissos, sem a característica antiga de *servidão*.

Lesbianismo: o vocábulo *lesbianismo*, que define a homossexualidade feminina, origina-se de *Lesbos*, nome de uma ilha grega onde residia Safo, célebre poetisa da Grécia antiga, que se notabilizou por suas relações homoeróticas.

Letargia: é um estado mental intermediário entre o sono e a vigília. A *etimologia* da palavra *letargia* vem originalmente do grego *lethargos*, e passou para o latim *como lethargu*, com o seguinte significado: estado patológico que pode ser observado em diversas afecções neurológicas, como encefalites, tumores, etc., caracterizado por um sono profundo e duradouro, difícil de ser acordado. Em situações que não de doenças do sistema nervoso central, o estado de letargia designa uma sonolência, com um estado geral de apatia, de desinteresse, de abatimento moral ou físico, um estado depressivo.

> **NOTA.** A importância deste termo na psicanálise consiste no fato de que no curso de determinados processos analíticos pode ocorrer uma *letargização* na pessoa do psicanalista, isto é, enquanto fala determinado assunto, ou quando permanece numa atitude por demais silenciosa, não raramente é tomado por um estado letárgico, ou seja, entra num estado de sonolência invencível, parece que suas pálpebras pesam chumbo, que o tempo da sessão não passa e que não consegue ficar atento ao que o paciente fala. Isso se deve a uma forte **contratransferência** que, segundo o psicanalista argentino F. Césio (1960), decorre de *identicações projetivas* por parte do paciente, de seus objetos internos "aletargados", ou seja, objetos que habitam o espaço depressivo do paciente, sob a forma de "moribundos", e que, embora concretamente mortos, permanecem "vivos" dentro de sua mente. Assim, a forte sonolência do terapeuta estaria representando uma "*contra-identificação* dele com esses objetos "mortos-vivos".

Libido: essa expressão aparece de forma maciça na obra de Freud e, de modo geral, em toda a literatura psicanalítica, do passado e do presente, sendo que ainda existe uma polêmica em torno de seu verdadeiro significado, a ponto de ter provocado uma desavença entre Freud e Jung. Assim, nos primeiros tempos, Freud empregava o termo *libido* porque, *etimologicamente*, procede do latim, com o significado de *desejo*, *vontade*, e ele, então, a utilizava para designar uma energia própria da pulsão sexual, manifesta na vida psíquica. Por sua vez, Jung discordava de Freud e fixou a sua definição de *libido*, genericamente, como uma energia psíquica, e reservou o termo *sexualidade* para o que é exclusivamente sexual, no sentido habitual do termo.

> **NOTA.** Freud percebeu que o termo *sexualidade* estava provocando muita confusão e mal-entendidos, fato que o levou a fazer algumas correções, caracterizando a *libido* como uma energia a serviço da pulsão de vida. Assim, em 1921, reafirmou essa última concepção referente à libido, ao dizer que "*a libido, em termos genéricos, refere-se a todas as pulsões responsáveis por tudo o que compreendemos sob o nome de amor*".

Líder/Liderança: os vocábulos *líder*, *liderança* e o vebo *liderar* procedem de uma raiz comum: a do verbo inglês *to lead*, que quer dizer *conduzir* e que também originou o termo inglês *leader*, que designa aquele que reúne atributos para conduzir um grupo. A liderança, geralmente, é exercida por prestígio pessoal ou por uma indicação de alguém mais poderoso, que tanto pode ser porque mereceu ser designado para essa função ou, não raramente, por interesses pessoais ou políticos. Porém, também existe uma liderança que se forma ao natural, isto é, um grupo de pessoas, com interesses comuns, elege, mesmo que de forma informal, alguém que transmite a ideia de que saberá dirigir e conseguir o que todos aspiram. Também é útil acrescentar que nem sempre uma liderança é positiva; não raramente surgem líderes negativos que, mercê de uma boa oratória ou com outros recursos equivalentes, exercem uma liderança fundamentada num narcisismo pessoal, ou seja, voltada para os seus próprios interesses e que alimente o seu desejo de prestígio, poder e dinheiro, com inevitáveis prejuízos para os liderados.

Lógica: as palavras latinas *logicus* e *legere* (= *a ler*) originam-se do mesmo étimo grego *logos*, cujo significado é o de *palavra*, ou ainda *pensamento* e *razão*. Assim, o verbo original grego era *legein*, que tanto designava *fala* quanto *ler* ou *escolher*, como comprovam outras palavras também derivadas, como *eleitor*, *elite* e *elegante* as quais têm alguma forma de ligação com *escolher*. É evidente que a palavra *lógica* é utilizada em outras áreas do conhecimento humano, sendo que, no campo da filosofia, ela é amplamente debatida, com conceituações muito ricas, embora complexas.

Logoterapia: na década de 1920, na França, na Suíça e na Áustria, tiveram grande desenvolvimento e expansão a *psicoterapia existencial* e a *análise existencial*. Essa última é chamada *Daseinanalyse* (*Dasein* significa *ser*, *existir*). A essas formas de terapia veio juntar-se a *logoterapia*, ou seja, uma terapia que visa mais ao lado espiritual, ou existencial, do que ao clássico conflito pulsional preconizado por Freud, de modo que a *logoterapia* dirige-se mais ao consciente, por meio de um estímulo à sua vontade de realmente "ser". A logoterapia foi criada por Victor Frankl, um psiquiatra suíço.

M

Maconha: trata-se de uma substância tóxica proveniente de folhas e flores secas da planta chamada cânhamo, que são usadas como narcótico. Um aspecto curioso é que *maconha* e *cânhamo*, embora tenham uma certa sinonímia, têm diferentes raízes etimológicas, mas podem servir como um excelente exemplo do que é *anagrama*, visto que são compostas pelas mesmas letras, porém, na língua portuguesa, com distribuição diferente das letras nas palavras. A palavra *maconha* é um derivado *etimológico,* segundo alguns estudiosos, do termo africano *makanha*, que tem o significado de *tabaco, erva santa*; porém, segundo outros, deriva do árabe *hashisb*, que, no plural (por exemplo, num grande grupo de 'maconheiros) é chamado de *hashashin*, de onde, parece, as comunidades mais apavoradas criaram o termo equivalente ao de *assassino*.

> **NOTA.** Existe uma polêmica: a maconha pode ser considerada uma droga que causa importantes prejuízos no equipamento central do cérebro e sistema nervoso? Ou há um exagero nessa afirmação? Parece que a resposta implica no uso quantitativo do seu uso; ou seja, em quantidades mínimas, não atingiria um problema orgânico e mental de gravidade; no entanto, em grandes e repetidas quantidades, a maioria dos psiquiatras atuais alerta para um inquestionável prejuízo nas funções mentais e, em consequência, também nas emocionais e nas condutas. Outros especialistas afirmam que o possível dano, ou não dano, da maconha no sistema nervoso não depende unicamente do fator quantitataivo, como também varia muito de uma pessoa para outra, conforme a estrutura neurobiológica, possivelmente genética, de cada usuário.

Mãe, "Mãe morta": essa sagrada palavra é um derivado direto do termo latino *madre* e refere-se à mulher que gestou um ou mais filhos, por fecundação natural, assistida (*in-vitro*, por exemplo) ou por adoção e que, principalmente, conseguiu ser uma *"mãe suficientemente boa"* (expressão do psicanalista Winnicott, visto que não existe perfeição absoluta), preenchendo as necessidades básicas orgânicas e emocionais. As funções, bem ou mal efetivadas, compõem o que denominamos de **maternagem** boa ou má (ver o verbete).

> **NOTA**. No início da psicanálise, Freud deu à figura do pai um papel preponderante na instalação de psicopatologias, como são as neuroses em geral. Desde M. Klein, e principalmente na psicanálise contemporânea, o papel da mãe se sobressai de uma maneira incontestável na evolução da criança, desde a condição de bebê ou da condição fetal, como insistia Bion. Cabe acrescentarmos o conceito de *Mãe morta*, assim denominada pelo psicanalista francês A. Green, com o propósito de descrever que, dentro de um filho, talvez agora já adulto, que tem uma representação no interior de seu psiquismo de uma mãe que biologicamente está viva, mas que, contudo, emocionalmente, ela está esvaziada na mente do filho, o que lhe dá uma forte sensação de que sua mãe não existe, de que está "morta" e que nada lhe significa.

Maiêutica: o vocábulo *maiêutica* significa a *arte de fazer nascer conceitos*, de acordo com o método socrático (criado e utilizado pelo filósofo Sócrates), através de perguntas dirigidas aos interlocutores, com as suas devidas respostas de fundo filosófico, que instigavam ao pensamento. No sentido *etimológico*, o termo que estamos focando vem do grego *maieutikós* (que quer dizer *parteiro*; hoje seria *médico obstetra*) + *maia*, que designa *parteira*.

> **NOTA**. Da raiz sânscrita *mous*, derivaram palavras como *maiêutica*, **mito** e *mantra* (quer dizer: o poder de alguém humano conseguir materializar a divindade por ele invocada).

Mania/Maníaco-Depressivo: o vocábulo *mania* vem do grego *mania*, com o significado de *loucura*, e passou para o latim com a mesma grafia. Em psiquiatria, esse vocábulo tem a significação de uma síndrome mental caracterizada por exaltação eufórica, hiperatividade, inquietude, insônia, em casos mais extremos, com uma agitação motora em graus variáveis e possíveis ideias delirantes. Este termo também aparece no quadro clínico que era denominado *psicose maníaco-depressiva* (na atualidade, essa denominação foi abandonada e trocada por *transtorno bipolar*, que, além de retirar o caráter de estigma doentio da denominação anterior, também mostra com maior clareza que a doença consiste numa alternância (nem sempre; às vezes ela é unicamente "unipolar").

> **NOTA.** Quando o quadro maníaco é mais discreto e os sintomas se limitam a alguma excentricidade, extravagâncias, esquisitice e alguma visível irriquietude, os psiquiatras catalogam como *hipomania*, sem maiores consequências. É necessário registrar que, na atualidade, o termo *mania* é bastante empregado com outra finalidade semântica, isto é, de significação, como, por exemplo, em situações como: *mania de perseguição, mania de jogar no cassino, mania de namorar homens velhos*, etc.

Maniqueísmo: essa expressão designa a percepção de quem vê o mundo de uma forma radicalizada e simplificada em, unicamente, duas possibilidades: ou predomina o "bem" (Deus e a luz) ou, o "mal" (diabo e as trevas). A etimologia da palavra *maniqueísmo*, muito presente no campo da filosofia, provém do nome de Maniqueu, pregador da Pérsia – atual Irã – que se apresentava como missionário de uma doutrina religiosa que pregava que a única salvação da humanidade estaria nas luzes de Deus, caso contrário, as trevas do diabo tomariam conta de tudo. A pregação de Maniqueu não se limitava unicamente à Pérsia; também havia muitos adeptos na China, na Índia, na África, na Espanha e na Itália. De Maniqueu originou-se a denominação de *maniqueísmo*, de modo que o vocábulo derivado *maniqueísta* indica aquelas pessoas que fazem de suas vidas o cumprimento da doutrina de que tudo repousa numa escolha entre a louvação do "bem" ou a rendição ao "mal".

> **NOTA.** Na atual realidade, consideramos como maniqueístas aquelas pessoas cujo raciocínio é ambíguo entre duas posições a serem adotadas, porquanto o seu modo de pensar oscila entre a conjunção *ou* entre o que considera o certo ou o oposto, de forma que, no meu modo de analisar, o objetivo deste autor deve ficar focado em o paciente trocar a conjunção alternativa "*ou*" pela conjunção aditiva (isto é, integrativa) "*e*", de sorte a juntar e integrar os opostos em vez de forçar ainda mais a disjunção deles. O mesmo acontece na psicanálise em geral; por exemplo, os sentimentos de amor e de ódio estão praticamente sempre juntos e se complementam entre si, de uma forma ou de outra.

Maquiavélico: refere uma pessoa em quem há *perfídia, má fé, dolo, astúcia, velhacaria*, em suma, é um sujeito *cínico* e *ardiloso*. Essa palavra deriva do célebre Nicólo Maquiavel, escritor e estadista florentino que em sua obra *O Príncipe* fez a apologia de um sistema político caracterizado pelo princípio amoralista de que "*os fins justificam os meios*", portanto, uma política desprovida de boa fé. Pelo contrário, no seu livro antes aludido, Maquiavel propugnava o uso de várias artimanhas, sempre com ênfase na má fé, no embuste e com a finalidade de tirar vantagens pessoais. Outras palavras derivadas de Maquiavel são *maquiavelice* e *maquievismo*, com o mesmo significado doloso.

Marido: designa *esposo, consorte, cônjuge*, e a sua raiz etimológica vem do derivado latino *mars, maris*, do qual deriva *macho* e também *maritus*.

Masoquismo: termo empregado pela primeira vez pelo sexólogo Kraft Ebbing, com o significado de perversão sexual. Deriva do nome do escritor austríaco Leopold Von Sacher-Masoch, que descrevia em seus romances uma atitude de submissão e de humilhação masculina em relação à mulher amada, numa busca de sofrimento (não tanto pelo prazer como a maioria das pessoas pensa, mas, sim, por um mandamento interno que força a pessoa a ter que sofrer, como uma forma de punição inconsciente). Freud reestudou o problema do masoquismo principalmente em dois trabalhos: *"Uma criança é espancada"* (1911) e *"O problema econômico do masoquismo"* (1924) e descreveu três tipos de masoquismo: o *erógeno*, o *feminino* e o *moral*.

> **NOTA**. Não obstante o termo *masoquismo* pertencer essencialmente ao campo da sexologia, do ponto de vista psicanalítico, o próprio Freud e seus seguidores estudaram sua conceituação além da perversão sexual, englobando muitos outros atos e tipos de relacionamento, os quais foram muito enriquecidos com os estudos aprofundados de Bion acerca das configurações vinculares. Deram, assim, origem a um novo e relevante vocábulo, o *sadomasoquismo*, levando em conta que o sadismo e o masoquismo coexistem e interagem, tanto *intra* como *intersubjetivamente*.

Masturbação: a etimologia dessa muito conhecida palavra origina-se do latim *masturbatione*, muito ligada à contração da palavra latina *manustupratio*, que mostra os seus étimos formadores *manus* (= mão) + *sturpare*, que, em latim, é *desonrar*, isto é: a masturbação tem o significado moralístico de "desonrar-se com as próprias mãos".

> **NOTA**. O destaque que foi dado à adjetivação de *moralística* para a prática masturbatória se justifica pelos danos, por vezes muito sérios, que acometem pessoas que, na infância ou na adolescência, praticaram normalmente algum tipo de masturbação e que sofreram, em alguma escola de orientação excessivamente religiosa, nos antigos sermões dos padres na igreja (hoje está diferente)

> ou, ainda, na própria família, com pais por demais rígidos na moral cristã, inundando de culpas o psiquismo ainda imaturo do filho ou aluno. As culpas, que se fixam no inconsciente, podem ser as responsáveis, no futuro adulto, por um comportamento de natureza masoquista ou por um **complexo de imerecimento** de serem felizes, como se tivessem a obrigação de ser punidos pelas culpas (indevidas) de terem transgredido as leis de Deus. Muitos colocam os termos **masturbação** e **onanismo** como se fossem sinônimos, mas não são!

Maternagem: esse vocábulo vai além de uma situação dos cuidados de uma mãe com seus filhos. Na realidade, o significado é mais amplo e designa um conjunto de atributos que uma pessoa possui (pode ser a mãe biológica, adotiva, a pessoa do pai ou o próprio psicanalista).

> **NOTA.** No caso do psicanalista, em pacientes que sofram da "patologia do vazio", é indispensável que ele(a) funcione como um novo e importante modelo de maternagem, satisfazendo as necessidades básicas – principalmente as emocionais – que não foram suficientemente atendidas na época certa. O mesmo acontece com os terapeutas, ou seja, espera-se que eles tenham uma boa maternagem, que possam preencher vazios que restaram de uma série de faltas e de falhas dos pais. Disso resulta que, na mente da criança, ocorre a formação de vazios que ainda persistem no seu estado adulto, de modo que o psicanalista, independentemente do seu gênero sexual, além de sua atividade interpretativa, deve constituir-se como um novo e sadio *modelo de identificação,* com as mínimas condições necessárias para ser um bom psicoterapeuta, que são: *empatia, continente, sobrevivência* a possíveis ataques, e acreditar na reserva das capacidades sadias que possam estar ocultas e bloqueadas no paciente.

Médico: a maioria dos melhores dicionários de etimologia se limita a dizer que o vocábulo *médico* procede do latim *medicus*, o qual, por sua vez, segundo alguns etimologistas (como Corominas), origina-se do verbo latino *medéri*, que tem o significado de *cuidar, curar, tratar, medicar* e *tratar da doença de alguém*. Da raiz medéri surgiu o cognato *medicare*, com outros derivados como *medicar, medicamentos, remédios, medicina* e *médico*.

> **NOTA.** O que se sabe, com certeza, é que o termo grego *yatros* significa *médico.* Assim, é comum que o sufixo *yatros* classifique

> a especialidade a que o médico se dedica, como, por exemplo: *pediatra* (*paidos*, em grego, é *criança* + *iatria* = *médico*, em grego); *psiquiatra* (em grego, *psyché* = *alma*, *psiquismo* + *iatria*); *fisiatra*, etc.

Medo: segundo a mitologia grega, tal como foram descritas pelo psicanalista italiano Bolognini (2007), as figuras míticas de Phobos (esse nome alude a *medo*) e a de Deimos (*terror*) foram geradas por Afrodite em seu acasalamento clandestino com Áries, deus da guerra e das mortes violentas, que era representado com o pênis ereto, e era briguento e beberrão. Phobos e Demos combatiam junto com Áries e eram sádicos e sanguinários. A variedade dos tipos de medo é praticamente infinita, desde as grandes catástrofes naturais, como o dilúvio universal, terremotos, maremotos (como o *tsunami*), secas, pestes, erupções de vulcões, epidemias de doenças, até causas orgânicas internas. Outros tipos de medo e de terror se formam desde o nascimento, por causas provindas do ambiente familiar, até as representações terrificantes, representativas da figura interna má, como a figura mítica de Medusa, representada como um monstro assustador com cabelos-serpente. É muito útil fazer uma distinção entre **medo**, **fobia**, **pavor** e **terror**.

Melancolia: a etimologia da palavra *melancolia* é derivada dos étimos gregos *mélanos* (= *negro*) + *kholé* (= *bile*), e expressa com clareza que se trata de uma doença conhecida desde a antiguidade e que se caracteriza por um humor sombrio, isto é, uma tristeza e um desânimo profundos, um estado depressivo capaz de conduzir ao suicídio, com ou sem a presença de ideias delirantes de ruína. A *melancolia* é uma forma patológica do luto; assim, é útil traçar uma diferença entre "luto normal" (que exige um determinado tempo para elaborar a tristeza após o qual retoma a vida normal, não obstante conserve uma forte imagem da importante figura perdida). Já na *melancolia*, a pessoa não consegue elaborar a perda e pode manter por tempo indeterminado (às vezes, pela vida inteira) um eterno luto, quase sempre acompanhado por sentimentos de culpa que, na maioria das vezes, são culpas indevidas.

Memória: possivelmente a raiz *etimológica* de *memória* venha de *mnésis*, nome grego que significa *memória*, o que reforça a certeza de que deve ter uma forte intimidade com *Mnemósine*, a deusa grega da memória, e que foi mãe das nove musas. Basta a palavra *amnésia* para percebermos que ela se origina de *a* (= *privação de*) + *mnésia* (= *memória*) = sem memória, ou seja, esquecimento de fatos passados. Igualmente a palavra *mnemotecnia* refere um conjunto de técnicas que visam a reforçar a memória.

> **NOTA.** Na atualidade, a psicanálise e a psiquiatria, fortemente inspiradas nos recentes estudos das neurociências, estão dando um grande valor ao fenômeno da memória. De forma resumida, cabe afirmar que, segundo o conhecido neurocientista Kandel, existem dois tipos de memória: aquela que ele denomina de *explícita*, que se refere à memória de fatos acontecidos – na imensa maioria das vezes, a partir dos 4 anos de idade – que estão fixadas em determinadas áreas cerebrais; o segundo tipo de memória é a que o mesmo autor denomina como *implícita*, cujo significado alude não tanto a fatos acontecidos recentemente, mas, sim, a sentimentos que acompanharam determinadas situações e que estão impressos em áreas do cérebro ligadas à situações muito primitivas, porém que continuam bastante presentes, exercendo notória influência no nosso cotidiano, na nossa conduta ou nas nossas respostas emocionais.

Menarca: o prefixo grego *men* significa *mês*, e o sufixo grego *arché* designa *o primeiro*. Assim, a palavra *menarca* significa a primeira menstruação que ocorre no início da adolescência. O étimo *arché* também dá origem à palavra *arcaico*, no sentido de *primitivo*.

Metáfora/Metonímia/Signo: o psicanalista francês J. Lacan introduziu uma importante concepção psicanalítica relativamente aos termos *metáfora, metomínia* e *signo*. O vocábulo *metáfora* procede do grego *metáphorá*, que no latim é *metaphora* e deriva dos radicais *meta* (= mudança de lugar ou de significado), como em *metamorfose* (= mudança da forma) + *phora* (vem do grego *pheros* = *transporte*). Assim, *metáfora* significa que há uma substituição simbólica de um significante por outro, embora a palavra usada seja a mesma. Por exemplo, a palavra *raposa* pode indicar o animal reconhecido como astuto, ou pode designar simbolicamente uma pessoa astuta.

> **NOTA.** Vou usar o recurso de uma metáfora com o vocábulo *fogo* para tentar estabelecer uma distinção mais clara entre os três termos linguísticos que têm algum parentesco, porém com significações bastante distintas, conforme a intenção do sujeito. Assim:
>
> 1. Quando a palavra *fogo* está diretamente ligada à fumaça, estamos diante de uma significação de tipo *sígnica* (de *signo = sinal*), porquanto estabelecemos uma presença imediata, visível e concreta, *sem* haver conceituação simbólica entre ambos.

> 2. Quando o fogo for substituído por *calor*, trata-se de *metonímia*, visto que os dois conceitos estão ligados por uma continuidade, porém sem simbolismo.
> 3. Se a palavra *fogo* for utilizada para transmitir uma *paixão ardente*, podemos dizer que se trata de uma *metáfora* porque houve uma relação de semelhança simbólica e, sobretudo, a criação de um novo sentido à palavra original. Vale consignar que em toda metáfora sempre existem duas características: o *uso figurado* de alguma palavra e uma *comparação*. Cabe ilustrar com exemplos extraídos da literatura: *"o vento uivava"; "o rio serpenteava pelo dorso das montanhas"*.

Metapsicologia: termo empregado pela primeira vez por Freud, provavelmente inspirado na expressão *metafísica*, bastante corrente na sua época, para referir todos os fenômenos da física incapazes de serem comprovados cientificamente. De forma análoga, *metapsicologia*, que Freud, carinhosamente, chamava de "a bruxa", consiste na elaboração de modelos teóricos que não estão diretamente ligados à prática analítica ou às experiências clínicas que ainda não tinham comprovação rigorosamente científica.

> **NOTA.** Não obstante os termos *teoria* e *metapsicologia* sejam empregados quase como sinônimos, é útil estabelecer a distinção entre eles. Assim, *teoria* alude a um conjunto de ideias que têm como objetivo explicar determinados fenômenos clínicos que podem, ou não, ser comprovados pela experiência clínica. Já a *metapsicologia*, em cuja etimologia o prefixo grego *meta* quer dizer algo muito elevado, tem uma natureza mais transcedental, serve como ponto de partida de conjecturas imaginativas, as quais dificilmente poderão ser comprovadas na realidade, como, por exemplo, a pulsão de morte.

Misantropo: refere uma pessoa que sofre de *misantropia*, ou seja, tem uma grande aversão ou ódio da sociedade em geral, às vezes mais especificamente contra homens, ou seja, dos étimos gregos *miso* (= *ódio; contra*) + *anthropos* (= *homem*), de modo que as palvras derivadas são *misantropia* ou seu equivalente *antrofobia* (o oposto disso é a *filantropia*); às vezes esse ódio ou aversão é contra mulheres, como no caso dos *ginecofóbicos* ou **misóginos**. Etimologicamente o vocábulo latino *misantropia* vem do grego *misánthropos*.

Misericórdia: refere um estado de compaixão suscitada pela miséria alheia. Também designa um espírito de *indulgência, graça, perdão*. A raiz *etimológica* é a mesma do termo *misericordia*, em latim (muito provavelmente oriunda da raiz latina *cor-cordis* = coração; do coração).

Misógino: essa palavra, de acordo com a sua formação etimológica (*miso*, em grego = ódio + *gyno* = mulher), significa o estado psíquico de alguém que tem um profundo desprezo, um ódio contra as mulheres.

Mito/Mitologia: a palavra *mitologia*, de acordo com o sufixo *logia* (*estudo de*; *tratado*) + *mito*, indica um estudo aprofundado dos *mitos*. Estes, por sua vez, consistem em narrativas que, metaforicamente, procuram explicar as questões fundamentais (nascimento, finalidade da existência, da vida, morte e, especialmente, quem, o quê e como o mundo foi criado). A palavra *mito* é derivada do grego *mythós*, que significa *palavra, narrativa*. A *etimologia* de *mito* ainda é algo obscura, porém a maioria dos estudiosos supõe que a maior possibilidade é que ela seja oriunda do idioma sânscrito (antiga linguagem indiana), através da raiz *mous* (conforme Salis, 1983), que origina a palavra grega *myithos* que, por sua vez, deriva *meyin* e também *mantra*. Da raiz *meyin* derivam as palavras *magia*, *mago* e *maiêutica*, todas com o significado de *encantamento*, em grego.

> **NOTA**. A exemplo dos sonhos, os mitos trazem embutidas as fantasias universais subjacentes nos indivíduos e nas coletividades. Como comprovação dessa assertiva, basta mencionar os mitos de Édipo e de Narciso para perceber o mundo de concepções psicanalíticas que foram extraídos dos mencionados mitos. Dessa forma, cabe realçar Freud, que sintetizou a importância que dava aos mitos com a sua seguinte e célebre frase: *"o mito é o sonho da humanidade e o sonho é o mito do indivíduo"*. Também é útil esclarecer que o étimo *mous*, em sânscrito, significava "um ato de calar". Não obstante o fato de que o significado atual de *mito* é o de narrar uma história imaginária, simbolicamente, na antiguidade, o grego *mythos* era a arte de calar-se para ouvir os deuses. Assim, de *mythos* originou-se *meyn*, que significa "calar as vozes mentais e emocionais, para permitir escutar os deuses por intermédio dos mortos".

Mística: esse vocábulo é composto dos étimos gregos *mystes*, que significa o *iniciado* + *mysterion*, que designa o *mistério* relacionado a cerimoniais e rituais de iniciação. Desse modo, "iniciado" é aquele que se prepara para participar de um "mistério"; logo, *mito* e *mistério* estão intimamente conectados.

> **NOTA**. A expressão *mítico-religiosa* é assim denominada para caracterizar a 4ª década da obra de Bion.

Mistério: é interessante assinalar que o vocábulo *mistério* vem de *my* + *sterion*, como assinala o autor de La Puente (1992, p. 344), e se origina do étimo grego *myo*, que significa *fechado*, e *ystero*, que, em grego, quer dizer *útero*, levando em conta que no psiquismo incipiente da criança, sua curiosidade primitiva a faz imaginar quais são os segredos que estão "fechados", escondidos no interior do corpo da mãe.

Mongoloide: como paciente que pertence ao campo da neuropsiquiatria. Na atualidade, raramente se continua denominando alguém de *mongoloide* (o termo ficou restrito a situações em que alguém quer ofender alguma pessoa com alguma deficiência). Esse problema neurológico, de origem congênita, que compromete seriamente as capacidades mentais que ficam muito retardadas, além de outras malformações, como no coração, rins, pés e mãos menores. A denominação correta e bastante mais usada atualmente é a de *Síndrome de Down* (que substitui o termo *mongoloide*), em homenagem ao cientista descobridor dessa síndrome. A razão por que ela era chamada de *mongoloide* se deve ao fato de que o próprio sufixo *oide* (= *semelhante a*) já esclarece que o paciente com a doença de *Down* fica com traços faciais que o tornam semelhante a um mongol (naturais da Mongólia, país que fica entre China e Rússia) ou parecido com algum oriental da "raça amarela".

Moral: o vocábulo *moral* designa uma ciência normativa do comportamento, no que diz respeito aos costumes, deveres e procedimentos dos homens entre si; um corpo de regras e recomendações destinadas a conduzir as ações humanas segundo a justiça e a equidade. Opõe-se geralmente ao *imoral* (*i* = *falta de* moral), ou ao *amoral* (*a* = *ausência total de* moral); portanto, esse conceito de moral, no campo da filsofia, está muito ligado ao conceito de **ética**. Diz-se, pois, que cada época e cada sociedade têm seus padrões morais. Do ponto de vista *etimológico*, a palavra *moral* vem do latim *mos,* com o genitivo *moris*, com a significação de *costume, direito*, em contraposição à lex, que designa *direito escrito sob forma de leis* (a palavra lei deriva do étimo latino *lex*, com o genitivo *legis*).

Morfina: vem do francês *morphine*; é considerada o principal e o mais ativo dos alcaloides derivados do ópio. É branco, cristalino e é usado como sedativo, calmante, analgésico e entorpecente (causa torpor, ou seja, o sujeito fica fraco, desligado) e tem uma forte probabilidade de causar uma morfinomania (adição). A criação do termo *morfina* foi baseada no nome de *Morfeu*, deus grego do sono e dos sonhos, conforme a mitologia grega, sendo que a semelhança consiste no fato de que a morfina também tem propriedades soníferas. Morfeu era descrito como um deus alado que, voando sobre os homens, tinha o dom de fazê-los dormir ou de provocar sonhos naqueles que já estavam dormindo.

Morfologia/Amorfo: o vocábulo *morfologia* significa um tratado sobre as formas que a matéria pode tomar. De sua raiz grega *morfos*, muitos vocábulos podem se originar, como, por exemplo, o seu derivado *amorfia* em que *a* (= *ausência de*) + *morfia* (= formas) = ausência de formas. Também deriva a palavra *dismorfia*, que se forma de *dis* (= *perturbação de*) + *morfia* (= *forma*), e significa uma distorção da imagem corporal, tal como aparece nas anorexias nervosas. Outra palavra que se origina dessa mesma raiz é a *polimorfia* que resulta de *polys* (= *muito*, em grego) + *morfia* = várias formas.

Morte: a *etimologia* provém do grego *móros*, com o significado de *destino, fatalidade*, e que passou para o latim *mors, mortis*, com os significados de *morte, falecimento, óbito*, introduzindo a concepção da *"pulsão de morte"*, a qual foi concebida por Freud como tendo a finalidade de manter uma redução de toda carga de tensão orgânica e psíquica, logo, "um retorno ao estado inorgânico". A partir da pulsão de morte, Freud formulou o princípio da *"Compulsão à repetição"*, o qual significa a tendência do psiquismo humano em repetir situações penosas traumatizantes antigas.

Mudança catastrófica: Bion utiliza essa expressão; muitas vezes o termo original, *catastrophic change*, aparece traduzido como *câmbio catastrófico*, para designar que toda evolução implica sucessivos processos de *transformação* que, às vezes, adquirem mudanças muito significativas como, por exemplo, a transição da "posição esquizoparanoide" para a posição depressiva, que vem acompanhada de uma angústia tão intensa (embora, sadia) que o paciente fica tomado por uma forte angústa de enlouquecer, de morrer, etc.

Mulher: é discutível a verdadeira etimologia dessa palavra; alguns autores acreditam que ela provém do latim vulgar *muliére* (que por sua vez, vem de *mulier*), que foi considerado como aparentado com *mollis*, no sentido de "mais mole", "mais suave", atributos costumeiramente atribuídos à mulher.

N

Nada: alguns etimologistas asseveram que o tão conhecido termo *nada* é oriundo de uma antiga expressão latina *res nata*, que significava *nenhuma coisa* (= *res*) ou um bebê que não nasceu (= *nata*), ou que nasceu e que, depois foi perdido, do que resulta um *nad*. Dessa forma, o termo *nada* foi significando um vazio total, uma ausência de vida, um absoluto abandono.

> **NOTA.** Do ponto de vista da psicanálise, o termo *nada* refere-se mais diretamente a um vazio no interior do psiquismo da criança ou adulto que esteja por demais depressivo, sem a menor esperança (daí vem *desesperança* ou *desespero* em casos mais extremos); cabe citar dois exemplos: um é o do psicanalista francês A. Green, que propõe a sua expressão *mãe morta* (que, de forma nenhuma significa uma mãe que já faleceu), cujo significado analítico é de que a mãe foi introjetada pelo bebê, ou pela criança pequena, sob uma forma de mãe tão ausente, sem amor para dar, sem *responsividade* (ausência de respostas da mãe às vitais necessidades do filho), de modo que, pior do que ter uma mãe incorporada como "mãe má", ela fica representada como estando morta, embora ainda com vida; o outro exemplo, muito parecido com o de Green, parte de Bion, que, antes de Green, fez a seguinte exposição acerca do que ele denomina de "não seio" ou de "não mãe". Diz Bion: *"pior do que introjetar um "seio mau", que está interiorizado e representado dentro da criança, como presença de uma mãe ausente, é não ter representação nenhuma ("nada de nada") do "seio-mãe").* Trata-se então, segundo Bion, de um "não seio", uma "não coisa". Cabe clarear com um exemplo do próprio Bion: *"diante de uma ausência por demais prolongada de algo imprescindível ou de alguém que possa saciar suas necessidades e demandas básicas, processa-se uma "não"* (em inglês é *no*) + *"coisa"* (em inglês é *thing*), isto é, *no* + *thing*, que forma *nothing* = *nada*!

Narciso/Narcisismo: o termo *narcisismo* aparece com grande frequência na literatura psicanalítica, porém vai muito além disso, de modo que é corrente o seu emprego pela população em geral, nas mais distintas classes sociais e profissionais. De forma bastante resumida, cabe dizer que o *narcisismo* de uma determinada pessoa alude a uma forte admiração e idealização de si mesmo, achando-se muito formoso e poderoso. Além disso, sua maneira de encarar o mundo externo e os seus valores pessoais sempre orbitam em torno de seu umbigo e o levam a crer que é o maior, o melhor, de sorte que sua forma de pensar é de natureza do "tudo ou nada"; isto é, se não for o mais formoso, vai para o outro extremo e acha-se muito feio; se não for o melhor, entra em depressão porque sua autoestima – habitualmente megalomaníaca – vai a zero, e assim por diante. É evidente que o termo *narcisismo*, como um transtorno da personalidade, é uma decorrência direta de Narciso, personagem da mitologia grega. Assim, cabe lembrar que *Narciso* é descrito, no mito grego, como tendo sido um formoso jovem, amado e perseguido pela ninfa Eco. Enamorado de sua própria beleza, diz o mito que, quando ao beber água numa fonte, viu a sua própria imagem refletida na superfície líquida; achou-se tão maravilhoso que beijou a sua imagem nas águas e queria abraçar a sua figura (por isso os narcisistas dão um valor extraordinário a mirar-se no espelho). O nome *Narciso* vem do grego *narkissos* e passou para o latim como *Narcissus*.

> **NOTA**. A *etimologia* de *Narciso* é interessante; este nome provém da flor conhecida como *narciso* que, tal como o personagem a quem a flor emprestou o seu nome, é descrita como bela, inútil, decorativa, estéril, venenosa, que cresce junto às águas. Ainda mais, é estupefaciente (causa pasmo e espanto), de acordo com sua raiz grega *narke* (de onde vem *narcótico*); é de vida breve e simboliza a morte e a ressurreição.

Narcótico: este termo designa substâncias que entorpecem (causam torpor) e levam a um estado de *narcose*, isto é, um estado de sono provocado artificialmente; é reversível e vem acompanhado de uma diminuição da atividade dos reflexos, amnésia, hipnose, analgesia e algum relaxamento muscular. A etimologia de *narcótico* vem do grego *narkotikós*, e alude àquilo que *faz dormir*.

Neotenia: quando um bebê nasce num estado de *neotenia*, significa que ele nasceu prematuramente, no sentido de que apresenta, em relação a qualquer espécie do reino animal, uma prolongada deficiência de maturação neurológica e motora, que o deixa num estado de absoluta dependência e desamparo. Em contraste com a lentidão da maturação motora, o desenvolvimento dos órgãos dos sentidos da criança é relativamente rápido: ela começa a sentir calor e frio desde o nascimento; a ouvir desde as primeiras semanas; a olhar por volta do primeiro mês, e assim por diante. Essa expressão de *neotenia* é mais utilizada no reino animal, com a significação de que os órgãos sexuais se desenvolvem (amadurecem) antes do resto do corpo, de modo que, na escala zoológica, enquanto se desenvolve o amadurecimento sexual, o animal ainda conserva a forma de larva. A etimologia de *neotenia* procede de *neos* (= *novo*) + *tenos* (= *distensão*, *desenvolvimento*).

> **NOTA**. A importância do conceito psicanalítico de *neotenia* consiste no fato de que esse estado mental de desamparo, acompanhado de uma sensação de impotência, pode ficar inscrito e representado no ego da criança, acompanhando-o vida afora, de sorte a forçar o adulto a adotar defesas típicas do **narcisismo**.

Neurastenia: na sua pioneira descrição dos transtornos mentais, Freud incluiu o quadro clínico que ele denominou como *neurastenia*, que consistia num *estado* *de debilidade, fraqueza, astenia, falta de energia, irritabilidade, fadiga física.* Cabe fazer uma certa sinonímia com a palavra *estresse*, muito utilizada na atualidade, enquanto a expressão *neurastenia* está quase desaparecida. Freud chegou a aventar a hipótese de que um excesso de masturbação poderia provocar um estado neurastênico. A *etimologia* dessa palavra vem do prefixo grego *neuron* (= *nervo*) + *a* (= *privação de*) + *sthenos* (= *força*), o que bem traduz os sintomas antes mencionados nos quadros de *neurastenia*.

Neutralidade: a *etimologia* dessa palavra mostra que *neutralidade* deriva do étimo latino *neuter*, que significa *nem um, nem outro*. Nas poucas vezes em que esse termo aparece nos escritos de Freud, de forma enfática, consiste no conjunto de "recomendações para os médicos que exercem a psicanálise", ou seja, numa série de regras técnicas que Freud legou para sucessivas gerações de psicanalistas. Nessas regras – que continuam vigentes –, porém modificadas, nelas constava a "Regra da neutralidade", que pode ser sintetizada nessa frase de Freud: "*o psicanalista deve ser opaco aos seus pacientes e, como um espelho, não lhes mostrar nada, exceto o que lhe for mostrado*" (na psicanálise contemporânea, essa regra já não é mais levada ao pé da letra).

> **NOTA.** Nos textos originais em que Freud, no idioma alemão, se refere à *regra da neutralidade*, ele utiliza o termo *Indifferenz*, porém deve ficar claro que essa palavra não deve ser traduzida como *indiferença*, o que seria um grande equívoco); pelo contrário, a correta tradução para o português, ou pelo menos a mais próxima, é a de *imparcialidade*.

Niilismo: vem do étimo latino *nihil*, que significa nada. Assim, o vocábulo *niilismo* designa uma *redução ao nada*, um *aniquilamento*, uma *descrença absoluta*.

> **NOTA.** O uso do pensamento de natureza niilista é próprio de pessoas bastante deprimidas, que estão de mal com a vida e com o mundo.

Ninfomania: a palavra *ninfa* procede do grego *ninphé*, que passa para o latim como *ninpha*, e, comumente, se refere à "uma moça em idade de se casar". As ninfas, na mitologia grega, eram divindades femininas de segunda classe e, embora sendo consideradas deusas dos mares, rios e bosques, não habitavam o Olimpo sagrado dos deuses e, segundo o mito, viviam no campo, junto às fontes, muito felizes. De *ninfa*, origina-se o termo "*ninfomania*" (em meu entendimento, o significado de ninfa no sentido de moça muito jovem, pode dar uma significação equivocada aos termos *ninfomania* e *ninfomaníaca*), De qualquer modo, o significado mais conhecido é o de uma **perversão** sexual feminina, caracterizada por uma excitação sexual excessiva na mulher (daí o sufixo *mania*), com uma prática sexual algo promíscua e insaciável, de modo que, creio, podemos traçar uma equivalência com o **donjuanismo** de certos homens. Outro derivado de *ninfa* é o termo *ninfeta*, (o sufixo *eta* caracteriza um diminutivo), que designa a menina que tem ou desperta desejo sexual. O leitor que já leu o verbete **erotomania** perceberá uma espécie de sinonímia entre as duas expressões.

> **NOTA.** A ninfa mais conhecida na mitologia era chamada Eco, nome que vem do grego *ekhó* (= *ruído*). Diz o mito que Eco apaixonou-se perdidamente por Eros que a desprezou e, desesperada pela dor do rechaço, ela decidiu definhar e se transformou num rochedo, que apenas servia para repetir as últimas palavras das falas humanas (daí o nome de *eco* quando há uma repetição de um som, que volta). Uma outra curiosidade é que, às vezes, uma ninfomaníaca excessiva costuma ser chamada de *messalina*, cujo significado é mais depreciativo, pois indica *mulher sensual, libertina, prostituta, promíscua* e de sexo totalmente insaciável. *Etimologicamente, o* nome Messalina vem de uma cortesã chamada Valéria Messalina, por volta do século 50 d.C., que se tornou célebre pela vida devassa que levava, mesmo durante o período em que foi a esposa do imperador Cláudio, de modo que prevaricava escandalosamente com todos os trabalhadores do palácio. Com os conhecimentos atuais, cabe diagnosticar que Messalina era uma erotomaníaca, uma ninfomaníaca. A história universal diz que, esgotado o limite de tolerância do imperador Cláudio, a mando dele, Messalina foi assassinada e ele casou-se com Agripina, mãe de Nero que sucedeu a Cláudio (assassinado por Agripina) e Nero, o "imperador louco", acabou mandando que matassem sua própria mãe, Agripina.

Nirvana: o termo *nirvana* é próprio da religião budista, na qual designa a *extinção do desejo humano* – que se funde na alma coletiva – um *estado de quietude* e de *felicidade perfeita*. A *etimologia* de *nirvana* procede do sânscrito *nirvâna*, com o significado de *extinção da chama vital*, e, no budismo, significa um estado de total *ausência de sofrimento, paz* e *plenitude* a que se chega por uma evasão de si mesmo, que é a realização da sabedoria.

> **NOTA.** Em alguns escritos, Freud utilizou o termo *nirvana* e a expressão *princípio de Nirvana*, em que fazia uma equivalência com o *princípio da inércia* quanto à redução da excitação a zero; porém, no lugar de um enfoque biológico, neuronal, Freud privilegiou a ação da **pulsão** de morte.

Nó Borromeu: Lacan introduziu esse termo na psicanálise em 1972, com o propósito de designar, por meio de uma imagem pictórica (muito parecida com a imagem que simboliza os jogos olímpicos, que simboliza o entrelaçamento dos três registros que ele tanto estudou e concebeu: o registro do *real*, o do *imaginário* e o do *simbólico*. Para tanto, ele propõe que o nó estabelece o vínculo entre essas três dimensões, de forma que um dos laços libera os outros dois. *Etimologicamente*, a origem do termo *borromeu* remete á ilustre família Borromeu, residente em Milão, cujas armas compunham-se de três anéis em forma de trevo, simbolizando uma tríplice aliança. Se um dos anéis fosse retirado, os outros dois ficariam soltos e cada um remetia ao poder de um dos três ramos da família.

Nostalgia: essa palavra é composta dos étimos gregos *nostos* (que significa *regresso*, ou seja, uma espécie de saudade) + *algos* (que designa *dor*). Assim, *nostalgia* indica o estado de uma pessoa estar sentindo uma *saudade dolorosa* de algo ou de alguém.

Númeno: trata-se de um termo utilizado por Bion, que tomou emprestado de Kant, que, com a palavra *númeno* (que alude à uma divindade mitológica), queria designar o fenômeno que ele concebeu com a sua denominação de "*a coisa em si mesmo*". em oposição à nossa percepção corriqueira, de natureza concreta e não abstrata, como queriam Kant e, depois, Bion, que também passou a denominar *númeno* de *verdade absoluta*, ou com a letra "O" (de "origem").

O

Obcecar: o significado desse verbo se refere à uma teimosia invencível, com um domínio forte de uma ideia fixa, que pode manter a pessoa obcecada num estado de "cegueira" para o bom senso dos fatos reais. Sua etimologia procede do prefixo latino *ob* (= *em face de*) + *caecare* (as letras "a" e "e", quando unidas, ficam com o som de "é" (= *cegar*).

> **NOTA**. Na prática analítica, essa *etimologia* é muito importante, porquanto caberá ao analista trabalhar com a "cegueira" (às vezes acompanhada de um "emburrecimento" do paciente obcecado em relação à realidade dos fatos, que ele faz questão de negar). É evidente que pode acontecer o fato de, no ato analítico, existir a possibilidade de que também o analista esteja obcecado por alguma ideia fixa, como, por exemplo, sua absoluta convicção de que ele sempre está com a verdade.

Obedecer: vem de *ob* (= *diante de*) + *audire* (= *ouvir*) ou *obaudire*, em latim, de modo que, propriamente, o significado de obedecer refere-se à pessoa que se adianta ou se submete à vontade de outrém.

Objeto/Objeto transicional: é provável que o vocábulo *objeto* seja um dos mais mencionados nos textos psicanalíticos. Já apareceu em Freud, em 1917, quando ele afirmou que "*a sombra do objeto recai sobre o seu ego*", além de essa palavra designar quase sempre, na obra de Freud, o objetivo-alvo da descarga das cargas pulsionais. No entanto, o termo *objeto* ganhou maior relevância a partir da obra de M. Klein, na qual os significados são múltiplos e variáveis em seus objetivos. Assim, cabe ressaltar os principais usos do termo *objeto* em M. Klein, sempre numa dicotomia, como são os que seguem: objeto interno e externo; bom e mau; parcial e total; persecutório e idealizado. A *etimologia* dessa palavra se origina do latim *objectu*, particípio do verbo *objicere*, que se forma com o prefixo *ob*, que tem a significação de *diante dos olhos*, + *jicere* (= *lançar*), ou seja, designa uma *aproximação*, uma *relação mais íntima e pessoal com alguém* que está na nossa frente (o mesmo que "projetado adiante", visto que a palavra *projeção* vem da mesma raiz *jicere*).

Já a expressão *objeto transicional* é uma criação de D. Winnicott, junto com as concepções de *espaço transicional* e de *fenômenos transicionais*, para designar o *objeto* que está representando uma *transição* entre o mundo do imaginário e o da realidade.

> **NOTA**. Em relação aos referidos *objetos transicionais*, cabe afirmar que, comumente, eles consistem em um bico de mamadeira, em um ursinho de pano, em algum brinquedo, uma boneca, ou seja, objetos que ligam o passado com o presente. De acordo com a denominação *transicional*, os apegos a esses objetos costumam ser transitórios e normais, porém, segundo Winnicott, podem ser suscetíveis de uma evolução patológica que ele exmplifica com quadros clínicos de *adições*, *fetichismo*, que, no lugar de serem transitórios, podem se tornar definitivos.

Obstinação: vem do latim *obstinatione* e resulta de *ob* (= *na frente de*) + *stinare* (= *estado de determinação, manter a posição própria*, como em *destino*). Desse modo, a conceituação de *obstinação* está muito próxima à de *obsessivo*, de *obsessividade*, de *neurose obsessiva*, e todas essas conceituações permitem duas leituras: uma positiva, no sentido de que uma obstinação pode designar um estado mental de que, diante de tarefas, o sujeito mantém uma determinação, pertinácia, persistência, tenacidade, perseverança, e dedicação. No entanto, o sentido muito usado pode significar uma rígida teimosia, uma birra, uma rigidez excessiva diante de outras opiniões.

Observar: vem do prefixo *ob* (como em *objeto, obsessivo*, etc.) e significa *estar diante de; de frente*, enquanto o étimo *servans* significa *guardar, manter*. Assim, pode-se dizer que *observar é conservar diante dos olhos*, isto é, a observação atenta consiste na persistência do olhar, para depois pensar.

Obsessivo/Obsessão: na atual psiquiatria e psicanálise, está muito em voga o emprego da sigla TOC, cujo significado tem o objetivo de designar o diagnóstico de um *Transtorno Obsessivo Compulsivo*. Dessa forma, é indispensável diferenciarmos os termos *obsessivo* e *compulsivo*. O primeiro diz respeito à presença, no sujeito portador de TOC, do fato de que o seu pensamento está prisioneiro de ideias fixas que lhe parecem reais, mesmo que o seu bom senso tenha convicção de que não correspondem à realidade. Já o termo *compulsivo* refere diretamente aos atos, às ações que, de forma compulsiva, obrigam o sujeito a praticar ações que correspodam a uma obediência às pressões dos pensamentos obsessivos. A etimologia dos termos *obsessivo* e *obsessão* está intimamente conectada com o que está descrito no verbete **obstinação**.

Ocnofilia: esse termo foi criado pelo psicanalista britânico M. Balint, com o fim de designar a tendência do ser humano de se unir aos objetos primários (a mãe, principalmente) num tipo de ligação tão forte, de natureza fusional, que posteriormente pode gerar os estados de manter fortes apegos, o que pode ocasionar uma **fobia** de aproximação, devido ao medo de ficar enclausurado dentro do outro, porque, em razão desses medos, o sujeito com *ocnofilia* evita espaços fechados.

Ódio: vem do latim *ódium, ódiin*, com o significado de uma raiva excessiva, bem como aversão, repugnância, rancor, ímpetos de vingança. Geralmente o sentimento de ódio é despertado por alguém que se tornou um desafeto da pessoa a quem odeia, principalmente quando o *dês-afeto* (= a ter perdido todo afeto) lhe humilhou ou, simplesmente, cometeu uma série de injustiças, tanto na infância, por parte dos pais, como na continuidade, por parte de professores, chefes, amigos, namorados. Não rararmente, o ódio pode perseverar pela vida inteira, mesclado com sentimentos vingativos.

> **NOTA.** Na psicanálise, tanto na teoria como na técnica, o sentimento de ódio ocupa um espaço particularmente muito importante. Quase todos os autores importantes colaboraram para estudos profundos sobre o surgimento e a ação do ódio sob diferentes vértices de observação. Assim, Freud foi o pioneiro quando propôs as primordiais formas opostas das pulsões instintivas: as de *amor* e as de *ódio*, as *libidinais* e as *agressivas*, também denominadas por ele como pulsões de *vida* e de *morte*. Outros autores que se aprofundaram bastante no sentimento relativo ao ódio foram M. Klein (pulsão de morte como equivalente à "inveja primária"), W. Bion ("vínculo do ódio", representado pela letra "H", inicial da palavra ódio – *hate* –, em inglês) e D. Winnicott (1944) com o seu conceito de *ódio na transferência e na contratransferência*.

Olhar/Ver: o verbo olhar, é óbvio, deriva de *olho*, órgão que possibilita a visão. No entanto, é necessário fazer uma distinção entre o verbo *olhar* e os verbos *ver* ou *enxergar*. Se o sujeito não for cego, qualquer um consegue *olhar* o que está ao seu alcance. Porém, *ver* ou *enxergar* têm uma significação muito mais profunda, porque designam que não basta *olhar*, é necessário que aquele que olha faça uma observação mais aprofundada, ou pode enxergar algo ou alguém que está só na superfície, na aparência; na verdade, trata-se de uma visão de algo que está oculto. Os psicanalistas, desde Freud, sempre deram uma vital importância ao "olhar", especialmente na época da infância. O olhar do bebê faz parte do *período oral*, sendo extremamente importante na interação entre o bebê e as pessoas que o cercam, principalmente a mãe.

> **NOTA.** Vou citar apenas duas lindas frases para confirmar o valor que autores psicanalíticos concedem ao primitivo olhar da criança. Assim, o psicanalista francês André Green afirma que: "*sabemos que o bebê que se alimenta no seio, enquanto mama, olha, não para o peito ou mamadeira, mas, sim, para o rosto da mãe*". (1976). A segunda frase é de Winnicott: "*o primeiro espelho da criatura humana é a face da mãe, o seu sorriso, o seu tom de voz, o seu olhar*". Em síntese, para Winnicott, do alto de sua enorme experiência, a criança olha a maneira como sua mãe a olha. Também se pode afirmar que, além da grande importância desse "olhar reconhecedor", essa mãe, igualmente, também necessita sentir o "olhar reconhecedor do bebê", numa forma de gratidão a quem o amamenta.

Oligofrenia: a *etimologia* desse vocábulo deixa claro que os dois étimos gregos: *óligos* (= *pouco*) + *phrenós* (= *mente*) designam uma condição em que o sujeito sofre de um certo retardo mental, um sério prejuizo no lado intelectual, em relação ao pensamento algo mais abstrato. As causas provocadoras são diversas, e tanto podem ter um cunho hereditário ou serem adquiridas, muito comumente por traumas nos partos complicados.

Onanismo: vem de Onan, nome de um personagem bíblico que serviu de modelo de método contraceptivo (evitação da concepção), ou seja, uma forma de evitar uma gravidez. O que consta na Bíblia é o fato de que, de acordo com os costumes hebreus de antigas épocas, Onan foi obrigado a desposar a viúva Tamar, sua cunhada, que era casada com o seu irmão, o qual faleceu. Não desejando engravidá-la (porque ele não queria perder a herança do falecido, visto que, pela lei judaica de então, a herança caberia unicamente aos irmãos solteiros), Onan, na hora de sua ejaculação, lançava o seu sêmen (esperma) sobre a terra, assim praticando o que veio a ser denominado como *onanismo*. Jeová (também conhecido por Javé, que em hebraico, é uma forma de nominar Deus,) aplicou pena de morte a Onan, por ter transgredido a lei (nunca mais na história apareceu punição igual).

> **NOTA.** É bastante comum as pessoas tomarem os vocábulos *onanismo* e *masturbação* como sinônimos; no entanto, isso é um equívoco, pois cada um tem as suas particularidades próprias.

Onipotência: a *etimologia* dessa palavra – bastante utilizada na psicanálise, porém, também já de uso corrente em outras situações – procede do étimo latino *omni* (ou *oni*) que significa *tudo* + *potência* = *onipotência*. Freud, no início de sua obra, já enfatizava o sentimento de *onipotência* (sem usar este nome), que existe desde o bebê, conforme a sua citação no seu clássico "Sobre o Narcisismo: uma introdução" – 1914, em que ele emprega essa expressão: *"sua Majestade, o Bebê"*.

> **NOTA.** Entre outros autores que trabalharam bastante com o conceito de onipotência, cabe mencionar os trabalhos de M. Klein e os de Bion. A onipotência pode se manter na vida adulta e se caracteriza pela sensação de o sujeito imaginar que tem poder sobre tudo, fato que compromete a sua capacidade para pensar, visto que seus impulsos são para mandar e centrar as verdades

> unicamente na sua pessoa, mais ou menos nessa base: "*se posso tudo, para que estudar ou pensar?*)

Onisciência: esse vocábulo, que está quase sempre aliado ao da **onipotência** e ao da **prepotência**, se forma dos dois étimos latinos *oni* (= tudo) + *sciere* (= saber) = *onisciência*, como se fosse assim: "*se eu sei tudo, para que ter que aprender com as experiências da vida?*, como Bion enfatiza para o amadurecimento de qualquer pessoa que queira crescer de forma sadia.

Onfalismo: esse vocábulo significa *escravidão*, sendo que ele permite duas versões *etimológicas*. Na primeira delas, *onfalismo* seria um derivado de uma personagem mitológica – *Ônfale* – rainha da Lídia, à qual Hércules serviu como escravo. A segunda versão se baseia no fato de que a palavra *ônfalo* significa *umbigo*, e *ônfálico* seria sinônimo de *umbilical*, assim como *onfalóide* significa *aquilo que tem a forma de umbigo*.

> **NOTA**. Numa tentativa (**dz**) de juntar as duas versões que, pelo menos aparentemente, não têm nenhuma relação, ocorreu-me a possibilidade de que certas pessoas de características marcadamente narcisistas são tão voltadas para o seu próprio umbigo, que acabam ficando escravas dele.

Oráculo: termo que aparece com grande relevância no mito de Édipo, e consiste num vocábulo que é, em parte, de origem grega e, em parte, latina, e a sua significação é a de *profeta*, *adivinho*. Diz a lenda que em Delfos, cidade grega, local sagrado, Apolo, o deus da luz e das profecias, o qual, por essa razão, era bastante consultado, respondia a todos os consulentes por meio da sacerdotiza Pítia, também conhecida por Pitonisa, nome este que quer dizer "aquela que vence a escuridão". Uma nota curiosa é que este nome foi uma homenagem que ela emprestou à assassina serpente Pythos, que, após quatro dias de uma terrível batalha, foi vencida e morta por Ulisses (outros autores dizem que quem matou a serpente foi o próprio Apolo).

Oralidade: a primeira etapa da organização da libido foi denominada *fase oral*, sendo que a palavra *oral* deriva do latim *os, oris* (= *boca*), a qual, no bebê, constitui-se como *zona erógena* por excelência, como é no ato da amamentação. A finalidade da libido oral, além da gratificação pulsional, também visa a *incorporação*, que, por sua vez, está a serviço do fenômeno da **identificação**. Deve ficar claro, no entanto, que a boca não é o único órgão importante dessa fase evolutiva, mas é um modelo de identificação e de expulsão, pois também fazem parte da fase oral os órgãos sensoriais (olfato, paladar, audição, visão e tato), de modo que especialmente os olhos (o olhar) e a pele adquirem grande importância na fase oral, especialmente no contato da pele do bebê com a pele da mãe. O termo *oralidade* designa que os resquícios da fase oral possam estar marcadamente presentes no estado adulto e serem responsáveis, às vezes, por quadros clínicos na área psiquiátrica e psicanalítica, como, por exemplo, nos transtornos alimentares, nas adições a drogas, no alcoolismo, na ganância, avidez, consumismo exagerado, etc.

Orgasmo: nas relações sexuais de um casal, a situação ideal seria que ambos chegassem, de preferência, simultaneamente ao prazer máximo, conhecido como a palavra *orgasmo*, vocábulo que vem do étimo grego *orgao*, que quer dizer "eu ardo de paixão".

Orgonoterapia: em 1936, W. Reich afastou-se definitivamente da psicanálise – à qual emprestara o então inovador e importantíssimo conceito de *couraça caracterológica* – e se dedicou a um novo método que ele inventou: a *orgonoterapia*, pela qual divulgava a sua ideia de que o relevante era ligar a intervenção do corpo através de substâncias consideradas como partículas de energia vital, que ele denominava como *orgones* ou *bions* (vem de *"bio" = vida*).

Ostracismo: vem do grego *ostrakismós* e passou para o latim como *ostracismu*, para designar o que se passava na Grécia antiga, em Atenas e em outras cidades, ou seja, em certas situações, era feito um plebiscito público para julgar se um determinado cidadão deveria ou não ser punido – temporariamente – com um desterro, um afastamento durante uma dezena de anos, de funções políticas (entendo que é uma espécie de *impeachment*).

Ortodoxo: o significado mais comum dessa palavra refere a uma absoluta fidelidade a uma doutrina ou a um princípio, geralmente religioso, porém, que pode ser de natureza psicanalítica, política, etc., em que existe uma intransigência relativa a tudo quanto é novo, uma não aceitação de novos princípios ou ideias.

> **NOTA**. Até há pouco tempo, a IPA (Associação Psicanalítica Internacional, com sede em Londres) era alvo de fortes críticas, devido à sua excessiva ortodoxia, por parte de um imenso contingente de psicanalistas sediados em distintos pontos do mundo. A *etimologia* de *ortodoxo* e de *ortodoxia* (qualidade de ortodoxo) procede dos étimos gregos *orthos* (= *reto, fiel*) + *doxe* (= *crença*), logo, *ortodoxia*, de acordo com essa *etimologia*, confirma o conceito de *uma crença reta, correta, leal* (ainda que possa estar defasada no tempo, com novos valores de sua crença).

P

Paciente/Paciência: ambos procedem do latim, respectivamente como *patiente*, e *patientia*, e habitualmente designam um estado de *paciência*, sendo a característica de um sujeito *resignado, conformado, tranquilo*, que espera serenamente um resultado tranquilizador. Outro significado corrente é o que se refere à *pessoa que padece, doente*, que está sob cuidados médicos, mas também é usado para indicar *alguém que sofre ou é objeto de uma ação*. Esse último significado nos remete a outra raiz de *paciente*, aquela que procede do étimo grego *pathós*, que designa *dor, sofrimento*, o que tanto pode significar **paixão**, como em "Paixão de Cristo", como em *patologia* ou *psicopatologia* (estudo sobre as dores e doenças que fazem sofrer).

> **NOTA.** Na situação psicanalítica, muitos autores enfatizaram o estado da *paciência,* tanto do paciente quanto do psicanalista. Assim, Freud, ao descrever o "Caso Dora" (1905), menciona a seguinte expressão do poeta Goethe, na p. 14: *"Nem só a Arte e a Ciência servem; no trabalho deve ser mostrada a "Paciência".* Creio que essa frase é plenamente válida para a situação analítica, tal como Bion, que insiste no fato de que, antes de formular uma interpretação, o psicanalista *deve ter paciência* diante de um estado psíquico próprio de uma posição **esquizoparanoide**, até atingir um estado de "segurança", o qual equivale à passagem para um estado de "posição depressiva". Ainda cabe alertar o leitor para não confundir essa "paciência boa" (**dz**), exigida ao analista, com uma resignação passiva (à espera que Deus ajude): antes, *paciência,* do ponto de vista psicanalítico, alude a um estado mental de muita atividade, que requer respeitar o tempo e o ritmo do paciente para ele poder acolher determinada interpretação do analista, depois poder pensar, refletir sobre ela, bem como dar-se ao direito de aceitá-la ou não, e em caso positivo, esperar pela aquisição de um *insight*, seguindo com paciência uma elaboração que propicie alguma forma de **transformação**.

Paixão: A etimologia do vocábulo *paixão* deriva do étimo grego *pathós*, com o significado de *dor, sofrimento*, e está associada com outras palavras que partem da mesma raiz *pathós* (como *patologia, compaixão, passividade*, etc.). De um enfoque psicanalítico, é útil destacar que Bion utilizava bastante o termo *paixão* com uma significação que alude a um estado psíquico de sofrimento profundo e que transcende ao que os órgãos sensoriais evidenciam. Um exemplo da *paixão* com uma significação de natureza mais mística, que vai muito além da sensorialidade concreta, encontramos na sagrada expressão "Paixão de Cristo". Assim, Bion assevera que a noção psicanalítica do termo *paixão* indica uma emoção representada com intensidade, ardor e calidez, ainda que sem nenhuma sugestão de violência.

> **NOTA.** Creio ser útil acrescentar que a palavra *paixão*, é mais frequentemente empregada e entendida como uma das formas, sadias ou patológicas, de *amar* e de *ser amado*. Desse modo, um estado psíquico de *paixão*, embora num grande número de vezes ela tenha um limitado prazo de validade, pode ser considerado sadio, na medida em que, no início do enamoramento ardente, pode ser prelúdio de um amor sadio que, com o tempo, possa ir se estabilizando e se transformando, mercê da influência do predomínio da pulsão de vida, do amor. Creio que todos concordam que, assim como o amor possa ser fortemente positivo – o que não quer dizer que seja um paraíso eterno, sem nenhum arranhão –, ele costuma adquirir uma configuração que, além da positividade, predomine nos casos de uma paixão mesclada com uma intensa e excessiva idealização, o que pode induzir o que está excessivamente apaixonado a um estado de "cegueira" e de "burrice", o que pode provocar condutas muito autopunitivas ou atos agressivos quando contrariado na sua "paixão cega".

Palavra: esse vocábulo procede do grego *parabolé*, que passou para o latim como *parábola*, de modo que podemos evidenciar que os termos *palavra* e **parábola** nasceram de uma mesma raiz. O importante a registrar, do ponto de vista *etimológico*, é que o vocábulo *palavra*, originalmente, na Grécia antiga, era significada tanto por *mythós* quanto por *logos*, e, somente a partir do século V a.C., é que cada um desses dois termos adquiriu um significado próprio que perdura até a atualidade. O destaque que estamos dando ao termo *palavra* se deve à pluralidade de significados que esse vocábulo permite, como são alguns exemplos que seguem, empregados conforme as respectivas circunstâncias: *palavra de honra*; *cortar a palavra*; *dar a palavra*; *palavra de rei*; *essa palavra é "nome feio"!*; *palavras cruzadas*; *ele é de palavra*; *empenhar a palavra*; *ele é de poucas palavras*; *medir as palavras*; *pedir a palavra*; *pesar as palavras*; *pegar na palavra*; *ter a palavra fácil*; *últimas palavras*; *palavra cheia e palavra vazia* (conceito psicanalítico de Lacan).

Pandemônio: essa palavra não está diretamente vinculada à psicanálise, porém achei interessante incluí-la neste livro pela alta frequência que pacientes a utilizam quando querem expressar que a sua vida ou a sua mente estão altamente complicadas, um verdadeiro caos, um tumulto, uma confusão. Assim, o termo *pandemônio* se origina do inglês *pandemonium*, formado por *pan* (= *tudo*, *todos*) + o grego *daimónion* (= demônio), com a finalidade de denominar o palácio de Satã, local onde deviam se reunir todos os demônios, segundo o poema épico que consta em "O Paraíso Perdido", do poeta, político e teólogo inglês John Milton.

> **NOTA.** Muitos estudiosos da etimologia preferem usar a expressão *daimon*, tal como aparece no discurso de Diotima, no *Banquete*, célebre obra de Platão. Ele classifica **Eros** como *Daimon*, ou seja, não é um deus, pois lhe faltam os atributos do *belo* e do *bom*, porém tampouco é um *mortal*. Assim, *Daimon* tem uma posição intermediária entre deuses e homens, estando encarregado de estabelecer relações entre eles. Entre os entendidos existe uma preferência em utilizar a palavra *daimon* no lugar de *demônio* porque este último está demasiadamente vinculado com o diabo, pelas associações com o "inferno cristão".

Pandora: numa tentativa de aproximar a psicanálise da mitologia e da etimologia, cabe tecer algumas considerações sobre o mito grego de *Pandora*, nome esse que, segundo sua *etimologia*, se forma dos étimos *pan* + *dora* = *todos os dons*, inclusive ela era considerada a primeira e a mais formosa mulher que, por ordem de Zeus, foi modelada com terra e água, e os deuses lhe conferiram todos os bens do mundo; porém, o deus Hermes pôs em seu coração a mentira. O mito diz que para proteger o gênero humano, os males foram encerrados em uma caixa oferecida à Pandora, sob a condição de que ela não abriria a caixa; ela, porém, não resistiu à sua curiosidade, abriu a caixa e de lá saíram voando todos os males, menos a **esperança**, que permaneceu encerrada no fundo da caixa.

Pânico: a origem dessa palavra é "Pã", entidade mitológica grega que, com chifres e pernas de bode, se comprazia em assustar pastores e camponeses, correndo atrás das ninfas para possuí-las ou assustá-las. *Pã* ou *Pan*, em grego, significa *tudo*. Pã é um deus alegre dos rebanhos e dos campos, é metade humano e metade animal – bode. Partindo dessa origem mitológica, a palavra *pânico* vem do grego *panikón*, passou para o latim como *panicu* e adquiriu o significado de um enorme susto, um terror que às vezes aparece sem motivo aparente, tão forte que supera o controle racional da pessoa em estado de pânico.

> **NOTA.** Nas últimas décadas, psiquiatras e psicanalistas estão dedicando um profundo interesse à, assim chamada, *Doença* (ou

> *Síndrome) do Pânico,* a qual acomete pessoas que, também sem razões aparentes, entram num estado de medo, angústia, terror de vir a enlouquecer, morrer e coisas equivalentes, o que traz um sério prejuízo na qualidade de vida. A notícia boa é que, associada a uma eventual terapia, na atualidade já existe medicação apropriada e que comprovadamente dá excelentes resultados.

Paradigma: esse termo deriva do grego *parádeigma*, passando para o latim e para o português como *paradigma*, com o significado de *modelo, padrão*. Uma característica de um *paradigma* é que ele se mantém por longo tempo, de modo que os cientistas, em suas investigações, tendem a manter os cânones estabelecidos. Assim, qualquer proposição mais voluntária costuma provocar forte oposição por parte dos fiéis seguidores do *paradigma* vigente, de sorte que as transformações acabam acontecendo, porém de forma lenta, em meio a muitas lutas e radicalizações, além de ataques pessoais contra o inovador paradigmático (na psicanálise, foi o que aconteceu com Freud). Um exemplo mais extremo disso é o da teoria ptolomaica (do físico Ptolomeu, na Grécia antiga) de que o planeta Terra seria o centro do universo. Essa teoria durou séculos, até que os físicos posteriores a Ptolomeeu, como Copérnico e Giordano Bruno, tentaram contestar tal teoria com provas de que a Terra não passava de um pequeno planeta girando em torno do Sol. Eles foram cruelmente perseguidos e condenados à morte pelos representantes do clero e da ciência da época pelo crime de terem ousado contestar um paradigma que satisfazia ao narcisimo humano.

Paradoxo: vem do grego *parádoxon* e passou para o latim como *paradoxon*. Sua significação se refere a um determinado conceito que é, ou parece ser, contrário a um outro conceito já suficientemente aceito por todos. Assim, *paradoxo* parece ser um *contrassenso*, um *absurdo*, um *disparate* ou, resumindo, algo, num mesmo contexto, que aparenta ser uma *contradição*. Um exemplo simples, que consta no Aurelião: "ele é um conversador admirável, adorável em seus erros,..nas suas opiniões revoltantes e belíssimas": Muitos consideram o uso de paradoxos (e muitos autores brilhantes os usam ou usaram) como uma forma inteligente de induzir outrem a um exercício de reflexões.

Parafernália: vem do latim medieval *paráphernalia* e, comumente, designa objetos de uso pessoal, os quais constam de equipamentos necessários a cada atividade humana, de modo que pode ficar uma embrulhada de fardamentos, aventais, instrumentos médicos, roupas de gala, tralha, inúmeros acessórios, etc. Por essa razão, seguidamente essa expressão é utilizada para dar um significado de baixo nível, de "esculhambação". Na verdade, o vocábulo *parafernália* nasceu na Grécia antiga, para indicar um ritual em situações de novos casamentos, em que o noivo tinha que dar um dote para a noiva, além de ceder a ela a administração de todos os seus bens pessoais. Diferentemente disso, na realidade ainda é bastante frequente em várias culturas que os pais e familiares da noiva cedam ao futuro marido vários bens da família da noiva. Tudo isso levava à denominação de *parafernália* porque, em grego, eram chamados de *parápherna*, termo formado de *pará* (= *mais além de*) + *pherné* (= *dote*). Por essas razões, esse termo vem sofrendo alterações e acabou produzindo, em português, a expressão jurídica *bens parafernais* (não há relação alguma com *vínculos infernais*).

Parâmetro: em termos psicanalíticos, essa palavra, introduzida pelo autor K. Essler, era utilizada para reafirmar a posição da psicanálise clássica, a partir da década de 1950, de que *parâmetro* se referia a tudo aquilo que transgredisse o *enquadre* (em inglês é *setting*). Ao mesmo tempo, Essler aventou a possibilidade de o psicanalista poder se afastar parcialmente das recomendações técnicas preconizadas pela psicanálise clássica e, assim, introduzir alguns outros aspectos, desde que nada disso interfira na evolução normal da análise. A propósito, o termo *parâmetro* aparece nos dicionários com a significação de "*todo elemento cuja variação de valor altera a solução de um problema sem alterar-lhe a natureza essencial*".

> **NOTA.** Na atualidade as opiniões sobre essa conceituação de *parâmetro* não são uniformes entre os psicanalistas, de modo que mesmo aqueles que advogam uma maior flexibilidade dos *parâmetros* (por exemplo: responder às perguntas do paciente; recomendar a indicação de algum nome de médico, etc.) não devem abrir mão de um necessário requisito essencial: o de que o par analítico tenha condições de retornar, se for indispensável e possível, às condições prévias das combinações que foram firmadas por ocasião do fechamento do "contrato analítico".

Paranoia/Paranoico: a *paranoia* designa um quadro clínico existente desde a Antiguidade, que consiste num conjunto de produções delirantes, geralmente persecutórias ou de grandeza, que distorcem a realidade objetiva. Por sua vez, o termo *paranoia* ou o derivado *paranoico* (pessoa portadora de *paranoia* em alto grau) derivam dos étimos gregos *para* (= *ao lado de*) + *gnose* (= *conhecimento de*), ou seja, a *paranoia* alude a uma percepção distorcida dos fatos.

Parasitária (forma de vínculo): na sua descrição relativa às três modalidades da relação continente-conteúdo – a *parasitária*, a *comensal* e a *simbiótica* – Bion conceituou a *parasitária*, inspirado no modelo da biologia. Trata-se, pois, de um tipo de vínculo em que somente um dos dois se beneficia, enquanto o outro pode ser tão sugado, sem nada receber, que corre o risco de vir a ser destruído. Bion exemplifica com a situação de uma mãe invejosa ou possessiva que priva a criança de todas as suas qualidades positivas, sendo que a recíproca pode ser verdadeira. Esse tipo de vínculo pode se reproduzir durante toda a vida em circunstâncias e com personagens diferentes, como a de um casal, de dois ou mais sócios, ou até mesmo na situação analítica no par paciente-analista. Do ponto de vista da etimologia, a palavra *parasita* vem da preposição grega *pará*, que significa *paralelamente, ao lado de* + *sitos* (étimo grego que designa *alimento, comida*), o que é uma forma de dizer que *parasita* é um animal (ou pessoa) que come ao lado do hóspede e nada dá em troca.

Patologia: segundo a *etimologia* dessa palavra, formada dos étimos gregos *pathós* (= *dor, sofrimento*) + *logos* (*estudo de, tratado, palavra*), ou seja, genericamente falando, o vocábulo *patologia* designa um aprofundado *estudo das doenças* em geral, que causam sofrimento ou que ameaçam provocar sérios danos ao organismo; porém, também pode indicar um sofrimento mais específico, como, por exemplo, o derivado *psicopatologia*, que alude mais dirtamente às doenças (*pathos*) que são próprias da área *psico* (designa *mente, psiquismo, alma, espírito*) e, portanto, permite a feitura de um ou mais manuais organizando e classificando todas as doenças mentais e emocionais.

Pavor: vem do substantivo latino *pavor* e do verbo *pavere*, que significa *temer, ter medo*, aparentado com *pavire*, que significa *bater, abater-se no chão* (do qual, curiosamente, deriva *pavimento*), como figurativo de acontecimentos como o desmaiar, sucumbir ou achatar-se no solo para se esconder. Existe uma diferença entre *pavor* e **terror**.

Pedagogo: originalmente esta palavra referia a pessoa que conduzia (*agogôs*, em grego, significa *conduzir para*) a criança (= *paidós*) para a escola. Na atualidade, o vocábulo *pedagogo* refere-se mais exatamente às pessoas que se dedicam a estudar e praticar a melhor forma de ensino-aprendizagem.

Pederastia: vem do grego *paiderastia* e designa uma forma de perversão sexual que consiste numa contacto sexual de um adulto com uma criança ou rapaz bem mais moço, tal como é confirmado pela *etimologia* dessa palavra, que é formada dos étimos gregos *páis, paidós* (= criança) + *erastia*, que vem de Eros – deus do amor. Na atualidade, o termo *pederastia* é mais usado para indicar um coito intrarretal ou uma penetração sexual entre homens e, nesse caso, é comum o uso do termo *uranismo*, enquanto no abuso sexual contra crianças, o termo *pederastia*, cedeu lugar à expressão *pedofilia*.

Pedofilia: trata-se de uma grave perversão sexual de adultos contra crianças ou adolescentes muito mais jovens do que os pedófilos abusadores. A gravidade dessa perversão se constitui num problema ainda mais sério porque sua existência abarca um número amedontrador de pedófilos, surpreendemente entre clérigos, médicos de diversas especialidades, advogados e, mais frequentemente, de pais contra filhas, às vezes, também filhos, situação essa que pode se prolongar por décadas. A gravidade dessa perversão ainda é mais preocupante pelo fato de que as tentativas de tratamento (medicamentos, psicoterapia, castigos, doutrinação religiosa, etc.) estão se mostrando insatisfatórias. A *etimologia* é bastante esclarecedora: *pedofilia* se forma dos étimos gregos *paidós* (= *criança*) + *philos* (= "amigo de").

Pênis: órgão da genitália masculina com algumas funções muito específicas, como a de reprodução genética através da sua introdução na genitália feminina, via vagina, por meio da deposição do esperma, com o seu conteúdo de espermatozóides reprodutores, nos óvulos, fecundando-os; tal processo origina o embrião, precursor do nascimento de uma criança, após o período médio de nove meses de gestação. Outras vezes o papel do pênis se limita a gratificar a libido genital, atingindo o ponto máximo do orgasmo. Ainda uma outra função peniana é a de servir de condutor da uretra, por meio da qual o rim envia a urina, que transita pelos ureteres, entra na uretra e se escoa através do meato urinário. A *etimologia* do vocábulo *pênis* mostra que essa palavra deriva do latim *pendere*, verbo que, originalmente, significava *cauda*, com a significação "daquilo que cai" (como é a *cauda*, que é sinôniomo de *rabo*, que "cai para baixo", ou seja, vem do verbo *cadere*, em latim, que quer dizer *cair*. Assim, tanto *pênis* como *cauda* têm uma mesma significação morfológica: ambos significam uma *extremidade pendurada*.

Pensar/Pensamento: Freud foi o pioneiro a atribuir uma grande importância à função da "capacidade para pensar", e trouxe notáveis contribuições (principalmente no seu livro "Formulações sobre os dois princípios do Suceder Psíquico"). Posteriormente, tanto M. Klein quanto, principalmente, W. Bion, inspirados em Freud, trouxeram importantes contribuições originais. O eminente psicanalista brasileiro A. M. Rezende faz interessantes considerações linguísticas e etimológicas acerca da função do pensar. Assim, baseado no filósofo Heidegger, Rezende afirma que *"nós pensamos o que merece ser pensado, e o que merece ser pensado é grave, isto é, o que tem peso. Em português usamos tanto a expressão sopesar, como ponderar"*.

Peso, em latim, é *pondus*, o que confirma que *ponderar*, é *pensar as coisas que têm peso*. Em outro momento, Rezende faz um jogo de palavras, como, em alemão, os verbos *danken* (= *agradecer, mostrar gratidão*) e *denken* (= *pensar*), de modo a enfatizar que a capacidade para pensar está intimamente ligada à "posição depressiva" (segundo M. Klein), a qual também requer a capacidade de sentir gratidão.

Perdoar: significa *desculpar, absolver, remitir* (pena, culpa, dívida, etc.). A origem desse verbo vem do latim *perdonare*, o qual é formado pela preposição *per* (= *para*) + o verbo *donare* (= *dar*). Nas línguas neolatinas, a palavra *perdoar*, em português, teve a mesma origem e formação em francês (= *perdonner*), em espanhol (= *perdonar*), em italiano (= *perdonare*) e, curiosamente, no dioma inglês, portanto, uma língua não neolatina, a palavra *perdoar* guarda o mesmo sentido de *para dar* (= *forgive*).

> **NOTA.** Do ponto de vista psicanalítico, é muito importante que o terapeuta ajude o paciente a desenvolver a capacidade de saber perdoar; no entanto, cabe esclarecer que não me refiro ao sentido caritativo próprio do perdão, típico da doutrina cristã. Antes disso, **(dz)** o propósito analítico de perdoar é o de que o paciente volte a refletir sobre as suas velhas mágoas e ressentimentos odiosos, que possa estar guardando contra as possíveis falhas dos pais durante sua infância, por décadas, sentimentos estes que interferem indiretamente na sua capacidade de sentir-se merecedor de ser feliz.

Personalidade: palavra de uso corrente e popular, tem o significado de uma *forma de ser* de determinada pessoa, que o caracteriza com elementos de caráter e conduta estáveis, e isso repercute como uma espécie de "marca" que o distingue de algumas outras pessoas. A *etimologia* dessa palavra é bastante significativa: ela se origina da palavra grega *persona*, que significa a "máscara" que os atores do antigo teatro grego usavam em determinadas peças teatrais.

Perversão: a *etimologia* dessa palavra resulta dos étimos latinos *per* + *vertere*, que significa *pôr às avessas, desviar*, o que designa o fato de o sujeito perverso perturbar a ordem ou o estado natural das coisas. Assim, os sujeitos com perversão consideram essas alterações como boas e normais (pouco sentem culpa) para a ética do mundo em que vivem, o que implica numa escolha da qual eles são conscientes, de uma conduta oposta à normal, desafiando as leis, sabendo que com os seus atos ultrajam seus pares e a ordem social. Assim, exemplos típicos de perversão são o *sadismo*, o *masoquismo*, o *exibicionismo*, a *escopofilia* (= *voyeurismo*), o *travestismo*, a *pedofilia*, a *necrofilia*, a *zoofilia* e outras formas doentias de prática sexual.

> **NOTA.** Até pouco tempo, a homossexualidade era enquadrada como uma perversão sexual; porém, na atualidade, há uma forte polêmica, se não é mais justo enquadrar como livre direito de uma pessoa escolher sua parceria e sua vontade de como fazer sexo. Também é útil esclarecer que Freud fixou sua posição de que o termo *perversão* deveria se referir exclusivamente a desvios sexuais. No entanto, vários autores consideram "perversos" vários outros desvios, como "perversão alimentar (tais como anorexia nervosa, bulimia), desvios morais (proxenetas, por exemplo), desvios sociais (nesse caso, confunde-se com psicopatias), desvios institucionais (desviam do objetivo inicial), perversões políticas (corrupções, desvio do dinheiro público, etc.).

Perverso-polimorfa (fase evolutiva): Freud postulou a existência de uma fase evolutiva normal que denominou como uma disposição *perverso-polimorfa* da sexualidade infantil, composta por pulsões sexuais parciais, conceito esse que por um lado provocou confusão, mas por outro lado veio a esclarecer bastante a sexualidade incipiente da criança. Assim, essa fase consiste no fato de que partes do corpo do lactante vão adquirindo um lugar privilegiado como fontes de prazer "sexual" (hoje ele diria "libidinal") (primeiro a boca, depois o ânus, com as suas funções excretoras e de todo sistema muscular que acompanha a locomoção motora). Por volta dos 2 aos 4 anos, começa o estabelecimento da primazia das zonas genitais. Em termos da *etimologia,* é útil esclarecer que na expressão *perverso--polimorfa,* o termo *perverso* não tem um significado pejorativo; pelo contrário, refere-se ao fato de que isso que foi referido à criança desde bebê como normal, caso fosse praticado pelo adulto, seria rotulado de "perverso", enquanto o termo *polimorfo* designa múltiplas (= *poli*) formas (= *morfos,* em latim), como vimos que acontece nas crianças, mas de forma normal.

Platônico (amor): o termo *platônico* procede do grego *platonikós,* que passou para o latim como *platonicu,* de modo que, em português, *platônico* – que homenageia o célebre filósofo grego Platão –, com o significado mais comumente conhecido como *toda a relação afetuosa em que se abstrai o desejo de relação sexual.* No entanto, essa definição não faz jus à verdadeira concepção de Platão, que concebeu o verdadeiro amor "ideal" como algo essencialmente puro e desprovido de paixões, as quais, segundo ele, seriam essencialmente cegas, efêmeras, materialistas e falsas; pelo contrário, afirmava Platão, o amor ideal não pode se basear em interesses, mas, sim, nas *virtudes,* como a beleza do caráter, na inteligência para pensar nas verdades, e não prioritariamente para os atributos físicos.

Poder: a palavra *poder* deriva do étimo latino *pos, potis,* sendo que *potis* designa *aquele que exerce o poder.* Daí deriva o verbo *possidere,* formado dos étimos *potis*

+ *sedere* (= *sentar*). Portanto, *possidere* alude ao *exercício do poder, sentado,* tal como fazem as majestades. (**dz**). Isso lembra o período anal, no qual o sujeito, sentado no vaso sanitário, popularmente conhecido como *trono*, sente-se como um rei, devaneando grandezas e poder sobre outros que ele julga serem seus súditos. Da mesma raiz derivam outras palavras de grande importância na psicanálise, como *potência, prepotência, posse, possuir, apoderamento, possessão.*

Poliandria: na Antiguidade, em diversas culturas, era relativamente comum que uma mesma mulher tivesse múltiplos (= *poli*) relacionamentos matrimoniais com vários homens, geralmente irmãos e primos, fato que, em nossa cultura atual, causaria um estado de sentimento coletivo de escândalo. Assim, *etimologicamente*, a palavra *poliandria* vem dos étimos gregos *poli* (= *muitos*) + *andros* (= *homem*).

Polissemia: certas palavras e expressões apresentam uma *polissemia*, isto é, permitem uma leitura com diversos significados, de acordo com a sua *etimologia*, que é composta dos étimos gregos *poli* (= *muitos*) + *semia* (vem do grego *seméion* = *signos*, logo, refere a significados) e, daí, surgiu a palavra *semântica*, tão importante na ciência da Linguística, justamente porque estuda a significação das palavras, dos signos e das formas linguísticas. Do mesmo radical *semia* derivam palavras como *semiologia* (estudo dos signos, ou sinais) dos sintomas das doenças, físicas ou psíquicas, com o fim de estabelecer um diagnóstico da doença.

Posição: o conceito de *posição* – termo introduzido na psicanálise por Melanie Klein – não é o mesmo que o de *fase, estágio* ou o *etapa*, que designam uma transitória linearidade evolutiva. Na psicanálise, o conceito de *posição* indica uma estrutura definitiva, em evolução constante e permanentemente ativa na organização da personalidade. Portanto, indo além de um estágio (*stage*, em inglês) o conceito de posição refere-se a um estado (*state*, em inglês) mental. A *etimologia* de *posição* vem do latim *positione*, que designa um lugar onde está uma pessoa, coisa ou fato que esteja acontecendo. Assim, M. Klein descreveu as duas posições: a *esquizoparanoide* (em que predominam as defesas de *dissociação* – *squizós*, em grego + *paranoide* em que predominam as defesas de projeções – *paranoide*, em grego, vem de *para* + *gnose*. Creio que podemos acrescentar (**dz**) a *posição narcisista*, na qual predominam as primitivas defesas narcisistas (onipotência, idealização, prepotência), na qual o sujeito prefere o mundo das ilusões e o pensamento gira em torno do próprio umbigo.

Possessividade: tem a mesma raiz que *poder, possuir, potência*, sendo que, mais especificamente, o vocábulo *possessividade* designa mais diretamente aquelas pessoas, indiferentemente se são homens ou mulheres, que se julgam no direito de manter um apoderamernto do outro, exercendo uma posse que consiste num excessivo controle de todos os movimentos, ideias e posições tomadas pelo outro. Mesmo quando são manifestações carinhosas, a possessividade pode se manifestar pelo excesso do próprio ato de acarinhar, que pode, numa história de amor, receber o título de *afagos que afogam*, situação que, às vezes, termina com namoros e casamentos que, antes, pareciam que tinham tudo para dar certo.

Preconceito: os psicanalistas trabalham bastante com esse sentimento de inúmeros pacientes que, em diversas áreas da vida, posicionam-se com ideias preconcebidas que, na maioria das vezes, não correspondem à realidade dos fatos, o que pode criar atritos, desgastes desnecessários, injustiças, mal-estar na comunicação e, às vezes, sérios prejuízos. A *etimologia* da palavra *preconceito* – limitando-nos unicamente ao idioma português – já diz tudo: vem do prefixo *pré* (= *o que vem antes*; *algo antecipado*) + *conceito* (= *ideias, juízos*) o que demonstra claramente que o preconceituoso (é bastante mais notório em pessoas de estrutura paranoide) sofre de um problema decorrente de funcionar na vida com conceitos prévios (isto é: *pré-conceitos*).

Prejuízo: acompanhando o verbete anterior, também a palavra *prejuízo* vem de *juízo prévio*, fato bastante comum, em que os prejuízos tanto podem atingir outrem quando ao próprio sujeito que antecipa e se equivoca com os seus julgamentos, relativos a outras pessoas, inclusive, não raramente, podendo correr o risco de ser processado por crime de calúnia, injúria e difamação.

Preocupação: em linhas gerais, trata-se de um sentimento positivo, porquanto revela que a pessoa preocupada tem um sentimento de solidariedade pelas pessoas com quem convive, com o incremento da violência, com situações político--econômicas no país onde o sujeito ou familiares e amigos seus vivem, ou ainda com catástrofes que a própria natureza desencadeia. A preocupação só se torna um problema que surge com grande frequência na situação psicanalítica quando é demasiada (mais comum em pessoas de estrutura exageradamente obsessiva), de modo que se torna, sem maior comprovação na realidade, uma pessoa permanentemente tensa, que pode estar sempre procurando "cabelo em bola de bilhar" (como diz o ditado popular); desta maneira, o uso de uma "ocupação" mental e emocional, quando por demais excessiva e sem fundamento concreto, torna-se uma "pré-ocupação", com um enorme desgaste – estressante – para o sujeito e para os que convivem com ele, porque a angústia de um comporta-se como um vírus contagiante e pode contaminar os demais.

Prepotência: quando Bion estudou o seu conceito de *p.p.p.* (= *parte psicótica da personalidade*), ele enfatizou, entre outros traços caracterológicos, a presença da *onipotência* (o sujeito pensa que pode tudo) e da *onisciência* (pensa que sabe tudo), e eu ousei, baseado na prática analítica, acrescentar mais duas características procedentes da raiz latina *omnis* (= *tudo*): os termos *onividência* (pensa que pode olhar e ver tudo), e a *onipresença* (acredita que tenha o dom da ubiquidade, ou seja, que possa estar em diversos lugares diferentes ao mesmo tempo). Porém, a ênfase que desejo dar neste verbete é o traço típico na personalidade dessas pessoas portadoras da *parte psicótica da personalidade* (mais comumente, psicóticos ou *borderline*), que é a presença da *prepotência*. Acredito (**dz**) que a *etimologia* dessa palavra traduz que o sujeito portador da *p.p.p.* não teve uma evolução suficientemente sadia para sentir e comportar-se como uma pessoa "potente", tanto na atividade sexual quanto no confronto com as vicissitudes da vida. Ou seja, num sentido *etimológico*, ele está aquém da potência, ainda está fixado no período evolutivo mais primitivo, em que predominava os primórdios do narcisismo.

> **NOTA.** Assim, por ser um "pré-potente", este sujeito apela a recursos de aparência potente, porém que, na essência, não passam de um simulacro, um fingimento inconsciente. Cabe exemplificar com os perversos exibicionistas que exibem o seu pênis, principalmente para meninas de algum colégio, que fogem desesperadamente, e lhe confere, no seu imaginário, que elas fugiram em função do seu "enorme e poderoso" pênis. Exemplos mais banais: um professor que está sempre ameaçando os alunos de que os reprovará se..., e quanto mais seus alunos entram num estado de pânico e estudam de uma forma insana, mais poderoso (entenda-se: mais *prepotente*) ele imagina que é o que, na realidade, não é mais do que o uso de mecanismos defensivos inconscientes que visam encobrir sua insegurança, sua baixa auto-estima, seu receio de ser considerado um "impotente". O mesmo que foi referido a um hipotético professor (a maioria de nós já deve ter passado por experiências similares) também vale na hierarquia militar, na empresarial, e assim por diante.

Priapismo: uma condição fundamental para uma plena relação sexual é a de que o homem, ao natural, queira que o seu pênis tenha uma ereção (vem do latim *erectus*). No entanto, em muitas situações, a ereção adquire características de persistência por demais prolongada, acompanhada de dor. Neste caso, esse tipo de ereção passa a ser denominado de *priapismo*. A *etimologia* dessa expressão procede de *Príapo*, personagem da mitologia grega que era considerado o deus dos Jardins e era representado com um pênis anormalmente grande.

Princípios: termo bastante utilizado nas ciências em geral, designando, como uma referência *etimológica*, um *ponto de partida* para construir um sistema ideativo-cognitivo que mantenha uma certa lógica e organização, de modo que podem ser *princípios éticos, morais, religiosos, científicos, societários, institucionais, administrativos*, etc. Também Freud plantou um conjunto de princípios metapsicológicos, teóricos e técnicos, todos eles interagindo entre si, não obstante cada um deles mantenha a sua autonomia.

Processo: palavra bastante utilizada em diversas áreas; tanto ouvimos falar em "processo jurídico" quanto ouvimos um médico afirmando que "o processo infeccioso está melhorando", ou um psicanalista dizendo que o "processo analítico, entre altos e baixos, está evoluindo bem", e exemplos de outras áreas também poderiam constar. A etimologia é composta dos dois étimos latinos que designam o fato de que se trata de um *processu* (em latim = *movimento*) + *para a frente* (= *pro*), assim indicando que existe algo, alguma atividade, algum projeto que está em marcha.

Profundo: na psicanálise, especialmente quando se foca o assunto das *interpretações*, seguidamente se procura avaliar se a interpretação "dada" pelo analista foi superficial ou profunda. Minha posição é a de que (**dz**), à parte de qual dimensão do psiquismo foi atingida e mobilizada, considero, até amparado pela *etimologia*, que *profundo*, na situação analítica, é tudo aquilo que vai "pro-fundo", mesmo partindo de um comentário ou de uma pergunta simples, aparentemente "superficial". Não é difícil o analista perceber quando o fundo do inconsciente do paciente foi tocado e mobilizado para reflexões (através de uma certa perplexidade) no momento que o paciente escutou, das imediatas livres associações de ideias, do conteúdo da sessão seguinte e da repercussão pragmática na vida real.

Prognóstico: o prefixo latino *pro* tem, no mínimo, três significações:

1. diante de alguém (possivelmente como em *provocação*);
2. algo ou alguém que está marchando para a frente (como em *processo*);
3. vem antes, está atrás (como em *prognóstico*).

Esclarecendo melhor, a palavra *prognóstico*, formada de *pro* (= *antes de*) + *gnose* = *conhecimento*, ou seja, por meio de um exame clínico, da experiência com sintomas parecidos, o médico (ou psicólogo) é capaz de antecipar como seria a evolução da doença, tanto física quanto psíquica, de modo a poder curá-la antes que avance demasiado e cause danos.

Projeção: em latim o verbo *projetar* é *projectare*, cujo significado é *atirar longe, arremassar*, embora também tenha outros significados, como por exemplo na área da arquitetura, o compromisso de "projetar" a construção de uma casa.

No entanto, na área da psicanálise, a primeira das duas acepções é mais adequada porque a palavra *projeção*, para os psicanalistas, designa uma espécie de mecanismo de defesa, inconsciente, que consiste no fato de quando alguma pessoa não tolera entrar em contato consciente com algo que lhe causa grande ansiedade, por meio da defesa de projeção ela "arremata para longe" (isto é, ela se livra da carga pesada dos seus sentimentos, projetando esse conteúdo inadmissível de aceitar como seu, e o projeta dentro de uma outra pessoa). Cabe exemplificar com uma brincadeira de um amigo meu com o seu filho, quando estavam passeando num jardim zoológico e se detiveram mais demoradamente diante da jaula do leão. O menino de 3 a 4 anos, pendurado no pescoço do pai, lá pelas tantas, o cutuca com certa força e exclama: "*pai, vamos embora, porque tu estás com medo!*

> **NOTA.** Na verdade, essa defesa não é usada unicamente para se livrar do insuportável e empurrá-lo para dentro do outro; também se pode fazer um uso bastante sadio, como no caso de um psicanalista, de usar a projeção de experiências difíceis que ele já passou, assim compreendendo melhor a angústia de seu paciente e sentí-lo mais de perto. Isso – a capacidade de sentir-se no lugar de um outro (no caso, um paciente) – tem um nome: é **empatia**, requisito fundamental para quem se candidata a ser psicanalista.

Proteiforme: esse adjetivo significa as frequentes mudanças de formas de algo ou de alguém. *Etimologicamente, proteiforme* se origina dos étimos gregos *Proteui* (nome do deus grego do mar, com o dom profético e o de tomar as mais diversas formas) e *Phorme* (= *forma*). Assim, a mitologia grega diz que Neptuno, deus dos mares, havia concedido a Proteus o dom da adivinhação. Acossado pelas pessoas que lhe perguntavam o porvir, Proteus se via na obrigação der cambiar a forma e o aspecto para se esquivar delas. Dessa forma, proteiforme significa *aquele que*, com grande frequência, *muda de forma* (uma espécie de camaleão, que muda de forma para se adaptar, para se confundir com o ambiente em que está, para se disfarçar e assim enganar os predadores). Um dado interessante é que existe um tipo de bacilo que é denominado justamente de *proteo* porque também consegue camuflar-se em diferentes formas.

Protopensamento: a *etimologia* da expressão *proto*, em grego, significa o *primeiro*, o *início*, o *original*, o *mais primitivo*, como é na palavra *protozoário* (o mais primitivo do reino animal), e por si só define a concepção de Bion. Assim, segundo Bion, *protopensamento* designa as *primitivas impressões sensoriais* e as *experiências* *emocionais* (que ele denomina como "elementos beta", que são *protopensamentos*, que não se prestam ainda para funcionar como pensamentos propriamente ditos). Servem somente para serem "evacuados", tanto para fora, sob a forma de *actings*, como para dentro do organismo, sob a forma de psicossomatizações. Em condições satisfatórias do ambiente familiar, os protopensamentos fazem uma constante evolução até atingirem a condição de formar "conceitos", pensamento algébrico, até a capacidade para formar símbolos e abstrações.

Psicanálise: a primeira vez que Freud empregou essa expressão, foi em 1896, com o fim de substituir as expressões até então vigentes, que eram **método catártico** e **ab-reação**; tais procedimentos eram executados sob hipnose e pela sugestão, e então se passou a centralizar a atividade psicanalítica no método que ele denominou de "livre associação de ideias", nome que já diz tudo. A *etimologia* de *psicanálise* se forma dos étimos gregos *psique* (= alma) + *aná* (= partes) + *lysis* (= decomposição, dissolução), de modo que a combinação dos três étimos compõe o vocábulo *psicanálise*.

> **NOTA.** Num primeiro momento, Freud comparou o conceito de psicanálise com o de uma análise química, que decompõe um elemento químico em átomos, moléculas, etc. Posteriormente estabeleceu notáveis diferenças e definiu a psicanálise como:
> 1. um *procedimento* para a investigação dos processos mentais que, de outra forma, são praticamente inacessíveis ao inconsciente;
> 2. um método baseado nessa investigação para o *tratamento* de transtornos mentais;
> 3. uma série de concepções psicológicas adquiridas por esse meio e que se somam umas às outras para formar progressivamente uma nova *disciplina científica*.

Psicastenia: termo que se refere a um *estado mental doentio, cansaço mental, falta de energia psíquica*. A origem etimológica de *psicastenia* procede do grego *psyche* (= alma) + o grego *sthenos* (= força), sendo que a letra "a" empresta uma característica negativa de "ausência" de força (= *sthenos*).

Psicopatia: muitos autores consideram que a psicopatia pode ser vista como um *defeito moral*, porquanto este termo designa um transtorno psíquico que se manifesta no plano de uma conduta antissocial. Os exemplos mais comuns são os dos sujeitos que roubam, assaltam, mentem, enganam, são impostores, seduzem, corrompem, usam drogas, cometem delitos, transgridem as leis sociais e envolvem outros em suas tramóias. A estruturação psicopática se manifesta por meio de quatro características básicas:

1. a *impulsividade*;
2. *a repetitividade compulsiva*,
3. o uso predominante de *actings* de natureza maligna;
4. uma total falta de responsabilidade pelos danos que causam e, aparentemente, pelo menos, a não demonstração de qualquer evidência de culpa. A palavra *psicopatia* deriva de uma *patia* (= *patologia*) do psiquismo.

> **NOTA.** Na prática psicanalítica, são pacientes que raramente entram espontaneamente em análise. Quando o fazem, mostram uma forte propensão para atuações e para o abandono do tratamento, se este é levado a sério pelo analista. Isso acontece não só em razão de uma enorme dificuldade de ingressarem numa *posição depressiva*, como também por causa de uma arraigada predominância da "pulsão de morte" e seus derivados, que os obrigam a uma conduta hétero e autodestrutiva.

Psicopatologia: esse termo refere uma classificação das doenças mentais e emocionais, conforme designa a *etimologia* de *psicopatologia*, ou seja, o étimo *psico*, da raiz de *psyché*, significa *alma, espírito* + *patologia*, que deriva do grego *pathós* e significa *dor, sofrimento, doença*, enquanto *logia* vem do grego *logos*, que quer dizer *palavra, estudo de, tratado*.

Psicose: o termo *psicose* foi criado em meados do século XIX como uma forma de substituir o pejorativo vocábulo *loucura*, que estava em voga, e tentar definir essa doença numa perspectiva psiquiátrica em lugar das hipóteses demoníacas e outras equivalentes, que eram vigentes na Antiguidade. Genericamente, o termo *psicose* designa um processo deteriorante de funções do ego, a ponto de sempre haver, embora em graus variáveis, um grave prejuízo do contato com a realidade. Mesmo com essa cautela de não estigmatizar a pessoa que já teve um isolado surto psicótico (nesse caso a evolução para a plena sanidade mental pode ser excelente ou o paciente pode continuar estagnado numa psicose crônica), o termo *psicose* ainda estigmatiza o sujeito. Uma amostragem disso é a doença que há algumas décadas atrás era denominada como *psicose maníaco-depressiva* e que, na atualidade, mudou de nome e é chamada de *transtorno bipolar*, com evidentes vantagens, até porque os neurocientistas conseguiram localizar pontos do sistema nervoso central, presentes em razão de herança genética, permitindo o uso de moderna medicação antidepressiva ou de estabilizadores de humor, trazendo resultados muito bons.

> **NOTA.** São diversas as modalidades de psicoses, tantas que não é possível descrever todas aqui. Pelo menos duas, cabe mencionar: uma é denominada *psicose de transferência*, assim designada pelo psicanalista Rosenfeld, H., que a conceituou, esclarecendo que não se trata de uma psicose com profunda desorganização do psiquismo; antes, são certas manifestações transferenciais em que determinados pacientes se desorganizam, de forma temporária, particularmente com o seu analista, no qual projetam personagens que habitam o psiquismo deles, do paciente, situação que, se o analista trabalhar bem, é facilmente reversível e pode produzir importantes *insights*; outra forma de *psicose* é aquela denominada como *psicose pós-parto*, a qual, da mesma forma que a anterior, se bem manejada, pode ser revertida em pouco tempo, nas situações em que a parturiente seja uma pessoa normal.

Psicossomática: o termo *psico-somático* (exatamente com essa grafia, com um hífen separando os étimos gregos *psiquê* (= alma, psiquismo) de *soma* (= corpo), apareceu na literatura médica por volta de 1818, por meio de um psiquiatra alemão. Embora naquela época ainda predominasse uma descrença geral da concepção de que corpo e mente estão unidos e que se influenciam reciprocamente. Algumas vozes de médicos já se levantavam nessa direção, como atesta uma frase pronunciada há mais de 100 anos, com uma notável sabedoria: *"quando o sofrimento não pode expressar-se pelo pranto, ele faz chorarem outros órgãos"*. Desde o final da década de 1940, passou a prevalecer a grafia unificadora *psicossomática* (sem o hífen), que passou a ser empregada como substantivo para designar, no campo analítico, a decisiva influência dos fatores psicológicos na determinação das doenças orgânicas.

> **NOTA.** Na atualidade, pode-se dizer que existe um "vice-versa", ou seja, fatores orgânicos, doenças mais graves também podem repercutir bastante no psiquismo, de modo que (**dz**), em certas situações, é válida a nomenclatura de doenças *somato-psíquicas*.

Puberdade: o termo *puberdade* deriva de *púbis*, mais especificamente, alude aos pêlos pubianos que começam a aparecer nos meninos e nas meninas geralmente numa idade entre os 12 e os 14 anos. É um período da pré-adolescência e indica que que é uma etapa do desenvolvimento na qual começa a maturação fisiológica do aparelho sexual.

Puerpério: refere ao período que se segue ao parto da mulher até que os órgãos genitais e o estado geral dela voltem à normalidade. A palavra derivada *puérpera* designa a mulher que pariu recentemente. Essas palavras se formam da combinação de dois étimos latinos: *puer* (significa *criança*, e daí surgem outros derivados como *puericultura*) + *parere* (= *parto*). Deste último étimo latino formam-se palavras como *multípara* (= *que pariu muitos filhos*), *primípara* (= *que pariu o primeiro filho*), *nulípara* (= *a mulher ainda não teve filhos*).

Pulsão: Ver o verbete **Instinto/Pulsão**.

Q

Quimera: a *etimologia* desse nome vem do étimo grego *khimara* (em português o nome passou a ser *quimera*), que aparece na mitologia grega como um monstro com cabeça de leão, corpo de cabra e cauda de dragão. Diz o mito que ela foi morta pela espada do herói Belerofonte, cavalgando Pégaso, o cavalo alado. A palavra *quimera*, com o correr dos tempos, foi ganhando outros significados, desde o de um bicho feio até o de um sonho irrealizável, fruto de imaginações, sem fundamento real, tal como diz uma canção: "quimeras mil...". Na psicanálise, esse termo adquire uma expressiva importância, em virtude do fato de que é bastante frequente a presença de pacientes que se notabilizam por colocarem as *quimeras* (= *ilusões fictícias*) acima da realidade.

R

Rancor: o verbo latino *rancere* significa ficar *rançoso*, e derivou o adjetivo latino *rancidus*, o qual tem o significado de *estragado*, *rançoso* (expressão que se usa tanto para uma "manteiga rançosa" quanto para uma "pessoa rançosa" (que se queixa de forma permanente de tudo e de nada), e daí surgiu o substantivo latino *rancore*, que passou para o português como *rancor*. Assim, a palavra *ranço* também costuma designar *coisa obsoleta, antiquada*.

> **NOTA.** Partindo de um viés psicanalítico, podemos considerar o fato de que na criança, ou mesmo em um adulto, que sinta como um abandono ou uma injustiça o afastamento de alguém ardentemente desejado e amado, isso não se produz sem ódio, sem despeito e sem secretas juras de vingança, sendo muito significativo o fato de que o sentimento do rancor esteja intimamente conectado com o ranço de um tempo antigo.

Razão: nos dicionários, são inúmeros os distintos significados que a palavra *razão* recebe, quase sempre convergindo para um pensamento muito intelectualizado ou para uma explicação muito baseada num discurso lógico. A etimologia nos ensina que *razão* nasce do latim *ratus, ratio*, que é o particípio passado do verbo *reri*, que, por sua vez, designa *considerar, pensar, raciocinar, reconhecer*; ou seja, há uma busca de razões para explicar e entender os fatos. De *ratus* deriva *ratio*, que passou para o português como *razão*. O referido verbo *reri* procede de uma raiz indo-europeia e tem o significado de *união, junção* e também derivou a palavra *harmonia*.

Recalcar/Recalque: o termo original alemão, empregado por Freud, *Verdrängung*, habitualmente aparece traduzido como *recalque* ou *recalcamento*, ou, ainda, como **repressão**. Fundamentalmente, o conceito de *recalque* está ligado a um processo pelo qual o sujeito procura repelir, empurrar algo para o fundo do seu inconsciente; (**dz**) seria viável a possibilidade de que *recalcar* seja uma espécie de metáfora de que, com o *calcanhar*, o sujeito empurre para o fundo do seu inconsciente, tudo o que for indesejável e, daí, ter surgido o verbo *recalcar*, com os derivados *recalque* e *recalcamento*.

Recordar/Recordação: é bastante comum que se faça uma sinonímia entre *recordar* e *lembrar*, de *recordação* e *lembrança*. Porém, tais termos não são sinônimos, pelo menos, no que tange à prática de um tratamento psicanalítico que esteja num momento em que paciemte e analista estão entrando em contato com pulsões, sentimentos, ideias e ações que, de longa data, estejam reprimidas ou recalcadas. Essa colocação (**dz**) se justifica porque lembrar de algo pode não ser mais do que um processo fisiológico favorecido pela capacidade de *memorizar* e depois lembrar o que estava escondido. Diferentemente, *recordar* (**dz**), conforme a sua *etimologia*, vem do prefixo latino *re* (= *de novo*) + *cordar*, verbo que "vem do latim *cor, cordis* (= *do coração*). Assim, na técnica analítica, cabe ao terapeuta reconhecer quando o paciente está simplesmente "desabafando", sem evidência de sentimentos, enquanto que se ele estiver "re-cor-dando" o significado é muito mais profundo, porque o paciente está revivendo sentimentos de fatos relevantes em suas significações.

Reconhecimento/Vínculo do: (**dz**) embora essa expressão não conste na terminologia psicanalítica, creio que cabe propor incluí-la como acréscimo aos outros clássicos três vínculos estudados e divulgados por Bion: o do *amor*, o do *ódio* e o do *conhecimento*, visto que, durante a vida inteira, todo e qualquer indivíduo vive permanentemente em interação com os demais, necessitando vitalmente de alguma forma de *reconhecimento*.

> **NOTA.** O vínculo do reconhecimento se dá em quatro dimensões:
> 1. o sujeito fazer um re-conhecimento (voltar a conhecer aquilo que, de longa data, já existia dentro dele);
> 2. o reconhecimento do "outro" (como uma pessoa autônoma e diferente dele);
> 3. ser reconhecido aos outros (gratidão);
> 4. ser reconhecido pelos outros, (a começar pelo bebê recém-nascido que já necessita do "olhar reconhecedor" da mãe, e essa necessidade prossegue com diversas variantes, pela vida toda de qualquer pessoa. De forma sintética, gosto (**dz**) de usar essa frase: "O desejo de cada pessoa normal, mais do que vir a ser conhecida por todas, o que realmente quer é ser reconhecida!

Reflexão: habitualmente esse vocábulo designa uma forma de pensar mais aprofundadamente sobre um determinado assunto importante. Do ponto de vista da etimologia, a palavra *reflexão* vem do latim *reflexione*, que indica *ação de voltar para trás*, de *refletir*. Outra palavra equivalente ao termo (**dz**) é *ponderação*, que também significa *meditação, sensatez, avaliação, pesar* os prós e contras, de acordo com a etimologia deste verbo, que procede do étimo latino *pondus*, que significa *pesar*. Outras duas formas de variação do significado de reflexão (**dz**) referem-se ao fato de que a palavra *flexão* designa um movimento dos membros superiores e inferiores de nosso corpo, quando, por exemplo, queremos flectir (é o oposto de estender) nossos braços ou pernas; a outra variação de significado é bastante evidenciada nas grupoterapias, isto é, o campo grupal pode ser comparado com uma "sala de espelhos" onde cada paciente participante pode se refletir, e ser refletido, num outro, o que lhe propicia uma melhor visão e percepção de si mesmo.

Regredir/Regressão: de alta importância na psicanálise, o fenômeno de regressão designa o fato de o paciente "voltar para trás", ou seja, por exemplo, um adulto, emocionalmente maduro e sadio, que diante de uma situação difícil, possa recuar no tempo e se portar como a criança assustada que ele era no passado. Isso está de acordo com a *etimologia* do verbo *regredir* ou da palavra *regressão*, os quais se formam dos étimos latinos *re* (= *voltar para trás; de novo; mais uma vez*) + *gredir, gradior* (= *movimento*).

Relevância: diz respeito àquilo ou àquele que "se eleva", ou seja, que ganha destaque, eminência, que ganhou grande valor, consideração e reconhecimento, isto é, um grande *relevo* (= *tornar a levantar*).

Religião: vem do latim *religione* e seu significado mais evidente é o da crença, variável de uma religião para outra, na existência de uma força ou de forças sobrenaturais, consideradas como criadoras do universo e, como tal, que devem ser adoradas e obedecidas para que os crentes sejam abençoados. De acordo com a sua *etimologia, religião* vem do prefixo latino *re* + *ligio, ônis,* quando designa o sentido de temor de consciência, de obediência aos bons princípios, porém também se forma dos étimos *re* + *ligare* = *atar* (para cima ou para baixo), *apertar bem*, de forma a *juntar*. Assim, em épocas primitivas, a religião teve um papel fundamental em colaborar para que os povos dispersos e com comportamento selvagem, em permanentes lutas para garantir a sobrevivência, ganhassem um incentivo de "religar" o homem a Deus, o destino individual com o cósmico, de sair do caos dominante para o cósmico (organizado). Igualmente os homens perdidos em sua solidão, por meio da *religião*, se religaram para partilhar interesses comuns, especialmente o de conseguir as benções de Deus.

Remorso: tem o significado de *arrependimento doloroso*, fato que aparece com grande frequência nas situações psicanalíticas, visto que o sentimento de remorso sempre vem acompanhado de culpas, o que pode provocar um estado emocional de grande angústia (o medo de uma punição divina, por exemplo) ou um estado de depressão com as suas conhecidas consequências. A *etimologia* de *remorso* (**dz**) clareia bem a origem e as decorrências descritas: assim, a formação do vocábulo *remorso* se origina de *re* + *mordimento* (vem do latim *morsus* = *mordedura; dentada*, que passou para o espanhol como *remordimiento*), o qual tem o significado de *voltar a se morder*, de *raiva contra si mesmo*.

Repressão: este termo, muito em voga na atualidade, surgiu nos estudos pioneiros de Freud em que ele queria demonstrar que diante de fantasias e desejos inconfessáveis, determinado sujeito, como uma forma de negar esses "pecados", os abafava, de modo que eles ficavam alojados no inconsciente. Muitos autores consideram que os termos *recalque* ou *recalcamento* (pelo menos no idioma português essas duas expressões, possivelmente, provêm de *calcanhar*) como uma forma de pressionar para o fundo da mente aquilo que não é desejável. Assim, existe certa confusão entre nomes diferentes para dizer praticamente a mesma coisa, o que aumenta ainda mais a confusão com a inclusão do termo *supressão*, que alude ao mecanismo de exclusão para fora da consciência, não necessariamente para o inconsciente, daquilo de que o sujeito não quer tomar conhecimento.

Representação: o termo *Vorstellung*, empregado no original por Freud e traduzido por *representação*, faz parte do vocabulário clássico da filosofia alemã, em que designa "aquilo que se representa como o conteúdo concreto de um ato de pensamento". Porém, inspirado na conceituação filosófica, Freud concebeu-o do ponto de vista da psicanálise, de uma maneira em que ele explicava as neuroses com um enfoque na distinção entre a quantidade de afeto (teoria econômica) despendida, e a expressão *representação* patogênica = *que gera patologia* (do grego *pathos* = *sofrimento* + *gênica* = *gerar*).

> **NOTA**. Na prática analítica contemporânea, é fundamental que o analista perceba como os personagens principais que habitam o interior do psiquismo do paciente estão "representados" (de uma forma querida e admirada ou raivosa e desvalorizada, etc.). A etimologia (**dz**) de *representação* tem uma boa probabilidade de ser formada pelos etimos *re* (= *mais uma vez*, uma *volta ao passado*) + *presentação*, ou seja, "o passado voltou a ficar presente no presente".

Resiliência: esse vocábulo é de utilização relativamente muito recente no vocabulário psicanalítico (começou em 1980 e, na atualidade, ocupa um grande espaço na literatura psicanalítica). Os dicionários comuns definem *resiliência* como "propriedade pela qual a energia armazenada em um corpo deformado é devolvida quando cessa a tensão causadora de uma deformação elástica. A metáfora mais usada é justamente a de que um elástico totalmente esticado, distendido ao máximo, pode voltar ao seu estado normal sem sofrer anomalias, conservando uma energia que pode ser recuperada para outros fins.

> **NOTA**. Assim, o conceito de *resiliência* adquiriu uma dimensão multidisciplinar (aparece na física, na engenharia), sendo que, na psicanálise, costuma designar a capacidade de uma pessoa poder enfrentar fortes traumas, passados e presentes, porém, sem se entregar; pelo contrário, essa pessoa recupera a energia que estava

> latente e dá-se um paradoxo: isto é, alguns sujeitos perdem toda a motivação para a vida enquanto outros – os que têm a capacidade de resiliência – fazem do infortúnio uma reversão para conseguir a fortuna de crescer na vida cada vez mais.

Resistência: Freud empregou o termo *resistência* pela primeira vez ao se referir à paciente Elisabeth von R. (1893), usando a palavra original *widerstand*, sendo que em alemão *wider* significa *contra*, como uma oposição ativa. Até então a resistência era considerada exclusivamente como um obstáculo à análise, com uma força correspondente à da quantidade de energia com que as ideias e os sentimentos tinham sido recalcados e expulsos de suas associações. Gradativamente, o próprio Freud foi percebendo que mais do que um indesejável corpo estranho, comportava-se como um *infiltrado*, de modo que o fenômeno resistencial deixou de ser algo que surgia no processo analítico de tempos em tempos, mas, sim, que, de alguma forma, está permanentemente presente também nas nossas vidas do cotidiano. São múltiplas e variadas as formas de resistência descritas por Freud (de repressão; de transferência; de ganho secundário, de pulsões do Id; bem como as ligadas ao fenômeno da compulsão à repetição).

> **NOTA.** Não obstante o fato de que existam resistências que impedem o andamento normal de uma análise, na atualidade, na grande maioria das vezes, o aparecimento de resistências no curso do processo psicanalítico é muito bem-vindo, porquanto elas representam, com fidelidade, a forma de como o indivíduo se defende e resiste no cotidiano da vida, de modo que cabe fazer a seguinte paráfrase: "*dize-me como resistes e dir-te-ei quem és*". Quanto à sua *etimologia* (**dz**), a palavra *resistência* é composta de *re* + *sistere*, sendo que *re* significa *mais uma vez*, um retorno para começar de novo (como em *regredir, revogar, reformar*, etc.) enquanto o verbo latino *sistere* tem o significado de *continuar a existir*.
>
> A propósito, o prefixo *ex* (de *existir*) indica um *movimento para fora*, de modo que, no processo analítico, isso pode ser entendido como uma forma de as defesas resistenciais estarem a serviço de um desejo de voltar a "existir", a ser "alguém na vida" e a curtir o que ela pode ter de bom. Em contrapartida, se os prefixos *re*, ou *ex* cederem lugar ao prefixo *de* (= *privação de*), resultará o termo *desistência*, aí sim, o prognóstico é funesto, porque a pessoa que está em estado de *desistência* não acredita em mais nada, já "jogou a toalha no chão" e mantém um cerrado namoro com a morte.

Respeito: essa palavra se origina dos étimos latinos *re* + *spectare* (esse verbo designa *ver, assistir, observar, olhar*). Tudo isso nasce da raiz indo-europeia *speck*, que, além de significar "olhar e observar com muita atenção", também derivou termos como: *espectro, espécime, aspecto, espetáculo, retrospecto, circunspecto*, suspeita esse último se forma de "sub-spectare, ou seja, olhar de baixo para cima", entre outros mais.

> **NOTA.** Na parte prática da psicanálise, creio que cabe enfatizar que o atributo de possuir uma condição de respeito pelos outros adquire uma importância essencial, não tanto no sentido óbvio de que se um terapeuta não respeitar os seus pacientes, deveria mudar de profissão e de especialidade; o que creio ser mais importante destacar como uma das condições mínimas necessárias para um bom analista é a de respeitar, tal como ensina a etimologia (**dz**) desse vocábulo, ou seja *re* (= *voltar para trás*) + *spectare* (= *ver com atenção*), o que deve ser entendido como uma recomendação para o psicoterapeuta enxergar o paciente que está à sua frente com "outros olhos", isto é, caso o hipotético paciente não tenha sido reconhecido pelos pais em suas virtudes e capacidades e que, pelo contrário, eles o tenham encharcado de culpas, críticas e denegrimento, o analista fique num papel fundamental de funcionar como um novo modelo de identificação que faça o paciente ter a convicção de que é visto como alguém que pode ser amado, acreditado e incentivado para ser aprovado e crescer na vida.

Responder/Responsabilidade/Responsividade: a raiz vem do latim *responsus* (particípio de *respondere*), que passou para o francês como *responsable*, e daí para o português como *responder* e *responsabilidade*. Assim, a etimologia mais adequada é a de *re* + *spondere*, sendo que este último verbo significa *prometer com solenidade*, e isso decorre do fato de que a raiz comum é a do étimo indo-europeu *spend*, cujo significado original era o de "solenização de um ritual religioso". Essa mesma raiz também derivou os termos *esposa* e *esponsais* e, de acordo com a sua raiz etimológica, tudo leva a crer que naquela época o casamento era encarado como um compromisso solene, responsável e duradouro (penso que o leitor refletiu que, na maioria das vezes, isso está bem diferente dos tempos atuais).

> **NOTA.** Creio que um outro derivado da raiz *spend* é o vocábulo *responsividade*, que designa o fato da importância de que os educadores da criança saibam escutar e responder à fala, aos apelos e às necessidades dos filhos e isso tem uma denominação: *capacidade de responsividade*. Esse mesmo atributo também é totalmente indispensável na formação de um psicanalista junto a seus pacientes, muito especialmente aos que são acentuadamente regressivos.

Ressentimento: a *etimologia* procede da raiz *re* (*novamente, mais uma vez*) + *sentimento*. Na psicanálise, esse vocábulo designa que o paciente está revivendo antigos sentimentos que estão impressos na sua mente, desde a infância, com uma carga de dor e de ódio, sob uma ânsia de vingança contra quem lhe humilhou ou prejudicou. Essa vingança adquire a forma de uma **retaliação**.

> **NOTA**. Na prática clínica da psicanálise, o "sentimento de ressentimento" é muito frequente e surge quando no momento atual acontece algum fato que o paciente julga como ofensivo, que toca em velhas feridas suas, despertando uma reação desproporcional ao fato realmente acontecido.

Retaliação: este vocábulo designa uma forma de revide movido por um sentimento de vingança. A *etimologia* de *retaliação* (**dz**) é derivada de *re* (*de novo, mais uma vez*) + *taliação*, que provém da famosa expressão "*olho por olho, dente por dente*", da "lei de Talião". Por sua vez, *taliação* vem do latim *tálio*, com o genitivo *talionem*, sendo que o étimo *tálio* significa *o mesmo, tal como*.

> **NOTA**. A "lei de Talião" é uma "lei" dos tempos primitivos, que permitia uma igualdade ao que fora praticado por outrem, expresso na fórmula *"olho por olho, dente por dente"*.

Retórica: essa palavra procede do grego *rhetoriké* (passou para o latim como *rhetorica* e sua raiz tem ligação com o grego *techné*, de onde deriva *técnica*, bem como alude à arte; no caso, a arte de bem discursar). Desde Platão, a *retórica* é ligada ao discurso público e, na época, visava a *persuadir, seduzir, convencer* e *ameaçar*, conforme as circunstâncias do momento.

> **NOTA**. Na atualidade, a expressão *retórica* perdeu muito da nobreza do seu significado de então e passou a adquirir um sentido depreciativo, como o de que representa a eloquência de um discurso cheio de adornos empolados ou pomposos ou o significado de discurso de forma primorosa, porém vazio de conteúdo, sendo que um "indivíduo retórico" adquiriu a mesma depreciação.

Revelar: vem do latim *revelare* e tem o mesmo significado de *descobrir*. O oposto de *desvelar* que alude à retirada de véus que empanam a visão daquilo que existe, mas que está oculto.

Rêverie: trata-se de um termo bastante utilizado por Bion, sendo que muitos autores consideram que ele empregava esse vocábulo com o mesmo significado de *continente*. No entanto, *rêverie* designa mais especificamente a capacidade da mãe (ou do psicanalista) de permanecer em uma atitude de poder *receber*, *acolher*, *descodificar*, *significar* e *nomear* as angústias do filho (ou do paciente) e, somente depois da acolhida das angústias e anseios que neles (mãe ou analista) foram projetados, é que o terapeuta vai devolvê-las, sob a forma de "atividades interpretativas", devidamente desintoxicadas, de uma maneira gradual. Do viés da *etimologia*, o mais provável é que o termo *rêverie* venha do francês *rêve* (= *sonho*), como uma forma indireta de dizer ao filho (ou ao paciente) algo como: "*meu filho, venha como vieres que eu, tua mãe (ou teu terapeuta), te acolho da mesma forma, sempre.*"

> **NOTA.** Creio ser útil transcrever um trecho de Bion (1962) acerca de *rêverie*. Diz Bion: "*o termo* rêverie *aplica-se a todos os conteúdos. Reservo-o, no entanto, apenas àqueles que se infundam no amor ou no ódio. Nesse sentido estrito, a* rêverie *é um estado mental aberto a receber quaisquer sentimentos do objeto amado e, portanto, a acolher as identificações projetivas do bebê, boas ou más.*"

Revolução: do latim *revolutione*, essa palavra adquiriu uma significação conectada com um sentido de *revolta*, *rebelião armada*, geralmente sangrenta, entre parcelas do próprio povo com diferentes ideais políticos, ou uma sublevação violenta contra o governo instalado. Acredito que a etimologia (**dz**) nos auxilia a propor outro significado, oposto ao anterior, com uma significação positiva. Assim, o prefixo *re* (indica *de novo, mais uma vez*) + *evolução* = *re-evolução*, ou seja, alguma grande descoberta pode ser revolucionária. A propósito, a descoberta da psicanálise, pelo gênio de Freud, é considerada uma revolução que abalou o mundo todo, especialmente quando ele postulou a existência da sexualidade nas crianças. Inúmeras outras revoluções no campo das ciências, principalmente, poderiam ser mencionadas.

Rivalidade: esse vocábulo é derivado do latim *rivus* (= *rio*), que deu origem a *rivalis*, que inicialmente significava um *ribeirinho*. A partir daí, passou a significar um *oponente*, um *rival*, porque cada um disputava com outrem um curso de água para irrigação de seu terreno. Todos sabemos que uma rivalidade tanto pode ser harmônica, com uma recíproca consideração entre os rivais, quanto pode degenerar em conflitos, que descambem para calúnias, injúrias e difamações mútuas, até um extremo de vinditas sangrentas.

S

Saber: o verbo *saber* tem um significado análogo ao de *conhecer*. O radical (a raiz) de *saber* é o verbo latino *sapere*, que inicialmente tinha vários significados, como conhecer por meio do *sabor*, do *paladar*, do *tato* ou, ainda, indicava alguém inteligente, que tinha o saber, etc. Do latim *sapere* originou-se *sapore* (= *a gosto*) e que gerou, em português, *sabor*. Para aprofundar a relação do *saber* com sua importância na análise, ver o verbete **conhecimento**, com as concepções de Bion.

Sabotar: esse verbo é de uso muito frequente (inclusive no processo analítico) e tem a significação de *solapar*, *minar*, *prejudicar*, *boicotar*, *danificar* equipamentos, de propósito, ou a de impedir alguma ação através de uma atitude de "resistência passiva". O verbo "sabotar" derivou do francês *saboter*, o qual, por sua vez, surgiu da palavra francesa *sabot*, que aludia a um tamanco rústico. Dessa forma, *saboter* começou designando "coisas mal feitas", embora não intencionalmente. A partir do século XIX, *sabotar* adquiriu o significado de executar mal um trabalho, propositalmente, com o objetivo de causar danos e prejuízos, inclusive em equipamentos essenciais.

> **NOTA.** Do ponto de vista da psicanálise, é bastante frequente e importante a *autossabotagem*, que muitos pacientes – especialmente os *depressivos* e os portadores de uma estrutura *masoquista*, manifestam ao longo do processo analítico. Este último fato se evidencia em muitas relações amorosas, em que um dos dois cônjuges desenvolve uma relação de vínculo sadomasoquista, mesmo que quem esteja no papel de masoquista, na maioria das vezes, trata-se de uma pessoa cheia de recursos positivos e sadios, porém, por razões inconscientes, se autossabota e tanto aceita como também provoca atitude sádica do outro do par. Em minha experiência, observo que grande parte dessa sabotagem contra si próprio (a) deve-se (**dz**) a um forte *complexo de imerecimento*, devido a mandamentos que provêm de antigos traumas que estão dolorosamente fixados nas camadas profundas do psiquismo e que fazem o sujeito sentir muito ódio, culpa e desejo de vingança, sendo que tudo isso concorre para uma sensação de "não ter o direito de ser feliz"!

Sacrifício: vem do verbo latino *sacrificare*, que é formado de *sacru* (= *sagrado*) + *facere* (= *fazer*). Inicialmente tinha um sentido religioso; o sacrifício era de algo ou de alguém (objeto, animal, porém é sabido que sacerdotes astecas sacrificavam seres humanos). O significado de *sacrifício* é o de *imolar* como vítima, de *renunciar* a algo importante em troca de outra coisa menor (na maioria das vezes, para compensar as suas culpas, por outras diversas razões). Um exemplo comum é: "para alcançar a um grande público, o escritor renunciou, sacrificou o seu estilo autêntico".

> **NOTA.** Na situação analítica, cabe ao terapeuta ajudar seu paciente a discriminar quando o seu *sacrifício* de algo em benefício de outro ganho, é um ato optativo, de livre escolha, ou se o sacrifício está funcionando como uma defesa inconsciente, denominada *formação reativa*, na qual ele, paciente, vai ter muito mais perdas do que ganhos e não se dá conta de que as verdadeiras ações de fazer reparações podem ser feitas de outras maneiras muito mais maduras e menos sacrificantes. A raiz latina *sacru* dá origem a inúmeras outras palavras, como: *sagrado, consagrar, sacristão, sacrário* (lugar onde se guardam coisas sagradas), *sacrilégio* (uso profano do que é sagrado), etc.

Sadismo: esse termo foi criado pelo sexólogo Kraft Ebbing, em 1886, inspirado no escritor francês A. François, mais conhecido por "Marquês de Sade", para designar formas de perversão sexual, tal como apareciam nos personagens dos escritos de Sade, onde predominavam agressões físicas, domínios sufocantes, flagelações e humilhações físicas e morais, constituindo um modo de obter a satisfação da pulsão sexual ligada ao sofrimento infligido ao outro. A ligação do prazer à dor, tanto de forma ativa como passiva, é conhecida como *algolagnia* alg(o) (em grego, significa *dor*)+ o grego *lagneia* (que significa *prazer*), portanto, o significado de *sadismo* é o do *prazer com o sofrimento alheio*.

> **NOTA.** Com o fim de diferenciar o nome de "fase perverso-polimorfa", etapa normal da evolução da criança, da perversão sádica, Freud usou o termo, em 1915, "Os instintos e suas vicissitudes", onde ele afirma que o *sadismo*, como Marquês de Sade descrevia, tinha como objetivo principal o de submeter o parceiro a seu total domínio, o que, na realidade, é conhecido como vínculo de **apoderamento**. Assim, ele ampliou a noção do *sadismo* não o restringindo unicamente às práticas sexuais intimamente ligadas à agressão, mas, considerando-o, sobretudo, uma pulsão de dominação. A ligação entre dor e excitação sexual surge com mais evidência no masoquismo, que pode ser considerado uma inversão do sadismo, voltado à própria pessoa; isso levou Freud

> a associá-los, de modo a criar um novo termo psicanalítico: o *sa-domasoquismo*.

Sadomasoquismo: termo criado por Freud a partir das perversões do *sadismo* e do *masoquismo*, com o fim de designar a existência concomitante de duas vertentes de uma mesma perversão, havendo entre ambas uma complementaridade simétrica e recíproca entre um sofrimento vivido passivamente e um sofrimento infligido ativamente ao outro. Assim, Freud deu a entender que um sádico é sempre, ao mesmo tempo, um masoquista, e que ambos não podem ser estudados separadamente. Como exemplo, suponhamos um casal que estabelece entre si um convívio sadomasoquista, no qual tanto pode acontecer que a cada um deles caiba, de forma fixa e estereotipada, um desses dois papéis, como também pode suceder que eles se alternem em momentos diferentes, qual uma gangorra, nos papéis de quem será o sádico e a quem caberá a função do masoquista, com alta possibilidade de nunca saírem desse círculo vicioso interminável. A origem *etimológica* da palavra *masoquismo* deriva do sobrenome do escritor austríaco Leopold von Sacher-Masoch.

Sarcasmo: a raiz etimológica procede do grego *sarkasmós* que passou para o latim como *sarkasmu*, com o significado de *zombaria*, uma *ironia maliciosa*. Nos primeiros tempos, consistia numa interrogação como método de discussão utilizado pelos filósofos, notadamente Sócrates e Platão. Eles fingiam não conhecer determinado assunto e passavam a interrogar e ridicularizar a resposta dos alunos. Daí se passou para a retórica (oratória eloquente), em cujo caso o orador também finge não conhecer o tema, interroga a assistência e ele próprio responde e dá a solução.

Sátiro: vem do grego *sátyros* e do latim *satyru*, sendo que ambos originam o vocábulo *sátiro*, que alude a um homem que, não obstante possa ser um galanteador e um encantador, caracteriza-se por ser devasso, luxurioso, libidinoso, sedutor com fins malignos. A razão de uma significação tão horripilante é porque os mencionados étimos grego e latino aludem a um semideus da mitologia, lúbrico habitante das florestas e que, segundo os pagãos, tinha chifres curtos e pés e pernas de bode, portanto, uma figura horripilante.

Sedução: vem do latim *seducere* e *seductione*, com o significado de *conduzir* (= *ducere*), tal como mostra sua *etimologia* formada pelos étimos *se* (significa *sem* ou *a si mesmo*) + *ducere*, portanto, o seduzido vai ser induzido a ir para algum lugar não estável, sem rumo certo. O ato de sedução tanto pode ser do *campo jurídico*, quando algum homem seduz uma mulher virgem, entre 14 a 18 anos, por meio de sortilégios enganadores, e está sujeito a ser punido com pesadas penas, quanto também pode estar bastante presente no *campo psicanalítico* sob diversas formas; a mais comum delas se refere a um casal em que o sedutor (não exclusivamente, porém, mais comumente, cabe ao homem o papel de sedutor e à mulher o papel de "seduzida"), pelo seu charme, ele atrai, deslumbra, fascina, faz promessas de casar e costuma enganar ardilosamente. Como um bom exemplo desse tipo de sedução amorosa malévola, sugiro a leitura do verbete tântalo, tantalizante(amor).

> **NOTA.** A sedução sempre ocupou uma importância significativa na psicanálise, muito especialmente no que tange àquela exercida pelos pais em relação à criança, como está configurado por Freud no **complexo de Édipo**. Um outro aspecto importante é deixar claro que nem toda sedução é malévola; muitas relações entre casais que começaram com atitudes francamente sedutoras, na fase da conquista, se completaram numa união firme, saudável e perdurável.

Seminário: o termo *seminário*, de acordo com a sua *etimologia*, provém do latim *semem*, ou seja, alude à capacidade de se colocar *sementes* na mentalidade do outro, com a possibilidade de elas germinarem e frutificarem (como pode ser um *seminário clínico*, uma *supervisão coletiva*, etc.).

Ser: além do conhecido verbo *ser*, talvez o mais utlizado entre tantos outros verbos, aqui, neste vocabulário, cabe enfatizar o *ser* como alguém que, de fato, *existe*, ou seja, que está de bem com a vida, que tem ambições, projetos e garra para vencer. Ademais, mesmo que não seja uma pessoa brilhante, com grande destaque profissional ou social, ou um grande vencedor, ele demostra que as suas pulsões de vida predominam nele e têm posições próprias.

> **NOTA.** Creio que podemos descrever quatro etapas evolutivas no crescimento de uma pessoa no sentido de *ser* de fato e de direito. Assim, desde sua infância até a condição de adulto, podem ocorrer as seguintes etapas:
> 1. *Ser para alguém* (ou para os pais), caso em que, se isso predominar, existe o risco de se tornar uma pessoa submissa, além de pagar o alto preço de ficar por demais dependente, esvaziado em suas capacidades criativas e produtivas.
> 2. *Ser contra* as pessoas que lhe cercam; o que, quando em demasia, pode gerar uma rebeldia excessiva permanente e, num grau extremo, pode desembocar, no estado adulto, numa *psicopatia* com transgressões às vezes perversas, sem demons-

> trar culpas. Por outro lado, se a posição de "ser do contra" for permanente e de uma forma tipo "mudo-surda", pode redundar num autismo psicogênico.
> 3. *Ser para si próprio*, caso em que, se em demasiado excesso, a pessoa corre o risco de se tornar um egoísta, solitário, ao contrário de *solidário*, e, em casos mais extremos, predomina um forte quadro narcisista, com uma egolatria, o que o torna intolerante à aceitação das "diferenças" dos demais.
> 4. *Ser com o outro*, portanto cristaliza um caráter de consideração, de convívio harmônico com os demais (solidário) e consigo próprio, com tolerância a erros, falhas e limitações das pessoas com quem convive mais intimamente.
>
> Para concluir essas reflexões, cabe a afirmativa de que o mais importante para uma pessoa "ser", mais do que ter muitos conhecidos, é ser *reconhecida* pelos seus atributos e méritos.

Sexo/Sexualidade: introduzida por Feud, a expressão *sexualidade infantil*, desde o início, gerou grandes polêmicas e uma confusão conceitual tanto dentro como fora da comunidade psicanalítica internacional. O próprio Freud foi ambíguo quanto ao significado do termo *sexual*, definindo-o inicialmente como uma pulsão, portanto, inato ao ser humano, como no reino animal, que visava a "conservação da espécie", diferentemente da pulsão de autoconservação, tendo posteriormente unificado as duas pulsões sob a denominação de *pulsões de vida*.

> **NOTA.** Em relação à *etimologia*, é interessante assinalar que, segundo o emérito psicanalista francês A. Green (1990), a palavra *sexo* deriva do latim *sexion*, que significa *cisão, corte*. Isso está de acordo com o mito que aparece no *Banquete*, de Platão, no qual um personagem afirma que, no início, existiam três gêneros humanos: um masculino, um feminino e um outro composto por ambos os sexos. Segundo o mito, Zeus ordenou que a figura que juntava os dois sexos fosse seccionada ao meio, de sorte que as duas metades separadas pudessem passar a ansiar ardorosamente uma pela outra, tal como acontece numa relação sexual.

Signo/Significante/Significado: o termo *signo*, entre outras acepções, mais comumente tem a significação de *marca, sinal, símbolo*. Ele se origina do latim *signum*, e o fato chamativo é a variedade de termos derivados de uma mesma raiz, parecidos entre si, porém, com significados diferentes, como, por exemplo: *insigne* (= pessoa célebre, notável, distinta); *insignificante* (= sem valor, sem importância, sem ser notado); *assinatura; designar; desígnio; insígnia; senha*, etc. Fora de dúvidas, as maiores contribuições à psicanálise, no que toca à Linguagem, vêm de Lacan, principalmente quanto às suas concepções de *signo, significante, significado* e *cadeia de significantes*.

Simbiose: na descrição de M. Mahler, o termo *simbiose* designa uma fase evolutiva que antecede a da *diferenciação*, ou seja, a criança (ou, no caso de patologia, um sujeito adulto) ainda não atingiu a capacidade de fazer discriminações entre o *eu* e o *outro* e, tampouco, ainda não atingiu as capacidades de uma exitosa *separação* e *individuação*. Entretanto, o termo *simbiose*, na obra de Bion, adquiriu um significado diferente, referindo-se mais precisamente, ao **vínculo** continente--conteúdo, que ele descreveu com três modalidades: a *parasitária*, a *comensal* e a *simbiótica*. Esta última provém do vocábulo *simbiose* que, etimologicamente, se origina dos étimos gregos *sym* (= *junto de*) + *bios* (= *vida*) e designa, da mesma forma como na biologia, um convívio harmônico e produtivo entre os dois seres que estão em convívio.

Símbolo: o conceito de *símbolo* é comum a muitas disciplinas, tais como a psicologia, a linguística, a epistemologia, a religião e, naturalmente, a psicanálise, de modo que é difícil delimitar um conceito puramente psicanalítico. *Etimologicamente*, a palavra *símbolo*, cujo radical grego *sym* significa *junto de*, era, para os gregos, um sinal de reconhecimento diante da possibilidade de um longo afastamento (entre membros de uma mesma seita, por exemplo), formado pelas duas metades de algum objeto (era muito comum que as partes separadas fossem de um pequeno osso (astrágalos) que se aproximavam no reconhecimento das pessoas que voltam a se reunir. A propósito, cada uma das duas metades era denominada, em grego, como *símbolon*, que tem relação direta com o verbo grego *symballo* que, entre outras coisas, significa "reunir".

> **NOTA.** É importante destacar que, na conceituação de *símbolo*, a reunião das duas partes perdidas não visa a uma exata reconstituição da primitiva perda, como poderia ser a da antiga unidade simbiótica filho-mãe. Pelo contrário, ela supõe uma junção sintética dos elementos, que promovam um significado distinto do primitivo. A progressiva aceitação das perdas é matéria prima para a formação de símbolos, cuja função maior é a de substituir os objetos perdidos ou afastados. É o processo progressivo da capacidade simbólica que vai possibilitar a formação da linguagem verbal (a palavra é, talvez, o símbolo mais nobre de todos) e da linguagem por meio de jogos, dos brinquedos criativos, das brincadeiras, assim como a formação de sonhos, em uma escalada crescente, até atingir a capacidade do pensamento abstrato.

Simpatia: diferentemente do vocábulo *empatia*, a palavra *simpatia* vem da raiz *sym* (que, em grego, significa *ao lado de, união*) + o grego *pathos* (= *dor, sofrimento, doença*), de maneira que, embora sendo um atributo louvável, a simpatia se limita a agradar a outrem com palavras, gestos e atitudes os quais, porém, ficam mais na superfície e não alcançam a profundidade de empatia (fundamental para um psicanalista), o que possibilita ao terapeuta sentir-se na pele, no lugar do paciente.

Simpósio: essa palavra vem do grego e significa *sym* (= *união*) + *posis* (= *ação de beber*). Na antiga Grécia, ao entardecer, os comensais se recreavam com bebidas, ouvindo músicas, canto, etc., assim como também com debates intelectuais, sob a presidência de um simposiarca (em grego seria *symposiarchos*). Daí o emprego atual de *simpósio* com o sentido de reunião em que se expõem e debatem ideias ou debates científicos.

Síndrome: a palavra *síndrome* se forma a partir de *dromos* que, em grego, significa *corrida* (como em *autódromo* ou *pródromo*, que é a parte da enfermidade que corre antes (= *pro*, em grego) de a doença se manifestar, já com evidentes sintomas típicos. Cabe citar um exemplo para caracterizar melhor em que consiste uma *síndrome*. Vamos imaginar que um médico esteja diante de um paciente com febre de 39 graus; ele não poderia fazer um diagnóstico de "febre elevada", porque a febre não passa de um sintoma que, tanto pode indicar um resfriado banal ou uma gripe mais incômoda como também pode ser um indicador de pneumonia ou de doenças bem mais sérias, como uma septicemia (uma infecção que circula pelas artérias e contamina todos os órgãos), início de uma doença muito grave. Enquanto o diagnóstico não estiver estabelecido com convicção, com auxílio de exames complementares, o máximo que podemos dizer é que o paciente está com uma "síndrome febril". Assim, resumindo, *síndrome* é um conjunto de signos, sinais, sintomas que correm juntos ou parelhos, à espera de um raciocínio clínico que chegue a um diagnóstico o mais exato possível.

Sinopse: a *etimologia* dessa palavra designa uma *visão conjunta* (*opsis*, em grego, quer dizer *vista*), enquanto o étimo grego *syn* designa *conjunto de*, de modo que a *sinopse* de um livro ou de um filme indica que será feita com uma narração bastante breve, ou com uma síntese (só enfoca o conjunto do que é o essencial, com o mínimo de palavras, ou um resumo, um sumário); assim, resumindo, podemos dizer que *sinopse* designa o fato de abarcar uma multiplicidade de elementos com um único olhar.

Síncope: esse vocábulo também é conhecido como *lipotimia, desmaio*, e surge por diversas causas, sendo que as mais significativas se devem à perda temporária da consciência, por conta de uma má perfusão sanguínea cerebral, de uma alteração na composição do sangue que irriga o encéfalo ou por alterações no padrão de atividade do sistema nervoso central, bem como por estímulos – inclusive de fortes impactos emocionais – que chegam a esse sistema; outra causa da síncope pode ser por problemas cardiorrespiratórios, como, por exemplo, uma isquemia do miocárdio, reponsável maior pelos infartos do coração. A propósito, a *etimologia* de *isquemia* se forma a partir de *ischein* que, em grego, é: *deter* + *haima*, que, em grego, é *sangue* (o sangue para de circular livremente quando a artéria coronária fica obstruída. Voltando à palavra *síncope*, a sua etimologia vem do grego *sigkopé* (= ação de *cortar*, no caso, a consciência), e passou para o latim como *syncope*, que resulta dos étimos gregos *syn* (= *com*) + *koptein* (= *derrubar com um golpe só*).

Sintetizar/Síntese/Síncrese: o prefixo grego *syn*, que dá origem ao verbo *sintetizar* e aos vocábulos *síntese* e *síncrese*, significa *com*, em português. Assim, é importante destacar que "fazer uma síntese" não é o mesmo que "resumir", porquanto o conceito de *síntese* alude a que os fatos enfocados sejam realçados, com muito menos palavras e frases, porém, que eles sejam *juntados* (= *syn*) e descritos da forma mais abreviada e abrangente possível, desde que conservem a mesma essência original e que guardem uma inter-relação entre as diferentes partes e possibilitem uma abertura por novos vértices e significados (**dz**): *tese* + *antítese* = *síntese*. Por sua vez, o vocábulo *síncrese* também é originário do grego *syn*, porém, a junção dos distintos étimos se faz com partes que podem se opor entre si, ser contraditórias ou, até, antagônicas, com um papel equivalente ao de *antítese*; porém, na *síncrese*, predomina uma espécie de amálgama de doutrinas e concepções heterogêneas.

Sintoma: essa palavra indica que existe um signo, um sinal de que há algo, sentido ou observado, que está anunciando uma possível doença. A *etimologia* desse vocábulo vem dos étimos gregos *syn* (= *com*) + *piptein* (= cair). Um conjunto de signos ou sintomas que correm juntos chama-se **síndrome**.

Sodomia: designa relação sexual entre homem e mulher ou entre homossexuais masculinos com uma excessiva libertinagem. A origem do termo *sodomia* diz respeito à cidade de Sodoma que, segundo a Bíblia, teria sido destruída por Deus, juntamente com a cidade de Gomorra, por terem se transformado num festival de devassidão.

Soma: vem do grego *soma*, *sômatos*, e significa *corpo humano*, *matéria*, sendo que o uso mais importante dessa palavra é no vocábulo **psicossomática**, de grande notoriedade na psiquiatria e na psicanálise, composto de *soma* + *psico*, ou seja designa a ciência que estuda, cada vez com maior profundidade, a íntima interação de influências recíprocas entre o corpo, o psiquismo e a alma ou o espírito.

Sublimação: o conceito dessa palavra aparece com frequência na literatura psicanalítica de todos os tempos, porém, ainda não adquiriu uma definição precisa e uniforme. Assim, nas suas primeiras formulações, Freud utilizou esse termo para designar alguma atividade humana bem-sucedida, principalmente no campo artístico, no trabalho intelectual e de obtenção de reconhecimento público. Segundo Freud, essas pessoas "sublimes" retirariam a energia e a capacidade criativa do trabalho da pulsão sexual, dessa forma sublimando-a. O termo *sublimação*, conforme as circunstâncias, apresenta significados distintos. No mundo artístico, a palavra *sublime* alude a uma produção que sugira grandeza, elevação; já no campo da ciência, da física, o termo refere-se a um processo de transformação, pelo qual um corpo pode passar diretamente do estado sólido para um gasoso (vapor).

> **NOTA.** Freud enfatizava uma "dessexualização" com a energia que sobrava e ficava a serviço da criatividade e demais artes e ofícios criativos; enquanto isso, a psicanalista M. Klein, de forma oposta a Freud, exaltava o papel de uma "desagressivização", isto é, a *sublimação* consistiria numa tendência a restaurar o objeto bom destruído pelas pulsões agressivas. A imprecisão conceitual que perdura até os dias de hoje reside no fato de que, muitas vezes, não é fácil avaliar a diferença entre *sublimação, formações reativas, idealizações* e outros sistemas defensivos análogos. É igualmente difícil levar em conta as diferenças culturais que valorizam ou desvalorizam determinado comportamento humano. *Etimologicamente*, todas as distintas concepções têm como ponto em comum o de que todas elas procedem do latim *sublimare* (= *tornar sublime*), isto é, todas significam "algo elevado" à maior altura ou a uma grande altura, algo, ou alguém, que fica engrandecido.

Supervisão: a supervisão de casos de análise exercidos pelos candidatos à formação oficial e curricular dos institutos de psicanálise, com vistas à obtenção do título de psicanalista, é obrigatória. É um dos pilares fundamentais do tripé essencial de uma adequada formação psicanalítica (os outros dois pilares são a análise didática e os seminários teóricos). A *supervisão* obrigatória foi introduzida por Max Eitigon, no Instituto de Berlim, na década de 1920, com o nome de *análise de controle*. Aliás, tanto o termo *controle* (que sugere uma intervenção de alguém com um "superego" por demais rígido) quanto o termo *super-visão* (pode sugerir uma "visão superior"; o pior é que, não raramente, pode acontecer de o *supervisor* ser realmente demasiado narcisista e, de fato, ocupar o papel de "super" em relação ao "pobre candidato").

Surmenage: de origem francesa, essa palavra designa *estado resultante de fadiga excessiva*, sem repouso suficiente. Equivale ao que, no passado, chamavam de **neurastenia** e, talvez, hoje chamássemos de *estresse*. O verbo francês original é *surmener*, que se origina de *sur* (= *sobre, acima de*) + *mener* que, em francês, significa *conduzir, levar*, ou seja, a palavra *surmenage* indica que se trata de um esforço acima do normal, de modo que, no idioma português, quer dizer *extenuar, estafar*.

> **NOTA**. A perda das forças na neurastenia, Freud associou ao excesso de masturbação.

T

Tabu: (ver o verbete **Totem e Tabu**)

Tânatos: Freud sempre manteve a sua postulação de que, de forma permanente, existe uma dualidade pulsional, isto é, uma concomitância entre as pulsões instintivas de vida, e de *morte*. Assim, em sua primeira postulação em relação às pulsões instintivas, ele distinguiu as pulsões do *ego* (isto é, as de autoconservação do indivíduo) e as pulsões *sexuais* (ou de preservação da espécie, através da reprodução). A partir de seu livro "Além do princípio do prazer" (1920), Freud cedeu lugar a uma modificação, introduzindo uma nova dualidade com as denominações de "pulsões de vida" (= *Eros*, que englobou as pulsões do ego e as pulsões sexuais) e de "pulsões de morte" (= *Tânatos*).

> **NOTA**. Essa nova concepção das pulsões, Freud manteve até o fim de sua obra. Do ponto de vista da *etimologia,* é útil lembrar que, na mitologia grega, Tânatos, o deus da morte, era filho da

> noite e irmão de Hinos, deus da noite. Isso explica por que muitos autores psicanalíticos faziam uma relação estreita entre os fenômenos do sono e da morte. Assim, *Tânatos* adquiriu, até hoje, a significação de *morte*. Às vezes o termo *Tânatos* é utilizado para designar a pulsão de morte, por simetria com o termo *Eros*, que adquiriu um significado de vida.

Tântalo/Tantalizante: (dz) não obstante esses termos não constem expressivamente na literatura psicanalítica, o conceito de *vínculo tantalizante*, como aqui segue exposto, surge com tanta frequência na prática psicanalítica que justifica sua presença nesse dicionário etimológico. Vamos à sua *etimologia*: de acordo com a mitologia grega, Tântalo, um importante personagem, cometeu um pecado horroroso (matou seu próprio filho e o serviu assado aos deuses imortais). Descoberto, foi punido por Zeus – deus dos deuses – com o castigo de passar fome e sede eternamente. O suplício consistiu em ele ser desterrado para um lugar paradisíaco, onde ficou submerso num lago, só com a cabeça de fora e, quando as águas subiam e chegavam perto de sua boca, Tântalo imaginava que saciaria a sua sede, mas ficava terrivelmente frustrado, pois isso não acontecia, as árvores frutíferas do local se inclinavam com os frutos e o mesmo sucedia: quando chegavam perto de sua boca, elas recuavam, num ciclo interminável. Assim, quando nos referimos a uma *mãe tantalizante*, ou a um *namorado tantalizante*, estamos designando um *vínculo* entre duas pessoas que se caracterizam pelo fato de que uma delas – o *sedutor* –, por meio de promessas de uma próxima felicidade paradisíaca, submete a outra – o *seduzido* – a um verdadeiro suplício, na base do "dá e tira", que pode prolongar-se pela vida inteira.

Técnica: esse vocábulo deriva do grego *tekhné*, que alude à *arte de bem fazer as coisas*. A expressão *técnica psicanalítica* designa um conjunto de procedimentos que incluem a instalação de um *setting* apropriado, uma obediência à essência do que está recomendado nas *regras técnicas* legadas por Freud, o emprego fundamental da arte de *interpretar* principalmente as *resistências* e *transferências*. Todos esses procedimentos devem levar em conta uma relação íntima entre a *técnica* e os correlatos desenvolvimentos teóricos, um alimentando e sendo alimentado pelo outro.

Teoria: essa tão conhecida e utilizada palavra em ambientes científicos, se origina do étimo latino *théorein*, que designa *contemplar, examinar, observar, meditar*. Da mesma raiz também nasce a palavra *teorema*. A semelhança entre *teoria* e *teorema* é que ambas surgem de ideias criativas, com um conjunto de hipóteses que ainda estão à espera de uma comprovação científica. Quando houver uma comprovação, por exemplo, na psicanálise, a teoria serve como um importante ponto de partida para aplicação na **técnica** e na prática clínica, podendo propiciar a descoberta de novas teorias.

Teleologia: deriva do grego *telelos* (que significa *no fim, final*) + *logia* (= *estudo, doutrina*). Assim, *teleologia* designa o estudo de determinada finalidade ou a doutrina que considera o mundo como um sistema de relações entre meios e fins; a relação entre um fato e sua causa final.

Terapeuta: a origem desse termo vem do grego *therapeytés*, em que o "y" soa como "u". Assim, *psicoterapeuta* se forma a partir de *Psyché* (= *espírito, alma, mente*) + *therapeytés* (= *terapeuta*), e significa que se trata de um técnico especialista em cuidar da parte psíquica dos seus pacientes. Dessa forma, apenas com a mudança do prefixo, podemos formar palavras como *praxi* (= *ação*) *terapeuta* ou *fisio* (= *parte física do corpo*) *terapeuta*, e assim por diante.

Terror: sua origem *etimológica* se origina do verbo grego *tremo* ou *treo*, que significa *tremer*, ter fortes tremores por causa do medo, *calafrios*. Deriva por onomatopeia da raiz "*trrr*" (própria de uma pessoa que tem calafrios), que designa um estado ulterior (isto é, situado além; no caso, é uma forma de dizer que o *terror* vai além do *pavor*); porém, não se trata de uma desorganização como é o **pânico**, que invade o sujeito, incapacitando-o e desorganizando-lhe de forma dispersiva as funções reativas.

Tesão: refere-se a alguns dos órgãos sensoriais que participam de uma excitação sexual, com a ereção do pênis, no caso dos homens e, nas mulheres, pode chegar a um estado de umedecimento vaginal. Da mesma forma que o termo *tensão*, também a palavra *tesão* deriva, por via popular, do latim *tensio-onis*, do verbo *tendere*, que significa *esticar, retesar, distender*. Muitas vezes a palavra *tesão* é utilizada para se referir a uma pessoa, homem ou mulher, que desperta grande sensualidade.

Testículo: é a glândula sexual masculina, ou gônada masculina. Em latim, *testículo* era chamado de *testis*, e, a partir do início da era cristã, passou a ser denominado pelo diminutivo do seu sufixo, ou seja, em latim: *testículus*. O interessante é que *testis* também significava *testemunha*, pela razão de que os *testículos* eram assim denominados por serem "testemunhas da virilidade", já que não participam diretamente do ato sexual, mas o "observam" como testemunhas.

Thalassa: essa palavra grega significa *mundo marinho*. O termo *Thalassa* foi divulgado pelo célebre psicanalista Ferenczi – um importante e fiel seguidor de Freud – que, em 1924, publicou o texto "Thalassa, psicanálise das origens da vida sexual". Com alguma troca de ideias com Freud, Ferenczi formulou a hipótese de que a humanidade teria sofrido um *traumatismo generalizado,* uma *catástrofe,* por ocasião do trágico acontecimento do degelo da era glacial. Para Ferenczi, esse período foi a origem da latência da sexualidade humana, cuja energia teria sido conservada para ser dirigida à necessidade de sobrevivência. Seguindo nessa mesma hipótese, ele levantou a possibilidade de que teria sido tão traumática essa catástrofe que a sexualidade da espécie humana teria conservado o traço mnésico (da memória implícita), hereditário e inconsciente, de uma série de catástrofes geológicas que teriam provocado um enorme **trauma** que teria forçado o ser humano (excluído da vida animal e vegetal) a adaptar-se à vida no mundo aquático, de modo que a libido se transformou numa energia de preservação da própria vida (= ontogenia) e não tanto da espécie (= filogenia).

Tópicas: o termo *tópica* deriva do grego *topos* (= *lugar*), como em *topografia*. Assim, o modelo de *tópicas*, concebido por Freud, designa uma *teoria dos lugares*, como, por exemplo, os lugares no psiquismo do *consciente*, do *pré-consciente* e do *inconsciente (1ª tópica é a "topográfica"* e a 2ª tópica é a *estrutural*, segundo Freud, é composta pelo *Id, Ego e Superego).*

Totem e Tabu: título de um célebre livro de Freud, publicado em 1913, no qual desponta o propósito dele de tentar dar uma significação universal à sua concepção do *complexo de Édipo*. Assim, ele demonstraria ao mundo que a história individual de cada sujeito se constitui como a repetição da própria história da humanidade. Nesse livro, em sua essência, Freud parte da ideia de que, num tempo primitivo, os homens viviam no seio de pequenas hordas selvagens, cada qual submetido ao poder despótico de um macho que se aproximava das fêmeas até que, num certo dia, os filhos, num ato de violência coletiva, mataram e comeram o pai e chefe deles. Depois do assassinato, sentiram remorsos e instauraram uma nova ordem social, pela qual foi instituída a *exogamia* (= proibição da posse das mulheres do clã do *totem*). A propósito, a palavra *totem* alude a algum animal para o qual houve um deslocamento da representação do pai morto e, provavelmente, vingativo, o que, de certa forma, o tornou como que "sagrado", um intocável. Assim, também foi instituído o *totetismo*, isto é, a proibição de matar o animal totem.

> **NOTA.** Por sua vez, a palavra *tabu*, que os etnólogos (estudiosos do ramo da antropologia, a qual estuda a cultura dos chamados *povos naturais*) encontraram na Polinésia, de modo que neste lugar, a palavra *tabu* designa as proibições referidas à posse das

> mulheres do chefe da clã (pai) e outras proibições relativas ao assassinato do totem (também o pai), sob a pena de restrição dos direitos, de exclusão da comunidade ou como um elemento perigoso.

Tóxico: vocábulo muito em voga na atualidade, devido ao gravíssimo problema das *toxicomanias,* que estão num crescente bastante preocupante, até mesmo porque as maiores vítimas são pessoas muito jovens. A palavra *tóxico* vem do latim *toxicum,* que antigamente era um veneno com o qual embebiam as flechas que usavam nos combates. Talvez esse nome tenha sido dado para consignar que o uso do *tóxico* também é o de uma flecha envenenada, só com a diferença é que acerta contra si mesmo. Já outros etimologistas afirmam que a palavra *tóxico* é procedente dos étimos gregos *toxicon, oy* (= *veneno*), que tem a *toxic* como radical e, quando acrescido de *mania, as* (designa *loucura, doidice, furor*) compõe a palavra *toxicomania.* O idioma inglês começou a referir o uso abusivo da droga com a expressão *drugs addiction,* que os autores portugueses e espanhóis traduziram respectivamente por *adição às drogas* e *adiccion a las drogas.* O termo inglês *addiction* traduz-se por *inclinação, apego, costume, hábito* e *vício,* enquanto o termo *addict* é traduzido por o viciado.

Trabalhar: os verbos que os romanos usavam para designar *trabalhar* eram *laborare* ou *operari,* os quais derivaram uma extensa série de novas palavras, como, por exemplo, *elaborar, colaborar, laboratório, operação, ópera, labuta,* etc. O vocábulo *trabalho,* propriamente dito, é uma palavra que surgiu no latim medieval. Inspirado num instrumento da época, que servia para a tortura – o *tripalium* –, uma espécie de cavalete feito de três (= *tri*) paus (= *palus*) em que se atavam os torturados. Daí derivou o verbo *tripaliare,* com o significado de *trabalhar,* como um equivalente de "torturar no cavalete", que passou para o francês como *travailler* e para o português como *trabalhar.* Outras palavras derivadas são, por exemplo: *travail* (= *dores do parto,* em francês); o verbo inglês *to travel* (= *viajar*), isso devido a que as viagens na Idade Média eram cansativas e muito perigosas, ou seja uma tortura e um trabalhão.

Tragédia: essa palavra procede do grego *tragodia* e passou para o latim como *tragoedia.* A *tragédia* é uma peça teatral sobre acontecimentos que se desenlaçam, em geral, funestamente, capaz de infundir compaixão e terror aos espectadores. Na Grécia Antiga, a tragédia era essencialmente religiosa, com assuntos extraídos dos mitos e lendas. Nas festas em honra de heróis ou divindades particulares, havia coro de sátiros, muitos se vestiam com pele de bode e cantavam, o que explica o nome tragédia, composto dos étimos gregos *tragos* (= *bode*) + *odé* (= *canto*); ou seja, "cantoria de bode", ou fauno (divindade mitológica e campestre, com pés de cabra, cornuda e cabeluda). Outras versões afirmam que a tragédia, como a do Rei Édipo, vem de *trágos* (= bode para determinado sacrifício, principalmente nas festas de Baco, deus do vinho e dos festins altamente licenciosos (daí surgiu a palavra *bacanal*).

Traição: vem do latim *traditione* (a mesma raiz de *tradução*), sendo que alguns dizem que não é mera casualidade, mas, sim, que em muitas traduções, o espírito do texto original, escrito no idioma do autor fica descaracterizado. A palavra *traição* designa *entrega*, ato ou efeito de *trair(-se)*, crime de quem, com perfídia, *entrega, denuncia* ou *vende* alguém ou alguma coisa ao inimigo, *deslealdade, aleivosia*. No amor, é bastante usada a expressão de que "fulano comete infidelidades", ou que "trai", seu cônjuge. No curso de uma análise, creio ser importante que o analista com a possibilidade de que o paciente está "traindo a si próprio", sabotando suas atividades, se vendendo em negócios corruptos, e trocando seus velhos ideais que alimentou desde muito jovem por ilusões de ganho fácil. (Fato que pode acontecer com pacientes masoquistas, portadores de núcleos masoquistas, ou portadores de "falso *self*".)

Transgeracionalidade: essa palavra alude a como o processo transgeracional (conceito que está muito presente na psicanálise contemporânea, com o significado de que valores e modelos de identificação vão se sucedendo por gerações de uma mesma família). Assim, esse processo de a criança ir incorporando, por meio do fenômeno da **introjeção**, o código de valores dos pais e da sociedade, complica-se na medida em que cada um dos pais modeladores das identificações do filho, por sua vez, também está identificado com os aspectos parciais ou totais dos respectivos pais, num importante movimento *transgeracional* (a etimologia se forma do prefixo latino *trans = por meio de + geracional* [gerações que se sucedem, transmitindo os mesmos valores formadores do "*sentimento de identidade*", nos seus três níveis inseparáveis: a identidade *individual, a grupal e a social*] = *transgeracional*).

Transicional: expressão introduzida na psicanálise por Winnicott, alude a uma das mais brilhantes e originais concepções que dizem respeito aos fenômenos psíquicos que acompanham a *transição* que o bebê faz do mundo imaginário para o mundo da realidade. Essa *transição* (daí a *etimologia* de *transicional*) é focada por Winnicott no seu tríplice aspecto: o que aborda os *fenômenos*, o que aborda o *espaço* e o que aborda os objetos transicionais.

Transferência/Transferencialismo: esse fenômeno, um dos mais importantes do processo psicanalítico, foi descrito em primeiro lugar por Freud e, posteriormente, reestudado por diversos outros importantes autores psicanalíticos. A *etimologia* dessa palavra procede dos étimos latinos *trans* + *feros* = *transferência*. O prefixo *trans*, além de outros significados possíveis, também alude a *passar através de* como em *transparência*, ou *passar para um outro nível*, como em *trânsito*, ou, ainda, através do espaço, fazer uma transferência de um lugar para outro; enquanto *feros* quer dizer *conduzir*. Assim, creio que basta essa compreensão etimológica para caracterizar a essência do fenômeno transferencial na análise, no sentido de que os pacientes conduzem os seus sentimentos positivos ou negativos, que começaram na sua infância em relação principalmente aos pais do passado (e que agora estão reprimidos e fixados em seu inconsciente), para a pessoa do seu analista, o que permite ao analista ter um acesso às áreas inconscientes do paciente para que este possa elaborá-las e, a partir daí, possa fazer transformações.

> **NOTA.** A expressão *transferencialismo* costuma ser empregada para refletir, de forma negativa, aqueles analistas que ainda empregam sistematicamente (às vezes de forma fria) uma maneira estereotipada de trabalhar quase que exclusivamente com a transferência, sempre focada na sua própria pessoa, por exemplo, quando seguidamente interpreta na base de: "tudo isso que narrastes, queres te referir a "mim, "aqui, comigo, e agora, como lá e então".

Transformações: a etimologia dessa expressão procede dos étimos latinos *trans* (= *através do espaço e do tempo*) + *formações* (= *novas formas*). Na psicanálise, esse termo foi introduzido por Bion, com o propósito de valorizar a importância continuada, no processo analítico, de que haja uma sucessão de mudanças, transformações grandes ou pequenas, na pessoa do paciente, mas também na do analista, no vínculo entre ambos e também na marcha do processo analítico. Bion estudou e descreveu uma série de transformações distintas umas das outras.

Trauma/Traumatofilia: a palavra *trauma* vem do grego e significa *ferida, ferimento*, de modo que se refere principalmente à existência de algum tipo de "ferida" precocemente infligida ao psiquismo da criança (forte impacto doloroso realmente acontecido, numa época em que ela ainda não tinha condições de poder elaborar o trauma, de sorte que este ficou fixado e representado em camadas profundas do psiquismo). Já a palavra *traumatofilia*, conforme a etimologia, significa que determinadas pessoas têm uma forte propensão para repetir traumas do passado, tal como mostra o sufixo *filia*, que vem do grego *philos*, cujo significado é *amigo de*, de modo que *traumatofilia* alude às pessoas que, inconscientemente, são muito sujeitas a sofrer distintas formas de traumas, provavelmente aliadas com núcleos masoquistas. Uma das formas muito comuns de *traumatofilias* é a frequente *acidentefilia* numa mesma pessoa.

> **NOTA**. Na psicanálise contemporânea, o conceito de *trauma* está ganhando uma crescente importância pelo fato de que existe uma compulsão à repetição de antigos traumas ocorridos precocemente, tais como separações prematuras e dolorosas, *impingements* (palavra inglesa que significa *traumas invasivos na mente da criança*), vivências de desamparos precoces, etc. Se o analista estiver atento a esse aspecto, pode ajudar bastante o paciente a localizar seus traumas primitivos e a poder, então, elaborá-los com maior eficácia, abrindo espaço para um "crescimento psíquico".

Travesti: esse termo geralmente alude ao homossexual masculino que se prostitui usando vestimentas do sexo feminino, "caçando" homens que estão em busca de prostitutas, para poder faturar algum bom dinheiro. Assim, *travesti* está incluído numa das formas de **perversão**. A origem etimológica desse vocábulo vem do verbo italiano *travestire* (provavelmente oriundo do latim), que tem o significado de *mascarar-se*, ou *disfarçar-se*. Em italiano, o referido vocábulo é formado pelo prefixo *trans* + o verbo *vestire*, ou seja, indo além do vestir, trata-se de vestir-se como se fosse outra pessoa. Do italiano, a palavra *travesti* passou para o francês com o nome de *travesti* e assim passou para o português. No passado, esse termo designava unicamente o ator que trajava roupas do sexo oposto em peças teatrais.

U

Ubiquidade: diz respeito àquelas pessoas que estão em todas as partes, querendo acudir e dar atenção a todos, no entanto, sem coerência. Suas afirmações são sempre ambíguas, de modo que lembram àquelas pessoas de quem se comenta que, diante de uma tomada de decisão: "*ele não diz sim, nem não, antes até, muito pelo contrário*". O termo *ubiquidade* deriva do latim *ubique*, que significa *estar em todas partes*.

Utopia: essa plavra alude a um *projeto irrealizável*, uma *quimera*, uma *fantasia* que está muito mais no mundo da ilusão do que no da realidade. Em 1516 foi editada, em latim, a famosa obra de Thomas Morus, *Utopia*, na qual ele descrevia uma ilha inexistente, mas que ele referia com alta idealização. Nessa ilha, a paz, a felicidade e a perfeição reinariam, e todos seriam senhores de seus destinos. Morus foi nomeado chanceler do reino inglês por Henrique VIII, porém isso não evitou que ele criticasse o rei por seu divórcio. Isso lhe custou muito caro: Morus foi obrigado a renunciar, sendo, mais tarde, preso e executado, como era comum na época. A etimologia de *utopia* vem do grego *oy* (em latim ficou com a pronúncia de "u"), que significa *não, fora de* + *topos* (= *lugar*, em grego), ou seja, *lugar nenhum, inexistente* na realidade; esse termo, porém, passou a ser uma palavra comum que é empregada para designar um local idílico ou um projeto como sendo uma quimera. Assim, na situação analítica, cabe ao analista refletir junto ao paciente se os seus projetos grandiosos não passam de um sintoma "maníaco", uma mera *utopia* sem base na realidade, ou se faz sentido o que ele está planejando e é merecedor de ter nosso crédito e de reconhecermos sua criatividade e coragem.

V

Vagina: refere a parte interna da genitália feminina que se estende do colo do útero até a vulva (que é a parte externa). Como já tinha incluído o verbete *pênis*, achei por bem também fazer constar o verbete *vagina*; essa palavra derivou do latim para designar a "bainha" de espadas e, daí, a expressão "desembainhar a espada". Esse vocábulo passou a designar essa parte do corpo feminino por ter sido associado à ideia e forma de um "receptáculo" e, em continuidade, que estaria pronta para recepcionar a "espada-pênis". Recentemente surgiu no Brasil a gíria "espada", usada por homens para afirmar de forma categórica que são machos, portadores de pênis (espada) e que são unicamente heterossexuais. No português de Portugal ficou sendo "bainha". No espanhol passou para *vaina*, no português do Brasil ficou sendo *vagina*, mas o curioso é que no idioma alemão, o termo *sheide* é uma espécie de sinônimo dos outros três mencionados.

Vândalo: designa aquele que danifica monumentos ou objetos de valor cultural, histórico, científico, etc., ou aquele que destrói, aniquila, arrasa, conspurca. Os *vândalos* eram originalmente povos "bárbaros" (daí saiu a expressão "barbaridade") de origem germânica que se transformaram num verdadeiro "tsunami", dando uma marcante contribuição para o fim do Império Romano do Ocidente. No século V, invadiram o sul da Europa, na Gália, atual França, saqueando tudo que encontravam pela frente, depois arrasaram a Espanha, em seguida tomaram o norte da África e quase todas as grandes ilhas do Mediterrâneo, como a Sicília, a Córsega, a Sardenha e Baleares (arquipélago do Mediterrâneo), mais tarde, saquearam Roma.

Valência: termo que vem do latim *valentia*, sendo que originalmente era empregado na Química, com a finalidade de designar o número de combinações que um átomo ou radical pode efetuar com outros átomos ou outros radicais, sob forma estável, para constituir uma molécula ou outro radical.

> **NOTA.** Na psicanálise, mais especificamente nas grupoterapias analíticas, Bion extraiu esse termo da química para aplicar nas dinâmicas de grupo, a fim de assinalar a maior ou menor disposição do indivíduo (como se fosse um átomo, numa analogia com a química) para fazer combinações com os demais, de acordo com a vigência do "suposto básico" (de "dependência", ou de "luta e fuga", ou o de "acasalamento") em atividade. A predominância harmônica das valências é que dá uma forma de coesão grupal.

Vangloriar: o sentido *etimológico* desse verbo significa que a vanglória que muitas pessoas usam para se vangloriar, não passa de uma *"vã-glória"*, ou seja, é próprio de quem tem uma baixa autoestima e procura compensar por meio dos recursos de desvanecimento, tornando-se vaidoso, ufanando-se em demasia ou sem base na realidade.

> **NOTA.** Do ponto de vista da psicanálise, isso costuma acontecer com indivíduos que têm defesas *maníacas* sob a forma de *onipotência, onisciência* e *prepotência*, de modo que, se autogloriando, ficam com a ilusão de que, de fato, são uma espécie de "todo poderoso". Também acontece com pessoas portadoras daquilo que os analistas chamam de *falso self*, isto é, são sujeitos que funcionam na base de "aparências" porque não acreditam em sua "essência" e, inconscientemente, querem enganar os outros.

Verdade: vem do latim *veritate* e designa *exatidão, realidade, franqueza, sinceridade* e *honestidade* naquilo que diz, reprodução fiel do que viu, escutou, ou leu. Ainda em relação à *etimologia*, o conceito de *verdade* está intimamente ligado ao grego *a-létheia*, que tomado ao pé da letra, significa *não esquecimento*, ou um *desvelamento* (= *retirada dos véus que encobriam as verdades*).

> **NOTA**. Na psicanálise, Bion sempre deu especial relevância à verdade, considerando-a essencial para o crescimento mental e afirmando que, sem ela, o aparelho psíquico não se desenvolve e morre de inanição. A busca da verdade impõe a necessidade de o sujeito estabelecer confrontos e correlações entre fatos passados e presentes, realidade e fantasia, verdades e mentiras, o que o sujeito diz, faz, e o que, realmente, ele é! Bion, quando estuda o seu *Vínculo do Conhecimento* (K), dá um destaque especial ao estado de uma pessoa (ele enfoca principalmente o paciente no ato analítico) em "-K", ou seja, o paciente não quer saber, nem consciente e, tampouco, inconscientemente, das verdades que ele julga penosas (isso lembra aquele bordão popular: "*não sei, não quero saber e tenho raiva de quem sabe*"). Bion também enfatiza que é necessário estabelecer uma diferença entre *verdade, falsidade* e *mentira*. A mentira é considerada o oposto à verdade, porém não é a mesma coisa que *falsidade*, porque a mentira tem uma intencionalidade consciente. Segundo Bion, em algum grau, todos somos mentirosos. Para destacar a importância da forma como o analista transmite através das interpretações as verdades para os pacientes, Bion sintetiza nessa bela e profunda frase: "*amor sem verdade não é mais do que uma paixão; no entanto, a verdade sem amor não passa de uma crueldade*".

Verdugo: refere o indivíduo que inflige maus-tratos, carrasco. Sua origem *etimológica* vem do latim *viridicu*, que, por sua vez, vem de *viride*, que quer dizer *verde*, numa clara alusão à "vara verde" com que faziam a prática do açoite.

Via (*di porre* e **via** *di levare*): Leonardo da Vinci afirmou que, na sua arte, ele tanto usa a técnica de v*ia di porre* (verbo latino que significa *pôr*), quando produz uma pintura (põe as tintas num papel em branco) quanto a de *via di levare*, que usava nas esculturas, em que retirava (*levava = levare*) pedaços do mármore, de tal modo que, abstratamente falando, as figuras (que estavam presas no bloco da pedra mármore) ganhavam vida, nasciam.

> **NOTA**. Freud utilizou a mesma linguagem para diferenciar um trabalho psicanalítico que pode ser feito por meio do recurso *sugestivo*, o qual equivale à *via di porre* porque o analista está pondo *coisas* – *ideias*, sugestões, lembranças, etc. – na mente do paciente, ou a *via di levare*, que seria a forma verdadeiramente *psicanalítica*, porque remove as "repressões" que estão fixadas nas zonas ocultas do inconsciente, de forma a poderem aparecer no consciente, como caminho da cura. A tendência atual dos psicanalistas é a de dar uma valorização muito superior à *via di levare*, com o que todos concordam. No entanto, (**dz**) deve ficar claro que

> nem sempre *pôr algo* é o mesmo que sugestionabilidade ativa ou alguma forma de "imposição" na mente do paciente. Assim, em inúmeras situações, especialmente com pacientes muito regressivos, torna-se indispensável que o analista *ponha* (ou *re-ponha*) no psiquismo desse tipo de paciente algo que preencha seus vazios existenciais, da mesma forma vindo a suplementar funções do ego que não foram suficientemente desenvolvidas na infância do paciente. A propósito da sugestionabilidade antes referida, não é possível ignorar o fato de que, por mais que o analista cumpra a regra da *abstinência*, quer queira, quer não, sempre seu discurso veicula algo de sua ideologia particular.

Vidente: diz-se daquele que enxerga nas coisas visíveis sinais invisíveis aos nossos olhos profanos (não crentes). A palavra essencial na frase acima é o verbo *enxergar*, *ver*, que vem do latim *videre* e, daí, o derivado *vidente*.

Vínculo: palavra que está muito em voga na psicanálise contemporânea o que, sobretudo, fundamenta-se nas múltiplas e variegadas inter-relações paciente-analista. Etimologicamente, o termo *vínculo* tem origem no étimo latino *vinculum*, o qual significa uma *união*, uma *atadura* de características duradouras. Da mesma forma, *vínculo* provém da mesma raiz que a palavra *vinco*, com o mesmo significado que aparece, por exemplo, em "vinco das calças", de rugas, etc., ou seja, ela alude a alguma forma de ligação, atadura ou aperto entre as partes que estão unidas e inseparáveis, embora permaneçam delimitadas entre si.

> **NOTA.** O psicanalista Bion conceituou *vínculo* como "*uma estrutura relacional-emocional entre duas ou mais pessoas ou entre duas ou mais partes separadas de uma mesma pessoa*". Só para ficar num único exemplo de vínculo intrapsíquico, isto é, como se comunicam entre si a "parte adulta" e a "parte criança" que convivem dentro de cada um de nós. São quatro os tipos de *vínculo* na situação do processo psicanalítico: os vínculos do *amor*, do *ódio*, do **conhecimento** e do **reconhecimento**.

Vingança: a *etimologia* dessa palavra, até onde pesquisei, parece que ainda é desconhecida (a hipótese mais provável é que ela provenha do verbo latino *vindex*, com o genitivo *vindicis*, de onde se origina *vindicta*, sinônimo de *vingança*. Porém, cabe dizer que ela tem grande importância na psicanálise, pela frequência e intensidade com que esse sentimento surge, de forma acintosa ou dissimulada, em um grande número de pacientes. Tem sinonímia com vocábulos como *vindita*, *desforra*, *desforço*, *punição* (como revide justo), e **retaliação**. Também é interessante registrar que a deusa grega da justiça e da vingança, era *Némesis*, de provável origem semítica.

Violência: termo muito em voga devido às múltiplas e diversificadas formas de como ela vem acontecendo na realidade brasileira e que, seguidamente, comparece na situação psicanalítica, indiretamente, sob a forma de fantasias, inconscientes ou conscientes. Nos dicionários latinos, consta que o prefixo *vis* significa *força, energia, coragem, poder das armas*, de modo que me parece (**dz**) que essa raiz latina pode originar palavras de sentido oposto. Vou exemplificar a partir de um viés psicanalítico: assim, os vocábulos oriundos de *vis*, conforme a maior influência das pulsões instintivas de vida ou de morte, tanto pode gerar as palavras *vida* (do latim *vitae*), *vitalidade, vitamina, vigor*, quanto também pode derivar as palavras, *violência* e seus derivados, como *violar, violação* (= *estupro*).

> **NOTA.** Cabe dizer que a transição de um estado de vigor sadio para o de uma *violência* é a mesma que se processa entre o de uma *agressividade sadia* para o de uma *agressão destrutiva*.

Virtude: procede do latim *virtus, viirtum*, que deriva palavras com o significado de *força, energia, coragem, denodo, vigor, bom caráter, mérito, solidariedade*. Em resumo, conforme muitos filósofos de influência socrática, refere *virtude* como o hábito e disposição da alma para agir em conformidade com as leis da moral, principalmente as ditadas pelas igrejas.

Visão binocular: essa é uma expressão introduzida na psicanálise por Bion, com a finalidade de realçar a importância de desenvolver no paciente a sua capacidade de estabelecer confrontos e correlações entre distintos vértices de observação e, assim, capacitar o sujeito (e inclusive o próprio psicanalista) a passar de um ponto a outro acerca do que sucede em uma determinada experiência emocional. Por exemplo: um psicanalista que só interpreta o lado infantil ou psicótico de um paciente, ou, pelo contrário, somente o lado adulto e sadio, não está tendo uma necessária visão binocular (é claro que vem de *bi*). A visão binocular também designa uma útil tomada de contato, tanto do paciente quanto do analista, com as diversas partes de sua personalidade, de modo que se fique concomitantemente voltado para fora e para dentro.

Voyeurismo: esse vocábulo designa uma forma de perversão sexual; a própria *etimologia* dessa palavra, oriunda do francês *voyeur* (quando se trata de voyeurismo feminino, diz-se *voyeuse*) já dá uma clara noção de que essa perversão consiste em indivíduos que buscam uma forte excitação sexual, ao observar, olhar a cópula praticada por outros, ou, simplesmente, ao ver os órgãos genitais de outrem, independentemente de qualquer atividade própria (ver o verbete **escopofilia**).

Palavras finais

Neste momento, após tantos anos de estudos, consultas, pesquisas e experiência clínica, cheguei ao fim da produção deste livro com uma sensação do cumprimento de um dever, que eu mesmo me impus, desde longa data. Na verdade, o trabalho para concluir a feitura de um vocabulário etimológico de termos ligados direta ou indiretamente à psicanálise foi bem mais trabalhoso do que eu pensava que seria. Isso porque, há longas décadas, vinha cultivando um hábito de registrar, em um grosso caderno, palavras ligadas à psicanálise em textos de livros e revistas especializadas, que eu devorava de tanto os ler e estudar.

Nessas leituras diversificadas, provindas de vários autores, de diferentes países, percebi que seguidamente muitos deles (para ficar num único exemplo, faço questão de citar o já falecido psicanalista argentino Maurício Abadi, em cujos textos eu aprendi muito) traçavam a raiz etimológica de diversas palavras que formavam conceitos. Com o correr das décadas, percebi que já tinha acumulado um bloco com aproximadamente 100 páginas onde constavam, por ordem alfabética, palavras muito significativas, com as devidas etimologias.

À medida que comecei a escrever artigos para revistas e livros, adquiri um outro hábito: o de, em minhas contribuições mais pessoais, sempre esclarecer a formação etimológica. Às vezes já era muito fácil, enquanto em outras vezes eu sentia uma enorme dificuldade em encontrar as raízes primárias. Decidi adquirir dicionários latinos e gregos, entre outros idiomas, vocabulários etimológicos, livros de mitologia, de linguística e, amparado por todos esses equipamentos, em inúmeras situações, ousei pesquisar a provável etimologia de determinados vocábulos que não constavam nos dicionários e vocabulários correntes.

Em síntese, a feitura do presente livro custou um tempo enorme e uma dedicação quase que integral nos últimos meses, com uma séria dúvida sobre se esse livro vai ser, entre os demais 11 livros que já publiquei, o primeiro a ficar "encalhado" ou se, pelo contrário, ele poderá alcançar o principal objetivo que tanto me motivou para realizá-lo. O objetivo a que estou aludindo é a esperança de que esta obra possa ser útil para muitas pessoas que, pela amostragem de um grande contingente de colegas, alunos e amigos que, com muita frequência, incentivaram-me a tentar produzir um livro que viesse a facilitar uma leitura simplificada para o estudo, o aprendizado e a curiosidade investigativa acerca da etimologia de palavras muito significativas.

O maior aprendizado que colhi nesses longos anos lidando com a etimologia – e seria uma fértil semeadura de conhecimentos úteis se eu conseguisse passá-los para muitos leitores interessados; aquilo que mais aprendi diante de uma palavra que desperte um interesse mais especial. Refiro-me ao fato de que a pesquisa etimológica se processa em três tempos:

1. descobrir a raiz da palavra em foco;
2. descobrir o prefixo e um possível sufixo do vocábulo em pauta;
3. descobrir qual é a significação dos étimos parciais e a totalidade do significado.

Cabe acrescentar um quarto movimento: tentar descobrir palavras derivadas de uma mesma raiz, além de o leitor ousar decobrir pelo próprio esforço a origem etimológica de alguma palavra importante que não consta em nenhum dicionário que consultarmos, e que faça um sentido harmônico com o nosso bom senso. Trata-se de uma criação, com um auxílio de um tanto de imaginação (ou seja: deixem a *"imagem-em-ação"*).

Devido às minhas dúvidas quanto a se o meu objetivo primacial (que tem primazia), acima referido, foi atendido ou não, somado à obviedade de que o livro tem muitas limitações (intencionais, em grande parte), muitos erros e falhas, entre muitos outros acertos que, penso, possam aqui transparecer, digo aos meus leitores que me seria bastante gratificante e útil receber possíveis críticas, tanto negativas quanto positivas, com prováveis correções e sugestões.

Para tanto, qualquer tipo de comunicado seria muito bem-vindo e acolhido de muito bom grado, tanto através da editora Artmed (agora, mudou o nome para "Grupo A") ou um contato comigo mesmo, por *e-mail*, ou telefone... Não posso concluir e finalizar esse livro sem fazer alguns agradecimentos especiais.

AGRADECIMENTOS

Começo agradecendo aos meus queridos leitores, muitos dos quais têm me acompanhado de maneira muito fiel desde 1993, por ocasião do primeiro livro que compus (*Fundamentos Básicos das Grupoterapias*), editado pela Artmed de então. Esse livro, após várias reimpressões, agora está na sua segunda edição atualizada e ampliada. Após este livro seguiram-se mais onze outros, como "*Bion da Teoria à Prática*" (em 1995 – agora na 2ª edição); "*Bion Hoje*", editado em 1996 publicado pelo "Centro de Psicologia Clínica e Psicoterapias de Lisboa"; "*Como trabalhamos com Grupos*", em 1997; "*Fundamentos Psicanalíticos. Teoria, Técnica e Clínica*", lançado em 1999, agora na 2ª edição; "*Vocabulário Contemporâneo da Psicanálise*", lançado em 2001; "*Aspectos Psicológicos na Atividade Jurídica*" lançado em 2002 (pela editora Millenium, de Campinas), agora na 3ª edição, ampliada; "*Manual de Técnica Psicanalítica – Uma Re-Visão*", lançado em 2004; "*Psicanálise em Perguntas e Respostas. Verdades, Mitos e Tabus*", lançado em 2005; "*Vivências de um Psicanalista*", em 2007; "*Os Quatro Vínculos. Amor, Ódio, Conhecimento e Reconhecimento*", lançado em 2009. O presente livro "*Etimologia de termos Psicanalíticos*", 2012.

Não exagero quando afirmo que, praticamente, todos os livros mencionados continuam circulando por todo o Brasil, sendo que existe um significativo contingente de leitores, nos mais diversos tipos de encontros em eventos, que fazem questão de me dizer que já adquiriram todos os meus referidos livros. E, talvez eles não saibam o quanto me incentivam a continuar trabalhando e escrevendo. A todos, antigos ou novos leitores, a minha eterna gratidão.

O meu segundo agradecimento é para a minha editora, Artmed, até pela razão de que a quase totalidade dos livros que referi anteriormente foi e continua sendo editado por essa grande editora, e faço questão de, publicamente, agradecer aos meus editores – que também são meus amigos Henrique, Celso, Adriane – e aos funcionários, competentes e carinhosos.

Por ordem de lembrança – não de importância – agradeço de forma muitíssimo carinhosa e de profundo reconhecimento aos meus pacientes de todos os tempos e digo o quanto aprendi com todos eles. Repito o que já escrevi num agradecimento que fiz em outro livro: meus pacientes são e sempre foram os meus verdadeiros mestres. Um enorme abraço para todos.

Durante a confecção deste livro, fiz questão de estudar, pesquisar e escrevê-lo sozinho, para manter uma continuidade uniforme de conteúdo e forma e preservar um mesmo estilo. No entanto, após concluído o "boneco" (ou seja, uma primeira cópia ainda em estado algo bruto), tive colaborações espontâneas – sob a forma de sugestões, de padronizações na feitura do livro, de correções gramaticais, de digitação e de críticas honestas, tanto as positivas quanto as negativas. Assim, faço um forte agradecimento aos meus filhos Leandro, Idete e à minha colega e amiga Margot, pelas preciosas e espontâneas colaborações, provindas de uma impressionante capacidade e de uma aguda observação aliada a uma sensatez na feitura de comentários e sugestões deles.

Deixei para o fim o meu imenso agradecimento à minha família atual, composta por minha querida mulher e grande companheira Guite (muitas vezes é chamada pelos netos de "vovó maluquinha"), aos meus super-queridos filhos Leandro, Idete e à memória de Alexandre, à minha criativa e querida nora Adriana, ao meu grande amigo e genro Jorge, aos meus seis netos, por ordem cronológica: André (já estudante de medicina), Letícia, Tiago, Marcelo, Aline e Lívia, que, em seu conjunto, considero um verdadeiro tesouro, uma dádiva de Deus, a ponto de me faltarem palavras para descrever o quanto são maravilhosos, e o quanto, todos eles, sempre me incentivam a lançar livros.

Referências

ALENCAR, A.J. *Vocabulário latino (por famílias etimológicas)*. Rio de Janeiro: Civilização Brasileira, 1944.

AURÉLIO, Buarque de Holanda Ferreira. *Novo dicionário da língua portuguesa*.2.ed. Rio de janeiro: Nova Fronteira, 1997.

BAPTISTA, F. Adolescência e drogas.In: *Adolescentes. O desafio de entender e conviver*. Florianópolis: Insular, 2011.

BERLITZ, C. *As línguas do mundo*.Rio de janeiro: Nova Fronteira, 1988.

BUENO, M. *A origem curiosa das palavras*.4.ed.Rio de Janeiro: José Olympio, 1945.

BULFINCH, T. O livro de ouro da mitologia. 2.ed. Rio de Janeiro: Ediouro, 2000.

BUENO, F.S. *Dicionário etimológico-prosódico da língua portuguesa*.2.ed. São Paulo: Saraiva, 1958.8v.

BOETTNER, J.M. *Etimologia grega y latina para el uso medico*. Buenos Aires: El Ateneo.

BOLOGNINI, S. A coragem de ter medo. *Revista Psicanálise e Cultura. Homenagem da Sociedade Psicanalítica de Porto Alegre aos 150 anos de Sigmund Freud*. São Paulo: Casa do Psicólogo, 2007.

COROMINAS, S.J. *Dicionário crítico etimológico castelhano hispânico*. Madrid: Gredos, 1980.

CUNHA, F. A origem da linguagem humana.*Jornal Mente-Corpo*, P.A., Nº 16, 2010.

FREUD, S. *Obras Completas*. Rio de Janeiro: Imago ,1968. 23v.

GANDON, O. *Deuses e heróis da mitologia grega e latina*. São Paulo: Martins Fontes, 2000.

GREEN, A. Narcisismo de vida e narcisismo de morte. São Paulo:Escuta,1988.

GUÉRIOS, M. *Dicionário de etimologia da língua portuguesa*. Curitiba: Editora da Universidade Federal do Paraná, 1979.

KOEHLER, HS, J. *Pequeno dicionário escolar latino-americano*.Porto Alegre: Globo. 1960.

LACAN, J. *Escritos*. Rio de Janeiro:Zahar, 1998.

MARAGNO, J. *Nótulas sobre alguns termos médicos*.Porto Alegre: A Nação, 1969.

NASCENTES, A. *Dicionário etimológico da língua portuguesa*. 2.ed. Rio de Janeiro, 1952.

REZENDE, A.M. *Wilfred R. Bion: uma psicanálise do pensamento*. Campinas: Papirus, 1995.

RITTER dos REIS, R.*Linguística brasileira*.Porto Alegre: Instituto Ritter dos Reis, 1973.

ROSENFELD, H. A psicose de transferência no paciente fronteiriço. *Revista Bras. de Psicanál.*, p. 3, v.23, 1989.

SILAS, V.D. *Mitologia viva. Aprendendo com os deuses a arte de viver e amar.* São Paulo: Nova Alexandria, 2003.

SILVA, D.da.*De onde vêm as palavras.* 2.ed. São Paulo: Mandarim, 1997.

WINNICOTT, D.W. *O brincar e a realidade.* Rio de Janeiro: Imago, 1975.

ZIMERMAN, D. *Fundamentos psicanalíticos*: teoria, técnica e clínica. Porto Alegre: Artmed, 1999.

_____. *Manual de técnica psicanalítica*:uma re-visão. Porto Alegre: Artmed, 2007.

_____. *Os quatro vínculos:*amor, ódio, conhecimento e reconhecimento. Porto Alegre: Artmed, 2009.

_____. *Vocabulário contemporâneo de psicanálise.* Porto Alegre: Artmed, 2001.